最新テーマ別

実践 労働法実務

労働者が
円満退職するため
の法律実務

弁護士 **嶋﨑 量** 著

城塚健之・佐々木 亮・塩見卓也・嶋﨑 量 編

4

旬報社

シリーズの刊行にあたって

　このたび、旬報社から『最新テーマ別［実践］労働法実務』（全13巻）が刊行されることとなった。旬報社の古賀一志さんを中心に、佐々木亮（東京・旬報法律事務所）、嶋﨑量（神奈川・神奈川総合法律事務所）、塩見卓也（京都・市民共同法律事務所）及び城塚健之（大阪・大阪法律事務所）の、いずれも日本労働弁護団に所属する4人の弁護士により編集委員会を構成し、全国各地で活躍中の日本労働弁護団所属の中堅・若手弁護士にも執筆協力を呼びかけて、順次刊行されることになっている。

　縁あって、その1冊目を担当させていただいた機会に、このシリーズの意義について、考えていることを申し上げておきたい。

　本シリーズは、いわゆる実務書であり、労働者から相談を受けた弁護士・司法書士などの実務家の手引きとなることを想定している。

　したがって、本シリーズでは、基本的には、現在の裁判所の考え方をベースに、法解釈を論じることになる。

　しかし、私たちは、裁判所の解釈がすべて正しいとは考えていない。

　消費者事件などとも共通するが、労働事件においては、使用者が圧倒的に強い立場にある。就業規則による労働条件設定を見れば明らかなように、職場のルールは使用者が一方的に、かつ、使用者に有利に決めていることが多い。

　また、使用者はあらゆる情報を集約しているのに対し、労働者には断片的な情報しか与えられていないことも多い。

　しかも、労働者と使用者は、お互いの立場が入れ替わることは、通常ない。これはお互いに立場を交換しうる（たとえば、交通事故においては、誰もが加害者にも被害者にもなりうる）市民法の規律する分野とは、決定的に異なるものである。

　ところが、しばしば、労働事件を通常の民事事件と同じにとらえ、

3

労働者が合意したのなら仕方ないではないかとか、使用者が一方的に定めたものを、所与のもの、合理的なもの、したがって正しいものとして考える裁判官や弁護士などがいて、私たちは困惑させられることがある。

　また、労働契約か請負契約かなどの契約形式については、まさに使用者が一方的に決めているのに、これも労働者が合意したではないかとして、そうした形式に引きずられた解釈や主張をされることも多い。形式に拘泥することなく、実質を見て判断すべきというのは労働法解釈の大原則である。しかし、これは、ことのほか難しい。

　もとより、形式的解釈が予測可能性を高め、法的安定性に資する面があることは確かである。また、裁判所（司法）というものは、すでにこの世に存在する法をどう解釈するかという、いわば受け身の存在であり、本来的に保守的なところであるから、社会秩序維持を基本的任務と心得るは、ある意味、自然の成り行きである。その結果、とりわけ刑事司法の分野で顕著であるが、いわゆる治安維持に最大限の価値を置いた判断をしがちである。労働の場面でも、限界なき経済成長を第一義と考え、そのためには企業（使用者）の定立したルールや判断は最大限尊重されるべきであり、労働者はこれに従属して当然（いやなら辞めればよい）と考える傾向は、今でも根強く残っている。しかし、それが労働者の尊厳を後回しにする傾向を助長してきたことは否定できない。実際、労働事件における労働者側の勝訴率は一般の民事事件の原告勝訴率と比べても低い。

　とりわけ昭和の時代に作られた判例法理の中には、戦後の経済成長を支えた、いわゆる「企業社会」を維持することが前提となっているものが多い。ここでの「企業社会」とは、終身雇用、年功賃金、企業内労働組合（三種の神器）として語られる空間である。そして、それを支えるものとして、家父長的価値観や、性別役割分担論などがある。それが、使用者の一方的決定を広く認める就業規則不利益変更法理や、配転や懲戒処分などにおける企業の広い裁量の容認といった判決群を生み出してきた（これを分析したものとして、西谷

敏「最高裁労働判例の理念的基礎」法律時報73巻9号4頁（2001年）
がある）。この「企業社会」は、1980年代後半ころから、新自由主
義的考え方に適合しないとして破壊の対象とされてはきたが、今な
お、広く残っている。こうした「企業社会」を前提とする過去の裁
判所の法解釈は改められなければならない。

　他方で、新自由主義は労働法規制を嫌うことから、法解釈の領域
でも労働者保護のための規制を緩和しようとする見解が広がりをみ
せ、併せて、労働時間規制の緩和や労働者派遣の拡大などの法改正
が次々と行われてきたのは周知のとおりである。

　こうして、私たちは、労働者の尊厳と人間らしい生活を守るため
には、新旧いずれの立場とも対峙せざるをえなくなる。

　しかし、振り返ってみれば、過去の労働裁判例は、企業の作り上
げた一方的なルールに異議申立をした、あまたの先人たちが果敢に
たたかい切り拓いてきた成果であった。そうした先人たちの訴えに、
同じく社会の一員である裁判官が共感する部分を見いだしたとき、
新たな地平が切り開かれてきたのである。

　そうであれば、これから労働裁判を担う者としても、現在の裁判
所の判断をふまえながらも、「人間の尊厳」のためにあるべき法解釈
はどのようなものであるかを考え、おかしいものはおかしいと主張
し、変えていく努力をすべきである。本シリーズの各執筆者は、そ
うした思いで、数々の労働裁判に取り組んできた者ばかりである。そ
うした「労働弁護士魂」を読者が感じとっていただければ、望外の
幸せである。

　なお、本書でふれられなかった裁判例や見解もたくさんあるが、こ
れについては、日本労働弁護団編著『新労働相談実践マニュアル』
（2021年）（数年ごとに改定を予定）で多くの裁判例を取り上げてお
り、また、本書とは別の観点からのコメントもあり、目を開かされ
ることも多いので、併せて参照されたい。

さらに、本シリーズでは、巻末に、参考判例と書式（代理人弁護士の申入書、訴状等）を、資料として収録することになった。もとより、これも一部にすぎない。これ以外の事案の書式をご覧になりたい方は、たとえば、大阪弁護士会所属の労使の弁護士が協力して執筆した、労働紛争実務研究会編（編集代表　豊川義明）『書式　労働事件の実務－本案訴訟・仮処分・労働審判・あっせん手続まで（第2版）』（民事法研究会、2023年）をご参照いただければ幸いである。

　最後に、本書を含むシリーズ全般の刊行は、長年『労旬』の編集長の重責を担っておられる古賀一志さんに全面的にお世話になっている。シリーズ刊行がこれからという現時点では、少々気が早いが、労働者の権利擁護とその伸張に並々ならぬ熱意を持っておられる彼に、いわば同志として感謝の言葉を述べておきたい。
　本シリーズが、変化の激しいこの時代において、労働者の権利擁護とその伸張に寄与することがあれば幸いである。

　2024年5月

　　　　　　　　　　　　　　　編者を代表して　弁護士　城塚健之

はじめに

　本書は、労働者側の立場から、労働者が円満退職するため、特に退職妨害や使用者から労働者が請求をされた際のノウハウを中心にまとめた実務書である。

　これまで、労働契約終了をめぐる労使紛争といえば、解雇や雇止めなど、労働者の意思に反して使用者から労働契約を解消される場面が典型であったように思う。

　しかし、現在、労働契約終了の場面において、むしろ労働者が円満退職したいのに退職させてもらえない、使用者から退職に際して損害賠償額請求まで受けるという形態のトラブルが増加している。

　これら紛争が増加する背景には、慢性的な人手不足と圧倒的な労使の力関係の相違はもちろん、根底には労使双方のワークルールの無理解があるのだろう。

　とはいえ、労働者側の立場で、労働者が「円満退職」を実現するために解決すべきトラブルについての手引きとなり得る、このテーマに特化した実務書はなかったように思う。

　本書は、第1章で、労働契約終了に関する全体像を示しつつ、基本的な概念（合意退職・辞職・退職勧奨・解雇など）を概説した。

　そのうえで、第2章では、退職妨害など退職をさせて貰えないトラブルについて、退職妨害のトラブルが増加する実状と取り組む必要性、辞職の自由の意義や法的根拠と実務的な退職妨害に対する対応（即時解除など）だけでなく、退職代行・オワハラといった現代的な課題も検討している。

　第3章は、使用者から労働者に対する返還請求などの問題として、重要だが少しとっつきにくい、労基法16条（賠償予定の禁止）や同17条（前借金の禁止）に関連するサイニングボーナス、留学費用の返還、強制貯金、身元保証等のテーマを、実務的な対応を意識して解説した。

第4章は、仕事上のミスを理由とする使用者から労働者に対する
損害賠償請求について取り上げた。債務不履行・不法行為の処理手
順を示しつつ、個々の要件等（故意・過失・過失相殺など）を、請
求される労働者側の立場にたち、本書全体にも敷衍する労働法的な
修正に関する6つの視点（①従属性②他律性③業務命令のミス内在
化④手段債務⑤報償責任・危険責任理⑥生存権等の理念）を踏まえ
各要件・論点を深掘りした。また、賠償合意のある場合、公務員個
人に対する請求、労働者が請求された場合の実務的対応など、他書
であまり言及がない点も解説した。

　第5章は、退職後に使用者から労働者が責任追及される場面を念
頭に、対応が悩ましく、損害賠償請求されることが多いトラブルで
ある、競業避止義務・秘密保持義務・名誉毀損（労働組合としての
表現行為に対する違法性阻却含む）の問題に加え、労働契約終了後
に残る権利義務、私物引き渡し、肖像権、社宅明け渡し等のトラブ
ルなどをとりあげた。

　第6章では、退職時に使用者が労働者への支払い等を拒否するト
ラブルとして、退職金・解雇予告手当にくわえ、以外と実務で直面
することがある退職証明・有給休暇消化なども解説した。

　第7章は、退職に関する実務で頻繁に直面するやっかいなテーマ
である、退職時の税金・雇用保険・労災保険などのトラブルについ
て、まとめて解説した。

　最後の第8章は、解雇など意思に反して労働契約を打ち切られた
のに、使用者に合意退職にされてしまったトラブルの場面について
解説した。労働者の自由な意思に基づく同意、退職の意思表示の錯
誤・詐欺脅迫などについて解説している。

　本書が、「円満退職」ができず困っている労働者、弁護士をはじめ
として、労働組合関係者や労働相談に関わる士業や行政関係者など、
労働者をサポートしようと労働問題の実務に携わるみなさまに活用
されれば幸いである。

目次
シリーズの刊行にあたって 3
はじめに 7

第1章 退職をめぐる紛争の基本概念の整理

1──法的な退職理由の全体像──主な労働契約終了の分類
38

2──合意退職
41

3──辞職（自主退職・任意退職）
41

4──退職勧奨・退職強要
42

勧奨行為に応じる義務はないとされたもの

鳥取県教員事件・鳥取地判昭 61.12.4 労判 486 号 53 頁
42

5──解雇
43

5-1 解雇の類型
43

5-2 個別法令による解雇制限
44

6──雇止め
47

7──定年制
47

8──当事者の消滅による場合
48

9

9 ── 公務員の場合 49

10 ── 相談時の注意 51

第2章 退職させて貰えないトラブル

1 ── 退職妨害の相談に取り組む必要性 52

1-1 増加する退職妨害のトラブルとその背景 52

1-2 弁護士が対応する必要性 53

1-3 実務上生じるトラブル 54

2 ── 退職の自由の意義 54

3 ── 退職の自由の法的根拠 55

【コラム】LINEで退職も大丈夫? 56

4 ── 退職妨害に対する実務的な対処法 58

4-1 退職方法の全体像 58

4-2 明示された労働条件が相違する場合の即時解除 59

［1］労基法15条2項 59

［2］一部の労働条件が明示されなかった場合 59

4-3 期間の定めのない労働契約の場合 60

［1］解約申し入れ（理由無し） 60

［2］2017年改正前民法 60

［3］2週間を超える終了までの予告期間を定める場合 61

ア　民法627条1項の法的性格（強行法規） 61

10

判例

広告代理店Ａ社元従業員事件・福岡高判平 28.10.14 労判 1155 号 37 頁　62

　　イ　２週間を超える予告期間を認める場合の弊害　62

　　［4］使用者が2週間以内の早期退職に合意している場合　63

　　［5］労働者側に「やむを得ない事由がある場合」　63

4-4　期間の定めのある労働契約の場合　63

　　［1］「やむを得ない事由」がある場合（民法628条前段）　63

　　［2］当事者の一方の過失による退職の場合の損害賠償義務　64

　　［3］長期の期間の定めがある場合等の修正
　　　　（労基法附則137 条及び民法 6 28 条）　65

　　　ア　１年を超える期間の定めのある場合　65

　　　イ　民法 626 条　65

4-5　相談対応時の注意　66

5── 退職代行サービス　66

5-1　退職代行サービスとは　66

5-2　退職代行サービスが広がる背景　67

5-3　退職代行サービスの法的問題──非弁行為の禁止に関する弁護士法 72 条違反の問題　68

　　［1］非弁行為の禁止とその趣旨　68

　　［2］弁護士・弁護士法人以外が行う退職代行サービスの問題　69

　　［3］退職代行サービスによる退職で労働者が被るリスク　70

5-4　弁護士が退職代行を行う意義・必要性　71

6── オワハラ（就活終われハラスメント）　72

6-1　「オワハラ」とは　72

6-2　法的な問題点　73

6-3　オワハラの規制など　74

6-4　対処法　75

【コラム】退職届と退職願　　76

第3章　使用者から労働者に対する返還請求など（労基法 16 条関係）

1 ── 労基法 16 条（賠償予定の禁止）の規定　79

1-1　意義　79

労基法 16 条の賠償予定の禁止に違反するとされたもの

①サロン・ド・リリー事件・浦和地判昭 61.5.30 労判 489 号 85 頁　79

②グレースウィット事件・東京地判平 29.8.25 労判 1210 号 77 頁　79

1-2　沿革　80

1-3　趣旨　80

1-4　効果　82

2 ── 継続的就労を促すこと等を目的とする金銭返還請求や不払　82

2-1　サイニングボーナス　82

[1] 問題となる場面　82

[2] 効力　82

[3] 判断基準　83

労基法 16 条の賠償予定の禁止の趣旨に反するとされたもの

①日本ポラロイド（サイニングボーナス）事件・
東京地判平 15.3.31 労判 849 号 75 頁　83

② BGC ショウケンカイシャリミテッド事件・
東京地判平 26.8.14 判時 2252 号 66 頁　83

③グレースウィット事件・東京地判平 29.8.25 労判 1210 号 77 頁　84

2-2 入社後の勤続就労の 条件達成後に金銭給付が行われる合意 84

[1] 問題となる場面 84

[2] 効力 85

[3] 判断基準 85

労基法 16 条の賠償予定の禁止の趣旨に反しないとされたもの

アール企画事件・東京地判平 15.3.28 労判 850 号 48 頁 85

3 —— 海外留学費用の返還規定について 86

3-1 問題となる場面 86

3-2 違法性の判断枠組み 87

[1] 裁判例の判断傾向 87

[2] 裁判例における具体的な判断枠組み 87

[3] 裁判例の傾向による分類 88

ア 業務性を中心とする傾向 88

イ 業務性を中心とする判断を肯定する意見 88

ウ 業務性を中心とする判断の問題点 89

エ 今後は業務制より（4）、（5）の要素を重視すべきという視点 90

[4] 折衷的な解決の模索 91

労基法 16 条の賠償予定の禁止に違反するとされたもの

①富士重工業事件・東京地判平 10.3.17 労判 734 号 15 頁 92

②新日本証券事件・東京地判平 10.9.25 労判 746 号 7 頁 92

労基法 16 条の賠償予定の禁止に違反しないとされたもの

③大成建設事件・東京地判令 4.4.20 労判 1295 号 73 頁（なお、控訴審・
東京高判令 4.4.20 判例集未掲載も結論を維持、令 5.6.28 上告棄却） 92

④長谷工コーポレーション事件・東京地判平 9.5.26 労判 717 号 14 頁 93

⑤野村證券事件・東京地判平 14.4.16 労判 827 号 40 頁 93

折衷的な判断をしたもの

⑥明治生命保険（留学費用返還請求）事件・
東京地判平 16.1.26 労判 872 号 46 頁 94

4 —— 教育訓練・研修費用の返還

94

労基法 16 条の賠償予定の禁止の判断基準を示したもの

①河合楽器製作所事件・静岡地判昭 52.12.23 労判 295 号 60 頁　　　94

労基法 16 条の賠償予定の禁止に違反するとされたもの

②サロン・ド・リリー事件・浦和地判昭 61.5.30 労判 489 号 85 頁　　　95

③医療法人K会事件・広島高判平 29.9.6 労判 1202 号 163 頁　　　95

労基法 16 条の賠償予定の禁止に違反しないとされたもの

④コンドル馬込交通事件・東京地判平 20.6.4 労判 973 号 67 頁　　　96

⑤東亜交通事件・大阪高判平 22.4.22 労判 1008 号 15 頁　　　96

5 —— 強制貯金（労基法 18 条）

97

5-1　強制貯金とは

97

5-2　趣旨

97

5-3　問題となる場面

98

労基法 18 条の強制貯金の禁止に違反するとされたもの

①三友印刷社内預金返還請求事件・
東京地判昭 42.10.28 労民集 18 巻 5 号 1067 頁　　　99

②引越社関西事件・大阪地判平 18.3.10 労判 915 号 183 頁　　　99

③プラスパアパレル協同組合ほか事件・福岡高判平 22.9.13 労判 1013 号 6 頁
（熊本地判平 22.1.29 労判 1002 号 34 頁）　　　99

④医療法人北錦会事件・大阪簡判平 7.3.16 労判 677 号 51 頁　　　100

6 —— 身元保証制度

100

6-1　身元保証とは

100

6-2　身元保証制度の弊害

101

6-3　法規制など

102

[1] 労基法16条の適用の関係　　　102

[2]「身元保証ニ関スル法律」　　　102

ア　適用対象など　　　102

イ　成立、存続と終了　　　103

ウ	極度額の定め	103
エ	賠償限度額の設定	104
オ	保証人に対する情報提供義務	104
カ	責任の限定	104

身元保証人の損害額が限定的に判断されたもの

①ワールド証券事件・東京地判平 4.3.23 労判 618 号 42 頁   105

②損害賠償請求事件・神戸地判昭 61.9.29 判時 1217 号 109 頁   105

7 ── 使用者からの借り入れの関係 （労基法 17 条）

106

7-1 前借金相殺の禁止（労基法 17 条）

106

7-2 労基法 17 条の趣旨

106

7-3 「前借金その他労働することを条件とする前貸の債権」

107

[1]「前借金」   107

[2]「その他労働することを条件とする前貸の債権」   107

[3]「労働することを条件とする」   107

[4] 貸金との相殺禁止   109

7-4 本条違反の効果

109

8 ── 退職させて貰えないトラブル・ 相談時の注意

109

第4章 仕事上のミスを理由とする 使用者から労働者に 対する損害賠償請求

1 ── トラブルの傾向の変化

113

| 1-1 | 懲戒処分・退職金などとの関係 | 113 |

1-1　懲戒処分・退職金などとの関係　113

1-2　古典的なタイプ　114

1-3　近年、増加しているタイプ　115

2 ── トラブルが生じる場面　115

3 ── 法的な事案の分類　116

3-1　加害行為の対象による分類　116

[1] 使用者に対して損害を与えた場合（【1】の場合）　117

[2] 第三者に損害を与えた場合
　　──使用者責任と求償の問題（【2】の場合）　117

3-2　債務不履行と不法行為　118

[1] 債務不履行と不法行為との違い　118

[2] 実務的な対応時の注意点　119

　ア　法的根拠の特定　119

　イ　債務不履行の場合の立証責任　119

4 ── 労働法的な修正　120

4-1　労働法・労使関係の特殊性　120

4-2　具体的な視点　121

[1] 従属的であること　121

[2] 他律的であること　121

[3] 労働契約の業務命令にミスが内在化していること　121

[4] 手段債務であること　122

[5] 報償責任・危険責任の法理　122

　ア　報償責任　122

　イ　危険責任　122

　ウ　報償責任・危険責任の射程　123

[6] 生存権や労働者の人たるに値する生活の理念　123

4-3　故意又は重過失がある場合に制限されること

（軽過失の免責） 124

[1] 軽過失の免責 124

[2] 制限される根拠（労働契約の特質） 124

[3] 想定され得る重過失の内容 125

労働者の重過失が認められたもの

①大隅鐵工所事件・名古屋地判昭 62.7.27 労判 505 号 66 頁 126

②ワールド証券事件・東京地判平 4.3.23 労判 618 号 42 頁 126

労働者の重過失が認められなかったもの

③つばさ証券事件・東京高判平 14.5.23 労判 834 号 56 頁 126

④トモエタクシー事件・大阪地判令元 .9.2 労働判例ジャーナル 94 号 82 頁 127

4-4　信義則上の制限 127

信義則上の制限が認められたもの

①丸山宝飾事件・東京地判平 6.9.7 判時 1541 号 104 頁 128

②三共暖房事件・大阪高判昭 53.3.30 判時 908 号 54 頁 128

4-5　労働者が請求する場合との比較（注意点） 129

5 —— 債務不履行責任を追及された場合 130

5-1　債務不履行責任の根拠 130

5-2　故意・過失の要件 130

5-3　立証責任 131

5-4　対処時の検討項目 132

[1] ①義務内容を特定させること 132

[2] ②義務違反の存在（事実認定）と
義務違反の程度（軽過失の免責） 133

労働契約上の義務違反による損害賠償請求が否定されたもの

小川重株式会社事件・大阪地判平 3.1.22 労判 584 号 69 頁 134

[3] ③義務違反（債務不履行）の評価 134

労働契約上の義務違反が否定されたもの

①武富士（降格・減給等）事件・東京地判平 19.2.26 労判 943 号 63 頁 135

17

②損害賠償請求事件・東京地判平 4.5.28 判時 1455 号 112 頁　135
③仁成会（串田病院）事件・大阪地判平 11.9.8 労判 775 号 43 頁　136
［4］④損害の発生及び額　136
［5］⑤損害との因果関係　137
　ア　債務不履行との相当因果関係のある損害　137
　イ　具体的な検討時の注意点　138
　ウ　実際の裁判例を踏まえて　138

債務不履行と損害との相当因果関係が否定されたもの

プロシード元従業員事件・横浜地判平 29.3.30 労判 1159 号 5 頁　139
［6］⑥過失相殺・信義則上の制限　139
　ア　債務不履行における過失相殺（民法 418 条）　139
　イ　［1］、［2］、［3］段階での先行する判断に包含されることが多い　140
　ウ　不法行為との過失相殺の効果の相違　140
　エ　信義則上の制限　141

6 —— 不法行為を追及された場合　141

6-1　不法行為の分類　141

6-2　不法行為の指導原理　142

［1］過失責任主義　142
［2］過失責任主義の修正　142

6-3　事案検討時に重要な視点——労働契約の特質　142

6-4　対処時の検討項目　143

6-5　①②— i 故意について　144

［1］故意とは　144
［2］実務上の対応　144

6-6　①②— ii 過失について　144

［1］過失とは　144
［2］過失概念の構成要素　145
　ア　予見可能性と結果回避義務違反　145
　イ　予見可能性　145
　ウ　結果回避義務　146

[3] 過失の判断基準　147
　ア　通常人に期待される注意を基準とすること（抽象的過失）　147
　イ　通常人の類型化　147
　ウ　通常人の規範的性格　148
　エ　労働契約による特質の考慮　148
[4] 軽過失と重過失　149
[5] 故意と過失との区別　150
[6] 過失と取締法規　150

6-7　③損害の発生及び額　151

6-8　④加害行為と損害との因果関係　151

6-9　⑤─ⅰ過失相殺・信義則上の制限　152

6-10　⑤─ⅱ使用者の賃金による相殺　152

6-11　⑤─ⅲ求償権の制限　153

6-12　逆求償　154

7──合意による損害賠償請求　155

7-1　トラブルになる場面　155

7-2　あらかじめなされた損害賠償の合意の効力　156

7-3　退職後になされた損害賠償の合意の効力　156
[1] 原則として合意の効力を肯定する立場　156
[2] 合意の効力を否定する考え方　157

退職後になされた損害賠償の合意の効力が肯定されたもの

①ケイズインターナショナル事件・東京地判平 4.9.30 労判 616 号 10 頁　158

退職後になされた損害賠償の合意の効力が否定されたもの

②広告代理店Ａ社元従業員事件・福岡高判平 28.10.14 労判 1155 号 37 頁　158

8──公務員個人に対する損害賠償請求　159

8-1　市民から公務員個人への責任追及　159

19

［1］国家賠償法の規定からの解釈　159

［2］国賠法の規定の趣旨　160

［3］最高裁の見解　160

8-2　重過失ある場合の公務員個人に対する求償　161

重過失ある場合の公務員個人に対する求償が肯定されたもの

損害賠償請求（求償権）事件・最二小判平 29.9.15 集民 256 号 77 頁　162

8-3　国家公務員の国に対する賠償責任　163

8-4　地方公務員の地方自治体に対する賠償責任　164

［1］地方自治法の賠償責任規定　164

［2］一般の公務員の不法行為責任　164

公務員個人の賠償責任を肯定したもの

損害賠償請求事件・東京地判平 9.3.13 判例地方自治 168 号 46 頁　165

［3］実務上の対応　166

9 ── 損害賠償請求された場合の実務的な対応　166

9-1　交渉段階での対応は重要　166

9-2　不当訴訟を理由とする損害賠償請求　167

不当訴訟を理由とする損害賠償請求が肯定されたもの

①プロシード元従業員事件・横浜地判平 29.3.30 労判 1159 号 5 頁　169

不当労働行為救済申立てを理由とする使用者の労働組合への請求が否定されたもの

②よこはまシティユニオン（ユーコーコミュニティー）事件・
東京高判令 5.11.15 労判 1308 号 44 頁　169

9-3　損害賠償請求された
労働者への相談対応時に意識したいこと　170

［1］共感と安心感の付与　170

［2］訴訟に至るリスクの説明　170

第5章 退職後に使用者から労働者が責任追及される場面

1──競業避止義務 ... 173

1-1　トラブルとなる場合 ... 173

1-2　退職後の競業避止義務 ... 174

[1] 在職中の場合との相違 ... 174

[2] 合意の効力が否定され得ること ... 174

特約等がない事案で競業避止義務を否定したもの

サクセスほか（三佳テック）事件・
最一小判平 22.3.25 労判 1005 号 5 頁 ... 175

1-3　競業を禁止する特約等の有効性 ... 175

[1] 労働者の自由意思に基づくものか ... 175

退職後に競業しない旨の誓約書の効力が否定されたもの

ジャクパコーポレーションほか 1 社事件・
大阪地判平 12.9.22 労判 794 号 37 頁 ... 176

[2] 必要かつ合理的な範囲か ... 176

ア　①禁止目的・必要性 ... 177

イ　②労働者の退職前の地位・担当業務 ... 177

ウ　③競業が禁止される業務の範囲、期間、地域 ... 177

ⅰ）業務の範囲 ... 177

ⅱ）禁止期間 ... 177

ⅲ）禁止地域 ... 178

競業を禁止する特約等の有効性が否定されたもの

①A特許事務所（就業禁止仮処分）事件・
大阪高判平 18.10.5 労判 927 号 190 頁 ... 178

②アサヒプリテック事件・福岡地判平 19.10.5 労判 956 号 91 頁 ... 178

③アートネイチャー事件・東京地判平 17.2.23 労判 902 号 106 頁 ... 179

競業を禁止する特約等の有効性が肯定されたもの

④レジェンド元従業員事件・福岡高判令 2.11.11 労判 1241 号 71 頁　　179

⑤パワフルヴォイス事件・東京地判平 22.10.27 判時 2105 号 136 頁　　180

⑥ダイオーズサービシーズ事件・東京地判平 14.8.30 労判 838 号 32 頁　　180

エ　④代償措置の有無　　180

代償措置が考慮されたケース

①東京リーガルマインド事件・東京地決平 7.10.16 労判 690 号 75 頁　　181

②ヤマダ電機（競業避止条項違反）事件・
東京地判平 19.4.24 労判 942 号 39 頁　　181

③アメリカン・ライフ・インシュアランス・カンパニー事件・
東京地判平 24.1.13 労判 1041 号 82 頁（東京高判平 24.6.13
労働判例ジャーナル 8 号 9 頁）　　182

④リンクスタッフ元従業員事件・大阪地判平 28.7.14 労判 1157 号 85 頁　　182

2 ── 競業避止義務違反の法的効果　　182

2-1　損害賠償と差し止め　　182

競業行為の差し止め請求が肯定されたもの

アフラック事件・東京地決平 22.9.30 労判 1024 号 86 頁　　183

2-2　退職金の減額、不支給、返還請求　　183

退職金返還や不支給を否定したもの

①三田エンジニアリング事件・東京高判平 22.4.27 労判 1005 号 21 頁　　184

②モリクロ（懲戒解雇等）事件・大阪地判平 23.3.4 労判 1030 号 46 頁　　184

③中部日本広告社事件・名古屋高判平 2.8.31 労判 569 号 37 頁　　184

④ヤマガタ事件・東京地判平 22.3.9 労経速 2073 号 15 頁　　184

退職金不支給を肯定したもの

⑤三晃社事件・最二小判昭 52.8.9 労経速 958 号 25 頁　　185

⑥日本産業パートナーズ事件・東京高判令 5.11.30 労判 1312 号 5 頁　　185

⑦ソフトウエア興業（蒲田ソフトウエア）事件・
東京地判平 23.5.12 労判 1032 号 5 頁　　185

⑧野村證券元従業員事件・東京地判平 28.3.31 労判 1144 号 37 頁　　186

3 ── 秘密保持義務違反　　186

3-1　トラブルになる場合　　186

3-2 在職中の秘密保持義務　　　　186

[1] 義務の根拠　　　186

[2] 在職中に違反した場合の効果　　　186

[3] 弁護士への相談における開示　　　187

3-3 退職後の秘密保持義務　　　　187

[1] 根拠　　　187

[2] 特約の合理性が吟味される　　　188

[3] 違反した場合の効果　　　188

[4] 不正競争防止法における営業秘密の保護　　　188

4──名誉毀損　　　　190

4-1 トラブルになる場合　　　　190

4-2 名誉毀損表現の特定　　　　190

4-3 名誉毀損の違法性阻却の判断枠組み　　　　191

[1] 類型化　　　191

[2] 事実の摘示による場合の違法性阻却　　　191

[3] 意見・論評による場合の違法性阻却　　　192

4-4 労働組合活動に関係する表現の場合　　　　192

[1] 労働組合の関与　　　192

[2] 関与していない当事者が対象になっていないか　　　192

[3] 組合活動による民事免責　　　193

組合活動による刑事免責が肯定されたもの

①全日本建設運輸連帯労働組合関西地区生コン支部（和歌山）刑事事件・
大阪高判令 5.3.6 労判 1296 号 74 頁　　　194

組合活動による民事免責が肯定されたもの

②プレカリアートユニオンほか（粟野興産）事件・
東京高判令 4.5.17 労判 1295 号 53 頁　　　195

③首都圏青年ユニオン執行委員長ほか事件・
東京地判令 2.11.13 労判 1246 号 64 頁　　　196

④コード事件・京都地判令 4.9.21 労判 1289 号 38 頁　　　196

⑤連合ユニオン東京Ｖ社ユニオンほか事件・
東京高判平 30.10.4 判例集未掲載（東京地判平 30.3.29 労判 1183 号 5 頁）　197

⑥京阪バス会（京阪バス）事件・京都地判令 4.3.30 労判 1273 号 25 頁　197

⑦JMITU 愛知支部ほか（オハラ樹脂工業・仮処分）事件・
名古屋地決令 4.11.10 労判 1277 号 37 頁　197

5──労働契約終了後の権利義務　198

5-1　トラブルが生じる場面　198

5-2　原則　198

5-3　労働契約の定めによる場合（例外 1）　199

5-4　法律上の定めによる場合（例外 2）　199

5-5　新たな当事者の合意による場合　200

[1] 新たに契約を締結すること　200

[2] 業務量・業務内容や労働時間　200

[3] 賃金について　201

[4] 業務委託等の雇用によらない形式での就労　202

6──私物の引き渡し・会社所有物の返還　202

6-1　トラブルが生じる場面　202

6-2　対処法　203

[1] 会社所有物の返還　203

[2] 私物の返還　204

[3] 返還時などを会社と交渉するときの注意　205

7──退職後も掲載されている写真動画の削除　205

7-1　トラブルになる場面　205

7-2　同意等がない場合　206

7-3　同意等のある場合　207

[1] 同意等があっても削除を求められる場合がある　207

[2] 合意の効力　207

［3］合意内容の射程外であること　　207

8 —— 社宅などの明け渡し　　208

8-1　トラブルが生じる場合　　208

8-2　社宅などの類型（パターンと法的性質）　　209

　　［1］法律関係の整理　　209
　　［2］労使関係上の位置づけ　　209
　　　　ア　借り上げ社宅の場合　　209
　　　　イ　社宅補助がなされている場合　　211
　　［3］借地借家法の適用関係　　212

借地借家法の適用が肯定されたもの

　　①バークレイズ証券事件・東京地判令 3.12.13 労判 1290 号 91 頁　　213
　　②みずほ銀行事件・東京地判令 2.1.29 判時 2483 号 99 頁
　　　（東京高判令 3.2.24 判時 2508 号 115 頁）　　214
　　③ヒタチ事件・東京地判平 25.3.6 労経速 2186 号 11 頁　　214
　　④開成交通事件・東京地判平 23.3.30 労経速 2109 号 26 頁　　214
　　⑤X社事件・宇都宮地判平 18.8.28 労経速 1947 号 19 頁　　215
　　⑥JR東海（懲戒解雇）事件・大阪地判平 12.3.29 労判 790 号 66 頁　　215

第6章　退職時に労働者への支払い等を拒否するトラブル

1 —— 退職金をめぐるトラブル　　216

1-1　トラブルの生じる場面　　216

1-2　退職金の発生根拠　　217

1-3　法的性格　　218

1-4　就業規則などの規定の確認　　218

1-5　退職金の不支給・減額規定がある場合の規定の解釈　　219

25

懲戒解雇事案における退職金請求が肯定されたもの

①トヨタ車体事件・名古屋地判平 15.9.30 労判 871 号 168 頁　　　220
②アイ・ケイ・ビー事件・東京地判平 6.6.21 労判 660 号 55 頁　　　221
③ヤマト運輸（懲戒解雇）事件・東京地判平 19.8.27 労経速 1985 号 3 頁　221
④小田急電鉄（退職金請求）事件・東京高判平 15.12.11 労判 867 号 5 頁　221
⑤栗山精麦事件・岡山地玉島支判昭 44.9.26 判時 592 号 93 頁　　　222

1-6　退職後に判明した不支給事由　　　222

退職金請求の権利濫用が否定されたもの

①日本コンベンションサービス（退職金請求）事件・
大阪高判平 10.5.29 労判 745 号 42 頁
（上告審・最二小判平 12.6.16 労判 784 号 16 頁でも結論を維持）　　222
②エスエイピー・ジャパン事件・東京地判平 14.9.3 労判 839 号 32 頁　223

1-7　退職金の不支給・減額規定がなくても不支給などが認められる可能性　　　223

退職金の不支給・減額規定がなくても不支給が肯定されたもの

①大器事件・大阪地判平 11.1.29 労判 760 号 61 頁　　　223
②アイビ・プロテック事件・東京地判平 12.12.18 労判 803 号 74 頁　224

事実たる慣習に関するもの

③東北ツアーズ協同組合事件・東京地判平 11.2.23 労判 763 号 46 頁　224

1-8　自己都合退職・会社都合退職　　　225

1-9　消滅時効　　　227

1-10　退職金請求の管轄　　　227

2 ── 解雇予告手当の支払い　　　227

2-1　解雇予告手当の制度　　　227

2-2　解雇予告手当の趣旨　　　228

2-3　解雇予告手当の支払い　　　228

［1］直接払・通貨払いの適用　　　228
［2］相殺　　　229

解雇予告手当を相殺することが否定されたもの

関西フェルトファブリック事件・大阪地判平 8.3.15 労判 692 号 30 頁　　229

2-4　対象　229

2-5　支払い時期　230

2-6　除外事由　230

2-7　平均賃金とは?　230

2-8　注意すること　231

2-9　解雇予告手当が適用されない労働者　231

2-10　効果　232

2-11　違反した場合の解雇の効力　232

3──退職後の賃金支払に関するトラブル　233

3-1　トラブルが生じる場面　233

3-2　使用者が労働者に退職後の賃金を受領しに職場へ来るよう求めるケース　233

[1] 賃金の義務履行地の考え方（原則）　233

[2] 給与債権の管轄　234

　　ア　使用者の営業所住所という考え方（多くの実務運用）　234

　　イ　現代的な解釈　234

給料支払義務の履行地が労働者の所在地とされたもの

パールシステムズ事件・大阪高決平 10.4.30 判タ 998 号 259 頁　　235

3-3　賞与をめぐるトラブル　236

賞与の支給額の差異が争われたケース

①ベネッセコーポレーション事件・東京地判平 8.6.28 労判 696 号 17 頁　　237

賞与の支給日在職要件の適用が争われたケース

②医療法人佐藤循環器内科事件・松山地判令 4.11.2 労判 1294 号 53 頁　　238

3-4　遅延損害金　238

27

［1］在職中の場合 238

［2］退職労働者の賃金に係る遅延損害金 238

3-5 実務的な対処 239

4—使用者からの相殺や権利放棄 239

4-1 トラブルが生じる場面 239

4-2 賃金全額払い原則との関係（天引き） 240

4-3 労働者が賃金債権を放棄した場合 240

4-4 労働者が賃金債権を相殺合意した場合 240

4-5 実務上の対応 241

5—退職時等における証明（労基法22条） 241

5-1 在職証明 241

［1］在籍証明書 241

［2］法的根拠と記載内容 242

［3］実務上の対応 242

5-2 退職時の証明書（労基法22条1項） 243

［1］概要 243

［2］趣旨 243

［3］就業妨害目的の通信および秘密記号の記入の禁止 243

［4］請求時の注意点 244

5-3 解雇予告中の解雇理由の証明書（労基法22条2項） 244

［1］解雇理由の証明書とは 244

［2］退職時の証明書との相違 245

［3］解雇理由の追加 246

ア 解雇理由の追加を認めない立場 246

イ 追加自体は認める立場（実務） 246

ウ 追加を認める場合の訴訟上の運用 247

6 ── 年次有給休暇の扱い

247

6-1 退職時に残った年次有給休暇の消化

247

[1] トラブルになる場面

247

[2] 年次有給休暇の構造

248

[3] 時季指定権の要件など

248

退職時に残った年次有給休暇の消化が否定されたもの

ライドウェーブコンサルティングほか事件・東京地判平 21.1.19 判時 2049 号 135 頁
（控訴審・東京高判平 21.10.21 労判 995 号 39 頁も結論を維持しているが労働者が
控訴審で争っておらず争点となっていない）

250

6-2 有給休暇の買取

250

[1] 使用者から請求はできない

250

[2] 労働者からの請求

251

[3] 労使合意で行う場合の注意

251

7 ── 退職時の金品返還義務 （労基法 23 条関係）

252

7-1 使用者の金品の返還義務

252

[1] 労基法23条の内容

252

[2] 労基法23条の趣旨・沿革

252

7-2 労基法 23 条で返還を請求できる者

253

7-3 労基法 23 条が定める「賃金」

254

7-4 労基法 23 条の対象となる「労働者の権利に属する金品」

254

7-5 返還時期

255

7-6 労基法 23 条の効果

255

労基法 23 条の「金品」に該当するとされたもの

①医療法人北錦会事件・大阪地判平 6.4.18 労判 646 号 40 頁

255

労基法 23 条の「金品」に該当しないとされたもの

②新協運送事件・大阪地判平 11.2.17 労判 754 号 17 頁

256

7-7 労基法 23 条が適用されない事案の対処 　　256

外国人労働者のパスポート管理が不法行為と認定されたもの

①パスポート不返還損害賠償請求事件・横浜地判令 6.4.25 労旬 2063 号 47 頁　　257

②プラスパアパレル協同組合ほか事件・熊本地判平 22.1.29 労判 1002 号 34 頁
（控訴審・福岡高判平 22.9.13 労判 1013 号 6 頁でも維持）　　257

③東栄衣料・県南繊維協同組合事件・
福島地白河支判平 24.2.14 労判 1049 号 37 頁　　258

④北日本電子ほか（外国人研修生）事件・
金沢地小松支判平 26.3.7 労判 1094 号 32 頁　　258

8 ──帰郷旅費の問題
　（労基法 15 条 3 項、同 64 条）　　258

8-1　労働条件の相違による即時解除の場合の帰郷旅費
　（労基法 15 条 3 項）　　258

[1] 制度概要　　258

[2] 適用場面（現代的な問題意識）　　259

[3] 要件など　　260

[4]「必要な旅費」　　261

[5] 支払い方法　　261

[6] 罰則と消滅時効　　262

8-2　18 歳未満の労働者の帰郷費用の特例（労基法 64 条）　　262

[1] 趣旨など　　262

[2] 要件　　263

[3] 類推適用の可能性　　263

[4] 適用除外　　264

【コラム】職場復帰意思を欠く労働者の争い方　　265

第7章　退職時の雇用保険・税金・労災保険など

1──失業等給付 268

1-1 雇用保険制度における位置づけ（雇用保険制度の概要）268

1-2 雇用保険の適用事業 270

1-3 被保険者の種類 270

1-4 適用除外 271

1-5 被保険者か否かがトラブルとなり得るケース 272

[1] 会社役員 272

[2] 生命保険会社の外務員等 272

[3] 国外勤務者 273

1-6 基本手当（雇用保険）の受給資格 273

[1] 原則 273

[2] 特定受給資格者及び特定理由離職者 273

[3] 受給要件の緩和 274

[4] 基本手当の支給時期（待機期間） 274

[5] 給付制限 274

1-7 離職理由と給付日数 276

[1] 決定方法 276

[2] 特定受給資格と特定理由離職者の範囲と判断基準 276

[3] 就職困難者 277

1-8 受給手続 278

1-9 事業主が離職票を交付しない場合の対応 278

1-10 離職票の「離職理由」の記載について 278

1-11 離職票が入手できない場合 279

2──退職後に利用できる社会保障制度 279

2-1 住居確保給付金 279

[1] 概要 279

［2］対象要件　281

［3］支給額及び支給期間　282

2-2　傷病手当金（退職後の請求）　282

2-3　生活保護制度　283

3 ── 退職と税金　284

3-1　トラブルになるケース　284

3-2　退職金と税金の問題　285

［1］基本的な運用　285

［2］退職所得とは　285

　　ア　退職所得とは　285

　　イ　裁判における和解時などの注意　286

3-3　退職所得の計算方法　287

3-4　役員となっている場合　288

3-5　賃金・付加金　288

3-6　損害賠償など　289

3-7　労働者が死亡し相続人が退職金を受け取る場合　289

4 ── 労災保険に関するトラブル　290

4-1　退職しても労災保険給付の請求ができる　290

4-2　使用者の協力は不要　290

4-3　傷病手当金の請求との関係　291

4-4　労災申請・受給と解雇　291

［1］解雇制限についての定め　291

［2］打切補償がなされた場合　292

4-5　労災保険給付の支給決定に対して事業主が争う場合　293

［1］事業主による労災認定に対する異議申し立てを認める運用変更　293

［2］事業主による労災支給決定の原告適格の否定　294

4-6　実務への影響と被災者側の対応　295

［1］実務への影響　295

［2］被災者側の実務対応　296

【コラム】どこまでを弁護士が対応?　296

第8章　合意退職等にされてしまった場合

1──解雇なのに合意退職とされてしまうトラブル　300

1-1　峻別の困難さ　300

1-2　トラブルの生じる背景　301

1-3　法的問題点　301

2──使用者が「解雇」していないとしたがる事案　302

2-1　動機の解明　302

2-2　助成金などの利用状況の確認方法　302

3──退職の意思表示の認定　303

3-1　労働者の自由な意思に基づく同意が必要　303

3-2　山梨県民信用組合事件の判断枠組み　304

3-3　裁判例の傾向　305

労働者自らの意思（真意）に基づく合意であることが否定されたもの

①TRUST 事件・東京地立川支判平 29.1.31 労判 1156 号 11 頁　306

②医療法人社団充友会事件・東京地判平 29.12.22 労判 1188 号 56 頁　306

33

③グローバルマーケティングほか事件・
東京地判令 3.10.14 労判 1264 号 42 頁　307

労働者自らの意思（真意）に基づく合意であることが肯定されたもの

④中倉陸運事件・京都地判令 5.3.9 労判 1297 号 124 頁　307

労働者自らの意思（真意）に基づく合意であることが否定されたもの【公務員のケース】

⑤栃木県・県知事（土木事務所職員）事件・
宇都宮地判令 5.3.29 労判 1293 号 23 頁　307

⑥長崎市・長崎市選挙管理委員会事件・
福岡高判令 3.10.14 労働判例ジャーナル 119 号 32 頁　308

4 ── 退職の意思表示の撤回・無効など　308

4-1　トラブルが生じる場面　308

4-2　退職の意思表示が辞職の意思表示である場合　308

4-3　退職の意思表示が合意退職の申込みである場合 ──撤回可能な時期　309

［1］使用者が承諾の意思表示をした場合　309

ア　使用者側の承諾の意思表示到達前に限られること　309

イ　退職を承認する権限ある使用者側の者が
行ったものであることが必要　309

［2］使用者が承諾の意思表示をする前　310

ア　民法改正時の懸念　310

イ　相当な期間を経ずに撤回可能　310

合意解約の効力が生じるとしたもの

①大隅鐵工所事件・最三小判昭 62.9.18 労判 504 号 6 頁　311

合意解約の効力が生じるまで撤回ができるとしたもの

②昭和自動車事件・福岡高判昭 53.8.9 労判 318 号 61 頁　312

③学校法人白頭学院事件・大阪地判平 9.8.29 労判 725 号 40 頁　313

4-4　退職の意思表示が合意解約の承諾である場合　313

4-5　退職の意思表示の欠缺・瑕疵など（民法 95 条、96 条、90 条）　313

心裡留保：民法 93 条

①昭和女子大学事件・東京地判平 4.12.21 労判 623 号 36 頁　314

34

錯誤：民法 95 条

 ②テイケイ事件・東京地判令 4.3.25 労判 1269 号 73 頁   314

 ③慶應義塾（シックハウス）事件・東京高判平 24.10.18 労判 1065 号 24 頁 315

 ④富士ゼロックス事件・東京地判平 23.3.30 労判 1028 号 5 頁   315

詐欺又は強迫：民法 96 条

 ⑤ジョナサン他 1 社事件・大阪地判平 18.10.26 労判 932 号 39 頁 315

 ⑥ニシムラ事件・大阪地決昭 61.10.17 労判 486 号 83 頁   315

 ⑦旭光学事件・東京地判昭 42.12.20 判時 509 号 22 頁   316

 ⑧学校法人白頭学院事件・大阪地判平 9.8.29 労判 725 号 40 頁 316

 ⑨小野田セメント大船渡工場仮処分事件・
  盛岡地一関支判昭 43.4.10 判時 523 号 79 頁   316

資料

退職届

 労働者自身が提出する退職届   318

申入書

 ①退職妨害：労働契約終了、離職票、2 週間を超える予告期間の効力 319

 ②退職妨害：即時解除・賃金控除・社宅退去   321

 ③機密情報漏洩への回答・未払賞与   324

 ④合意退職・退職妨害（有期契約・契約期間途中）・私物所有権放棄 326

 ⑤退職扱いされた事案・賃金請求   329

 ⑥会社からの損害賠償請求・身元保証人への通知   331

回答書

 競業避止義務違反の損害賠償請求   334

合意書

 労災民事賠償・謝罪、解雇撤回・合意退職、解決金支払   336

答弁書

 使用者から労働者に対する損害賠償請求   338

重要判例

 【留学費用の返還と労基法 16 条①】
  長谷工コーポレーション事件・
  東京地判平 9.5.26 労判 717 号 14 頁   343

【留学費用の返還と労基法 16 条②】
　　新日本証券事件・
　　東京地判平 10.9.25 労判 746 号 7 頁　　　　　　　　　　　　　345

【使用者の労働者に対する求償の制限法理】
　　茨城石炭商事事件・
　　最一小判昭 51.7.8 民集 30 巻 7 号 689 頁　　　　　　　　　　　347

【使用者の労働者に対する損害賠償請求】
　　エーディーディー事件・
　　京都地判平 23.10.31 労判 1041 号 49 頁　　　　　　　　　　　348

【使用者の労働者に対する訴訟提起の不法行為該当性】
　　プロシード元従業員事件・
　　横浜地判平 29.3.30 労判 1159 号 5 頁　　　　　　　　　　　　349

【特約等がない場合の退職後の競業避止義務】
　　サクセスほか（三佳テック）事件・
　　最一小判平 22.3.25 労判 1005 号 5 頁　　　　　　　　　　　　352

【同業他社に就職した退職社員に支給する退職金の減額】
　　三晃社事件・
　　最二小判昭 52.8.9 労経速 958 号 25 頁　　　　　　　　　　　　353

【労働者の自由な意思①】
　　シンガー・ソーイング・メシーン事件・
　　最二小判昭 48.1.19 民集 27 巻 1 号 27 頁（判時 695 号 107 頁）　354

【労働者の自由な意思②】
　　日新製鋼事件・
　　最二小判平 2.11.26 民集 44 巻 8 号 1085 頁（労判 584 号 6 頁）　355

【労働者の自由な意思③】
　　山梨県民信用組合事件・
　　最二小判平 28.2.19 民集 70 巻 2 号 123 頁（労判 1136 号 6 頁）　356

判例等索引　　　　　　　　　　　　　　　　　　　　　　　　360

厚生労働省・都道府県労働局・公共職業安定所（ハローワーク）「特定受給資格者及び特定理由離職者の範囲の判断基準」　367

略語一覧

法令・通達

育介法	育児休業、介護休業等育児又は家族介護を行う労働者の福祉に関する法律
過労死防止法	過労死等防止対策推進法
雇用均等法	雇用の分野における男女の均等な機会及び待遇の確保等
高年法	高年齢者等の雇用の安定等に関する法律
国公法	国家公務員法
個別労働紛争解決法	個別労働関係紛争の解決の促進に関する法律
最賃法	最低賃金法
職安法	職業安定法
パート有期法	短時間労働者及び有期雇用労働者の雇用管理の改善等に関する法律
障害雇用促進法	障害者の雇用の促進等に関する法律
女性活躍推進法	女性の職業生活における活躍の推進に関する法
賃確法	賃金の支払の確保等に関する法律
労安衛法	労働安全衛生法
労基法	労働基準法
労契法	労働契約法
労災保険法	労働者災害補償保険法
労組法	労働組合法
労調法	労働関係調整法
労働者派遣法	労働者派遣事業の適正な運営の確保及び派遣労働者の保護等に関する法律
基発	労働基準局長通達
発基	（厚生）労働事務次官通達
基収	労働基準局長が疑義に応えて発する通達

書籍

類型別（I）・（II）	佐々木宗啓ほか『類型別　労働関係訴訟の実務〔改訂版〕I・II』（青林書院、2021 年）
裁判実務	白石哲『裁判実務シリーズ1　労働関係訴訟の実務〔第 2 版〕』（商事法務、2018 年）
労働事件 50 選	須藤典明・清水響『労働事件事実認定重要判決 50 選』（立花書房、2017 年）
労弁マニュアル	日本労働弁護団編『新・労働相談実践マニュアル』（2021 年）
(旧)実務解説 (1)～(12)	『労働法実務解説 1～12』（旬報社、2016 年）
菅野＝山川	菅野和夫・山川隆一『労働法（第 13 版）』（弘文堂、2024 年）
菅野	菅野和夫『労働法（初版～第 12 版）』（弘文堂、1985～2020 年）
西谷	西谷敏『労働法（第 3 版）』（日本評論社、2020 年）
荒木	荒木尚志『労働法（第 5 版）』（有斐閣、2022 年）
水町	水町勇一郎『詳解労働法（第 3 版）』（東京大学出版会、2023 年）
土田	土田道夫『労働契約法（第 2 版）』（有斐閣、2016 年）
川口	川口美貴『労働法（第 8 版）』（信山社、2024 年）

判例集・雑誌等

刑集	最高裁判所刑事判例集	民集	最高裁判所民事判例集
判時	判例時報	判タ	判例タイムズ
労経速	労働経済判例速報	労判	労働判例
労民集	労働関係民事裁判例集	季労	季刊労働法
ジュリ	ジュリスト	労旬	労働法律旬報
法時	法律時報	法曹	法曹時報
日労研	日本労働研究雑誌		

1 退職をめぐる紛争の基本概念の整理

POINT

▶ 法的な退職理由を適切に把握する。

▶ 労働者側に労働契約解消の意思があるかで、大きく処理手順が変わる。

▶ 労働者の用いる「専門用語」に惑わされない。

▶ 個別の法令による解雇制限のある場面は特に注意が必要である。

1──法的な退職理由の全体像──主な労働契約終了の分類

実務上、労働トラブルが多く生じる労働契約の解消の場面は、主な分類として、①労働者側から一方的な意思表示により労働契約を解消させる辞職（自主退職、任意退職）、②労働者・使用者との合意によって労働契約を解消する合意退職、③使用者側から一方的な意思表示により労働契約を解消する解雇・雇止め、がある（なお、まれにではあるが、当事者の消滅により労働契約が終了する場合もある）。

この主な労働契約終了理由の①から③のなかでも、①辞職（自

主退職・任意退職）及び②合意退職と、③解雇・雇止めとでは、労働者側に労働契約を解消させる意思があるか（①及び②）、使用者側からお意思表示のみによって労働契約が解消されるのか（③）が大きな相違点となる。この①②と③には、法的な意味としても、労働者の自己決定により労働契約を解消するのか否かで決定的な違いがあるが、実務的にも解雇に関する様々な法的規制、退職金額・失業保険給付など、労働者に与える影響も少なくない。

　これまで、一般的な労働契約解消の場面における労使紛争の典型は、使用者による③解雇・雇い止めであるとされてきたし、裁判例なども圧倒的に多い。しかし、このところ、①辞職②合意退職の場面でも、労働トラブルが増加し、固定化している。

　たとえば、厚労省が公表した「令和4年度個別労働紛争解決制度の施行状況」をみると、民事上の個別労働紛争の相談内容で一番多いのは「いじめ・嫌がらせ」（22.1％）であるが、次いで多いのは「自己都合退職」（13.5％）であり【表1】、解雇よりも多い。

表1　民事上の個別労働紛争（相談内容別の件数）

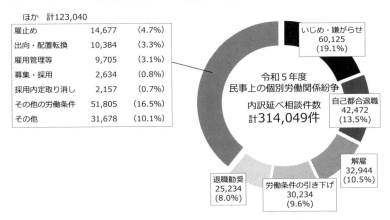

（出所）厚生労働省「令和5年度個別労働紛争解決制度の施行状況」。

表2 民事上の個別労働紛争（主な相談内容別の件数推移（10年間））

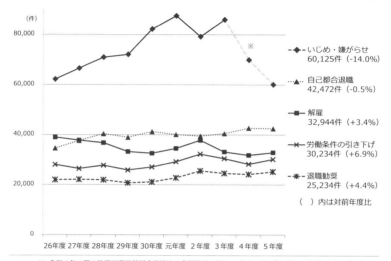

※ 令和4年4月の改正労働施策総合推進法の全面施行に伴い、（これまで「いじめ・嫌がらせ」に含まれていた）同法上のパワーハラスメントに関する相談は全て（同法に基づく対応となり）別途集計することとなったため、令和3年度以前と令和4年度以降では集計対象に差異がある。労働施策総合推進法に関する相談件数は、P2の※5を参照。

（出所）厚生労働省「令和5年度個別労働紛争解決制度の施行状況」。

　しかも、過去10年の推移を確認しても【表2】、平成28年頃からは、労働相談の典型とされてきた解雇や労働条件の切り下げよりも、「自己都合退職」のほうが相談数が多いという状態が続いており、大量の解雇・雇止めが起きたコロナ禍でもその傾向に変化はなかった。
　こういった状況を踏まえると、労働契約終了の場面での、弁護士相談においても、「自己都合退職」と扱われているであろう事案（①辞職、②合意退職）における典型的な労働相談（特に、労働者側の労働相談）への対処（円満退職に向けた対処）を学ぶことは、極めて重要といえよう。
　しかし、①辞職・②合意退職のテーマに特化して労働側の立場で専門的に取り扱った実務書も当職が調査した限りでは見当たらず、研究者による理論的な研究はさておき、実務的にはまだ調査研究の進んでいない分野といえよう。これは、伝統的に、

雇用を確保するための解雇争議などが本来的な労働運動であるような風潮が根強かったことも要因かもしれない。

本書では、これまで労働者側の立場から、中心的な労働問題として取り上げられることが少なかった、①辞職（自主退職）②合意退職や、そこから派生する法的紛争（使用者から労働者・労働組合への損害賠償など）を主テーマとして取り上げていくことにする。

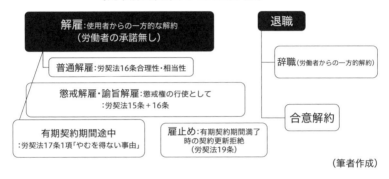

2──合意退職

合意退職とは、労働者と使用者との合意により労働契約を終了させるものをいう。使用者による一方的な意思表示による解雇とは異なるので、解雇についての様々な法規制が適用されない。

そのため、実務では、解雇規制を免れようとした使用者によって、労働者側にも退職の意思があったとして、合意退職の体裁を整えて解雇の規制を免れようとするトラブルも多い。

3──辞職（自主退職・任意退職）

辞職とは、労働者の一方的な意思表示による労働契約の解消である。

労働者には辞職の自由があり、期間の定めのない労働契約では、労働者はいつでも自由に解約の申し入れができ、原則として2週間後に契約終了の効果が生じる（民法627条1項）。

ただし、期間の定めのある雇用契約の場合は。原則として労働者が契約期間途中に契約を解除できるのは「やむを得ない事由」がある場合に限られ、その場合の「直ちに」契約が解除される（民法628条前段）。

4——退職勧奨・退職強要

退職勧奨とは、使用者が労働者に対して、合意解約を申し込んだり、申込の誘引をしたりすることをいう。退職勧奨・退職強要自体を直接定義した法令はない。

退職勧奨は、それが労働者の退職の意思表示を促す事実行為にとどまっている限り、使用者の一方的な意思表示による解雇とは法的性質が異なり、解雇権濫用法理の規制（労契法16条等）には服しない。

とはいえ、この退職勧奨が労働者に対して執拗に辞職を求めるなど、労働者の自由な意思の形成を妨げ、労働者の人格的利益を侵害する違法な態様で行われた場合には不法行為となり損害賠償請求の対象となる（民法709条）。

退職勧奨と退職強要とを法的な意味で明確に区別する法令上の定義などは存在しない。しかし、実務上は、退職勧奨のうち社会通念上の限度を超えた行為は退職強要と呼ぶことで区別することが多いだろう。

いずれにせよ、労働者としては、この退職勧奨・退職強要に応じる義務はないという点が重要となる。

（勧奨行為に応じる義務はないとされたもの）
鳥取県教員事件　鳥取地判昭61.12.4労判486号53頁

退職勧奨の法定性格について「雇用関係にある者に対し自発的な退職意思の形成を慫慂するためになす行為であり、場合によっては雇用契約の合意解約の申入れあるいはその誘引という法律行為の性格を併せもつ場合もある」としつつ、「いずれの場合も被勧奨者は何らの拘束なしに自由に意思決定をなしうるのであり、いかなる場合も勧奨行為に応じる義務はない」としている。

5──解雇

5-1 解雇の類型

　解雇とは、使用者の一方的な意思表示による労働契約の解約をいう。労働者側が解雇に承諾することは解雇の要件として求められていない。とはいえ、使用者が解雇をしているのに、労働者から退職に同意する旨の書面を提出させて退職への同意を確認しようとするケースも実務上少なくない。

　この点、一般原則の民法では、627条1項で「当事者が雇用の期間を定めなかったときは、各当事者は、いつでも解約の申入れをすることができる。この場合において、雇用は、解約の申入れの日から二週間を経過することによって終了する。」と定めており、使用者側からも解約できると定めている。

　しかし、これに労働法による修正がなされ、解雇には正当事由が必要であって、正当事由を欠く解雇は解雇権の濫用として無効となる（労契法16条）とされている。

　また、解雇には、懲戒処分として行われる懲戒解雇・諭旨解雇があり、それとの対比で、懲戒処分としての解雇ではない解雇は普通解雇と呼ばれる。懲戒処分としての解雇は、解雇としての規制（労契法16条等）に加えて、懲戒事由及び懲戒の種類として解雇が就業規則等に明定されていることや就業規則の規定が周知され内容が合理的であることなど、懲戒処分としての

第1章 ● 退職をめぐる紛争の基本概念の整理 ｜ 43

規制にも服する（労契法15条）。

　さらに、有期労働契約の期間途中の解雇は、期間途中の解雇を正当化するだけのより限定された重大事由であることが求められ、解雇が客観的に合理的で社会的に相当な理由があることに加え、「やむを得ない事由」（労契法17条1項）が要求されており、期間途中であったとしても雇用を終了せざるを得ない特段の事情が必要と解されている。

5-2 個別法令による解雇制限

　個別の法令によって解雇が制限されている場合も多い。

　実務上、これら個別の法令の解雇禁止規定が直接適用されるケースはさほど多くはないが、典型的な労働者の解雇が行われやすいケースを法定化したものであるから、労働者が退職を強いられる要因や背景事情として、これら規定の想定場面が問題となるケースは多い。

　したがって、こういった規定を一度確認しておくことは有益であり、たとえば個別の退職同意の効力を争う際の前提情報の錯誤無効や同意の効力を争う場面などで、これら規定の趣旨などを踏まえて主張立証するなど、活用できるケースは多い。ざっと眺めておき、相談を受けた時などに個別法令の規制があったことを想起できると良いだろう。

表3　解雇制限の一覧

【差別禁止事由を理由とするもの】
①国籍、信条、社会的身分を理由とする解雇の禁止（労基法3条）
②労働組合の組合員であること等を理由とする不利益取扱は、不当労働行為になり（労組法7条1号）無効となること
③障害者であることを理由とする不当な差別的取り扱いである解雇の禁止（障害者雇用促進法35条）

④労働者の性別を理由とする差別的取扱である解雇の禁止（均等法6条4号）

⑤通常の労働者と同視すべき短時間労働者に対する差別的取り扱いである解雇の禁止（パート有期法9条）

【労働関係法規違反の申告等を理由とするもの】

①労働者が労基法、労安衛法等の違反の事実を労基署や労働基準監督官等に申告したこと（労基法104条2項、労安衛法97条2項、賃確法14条2項、最賃法34条2項、派遣法49条の3第2項）、②労働者が都道府県労働局長に紛争解決の援助を求めたこと、またはあっせんを申請したこと（個紛法4条3項、5条2項）、③セクハラ、マタハラ、パワハラ、育児休業・介護休業に関する言動等の問題について事業主に相談を行ったこと及び相談への対応に協力した際に事実を述べたこと（均等法11条2項、11条の3第2項、労働施策総合推進法30条の2第2項、育介休法25条2項）、④これらの問題や性差別をめぐる紛争について都道府県労働局長に紛争解決の援助を求めたことや調停を申請したこと（均等法17条2項、18条2項、労働施策総合推進法30条の5第2項、30条の6第2項、育介法52条の4第2項、52条の5第2項）、⑤短時間・有期雇用労働者が通常の労働者との間の待遇の相違の内容及び理由等の説明を求めたこと（パート有期法14条3項）、派遣労働者が派遣元事業者に対して比較対象労働者との間の待遇の相違の内容及び理由等の説明を求めたこと（派遣法31条の2第5項）、⑥短時間・有期雇用労働者、派遣労働者が短時間・有期雇用労働者、派遣労働者に対する差別的取り扱いの禁止の規制をめぐる紛争について都道府県労働局長に紛争解決の援助を求め又は調停を申請したこと（パート有期法24条2項、25条2項、派遣法47条の7第2項、47条の8第2項）、⑦障害者雇用促進法上の紛争解決援助を求めたこと・

調停を申請したこと（障害者雇用促進法74条の6第2項、74条の7第2項）を理由とする解雇をしてはならない。

【法律上の権利行使を理由とするもの】
①労働者の業務上の傷病による休業期間及びその後の30日間は、解雇できない（労基法19条）。
②産前産後の女性が労基法65条によって休業する期間及びその後30日間は、解雇できない（労基法19条1項本文）。ただし、天災事変その他やむを得ない事由のために事業の継続が不可能となった場合は、この限りでないが、労働基準監督署長の除外認定を受けなければならない（労基法19条1項但書）。
③労働者が公益通報者保護法に基づいて公益通報をしたことを理由とした解雇は無効となる（公益通報者保護法3条）。
④女性労働者が婚姻、妊娠、出産、労基法65条の産前産後の休業を請求・取得したこと等を理由にした解雇はしてはならない（均等法9条2項、3項、均等則2条の2）。なお、妊産婦等に対する解雇は原則無効とされ、立証責任の転換がされる（均等法9条4項）。
⑤育児・介護休業の申出をしたこと、育児・介護休業をしたことを理由とする解雇はできない（育介法10条、16条）。
⑥労使協定の過半数代表、裁量労働制及び高度プロフェッショナル制度の労使委員会の労働者委員、労働者派遣の一般派遣業務の派遣可能期間決定の際の意見聴取等の過半数代表になること、なろうとしたこと、正当な行為をしたことを理由として不利益扱い（解雇）してはならない（労基則6条の2第3項、24条の2の4第6項、34条の2の3、派遣則33条の5）。
⑦企画業務型裁量労働制、専門業務型の裁量労働制、高度プロフェッショナル制度の適用に同意しないことに対して

46

解雇をしてはならない（企画業務型裁量労働制：労基法38条の4第1項6、専門業務型裁量労働：労基法38条の3第1項6号及び労規則24条の2の2第3項1号【専門業務型裁量労働制・令和5年4月施行の改正】、高度プロフェッショナル制度：41条の2第1項9号）。

⑧被保険者となったこと又は被保険者でなくなったことの厚生労働大臣への確認の請求をしたことを理由として解雇してはならない（雇用保険法73条）。

6──雇止め

　雇止めとは、有期労働契約の契約期間満了に際し、使用者が契約の更新を拒絶することをいう。

　民法の原則に従うと、期間の満了に際して、満了後には契約を更新しない旨を使用者が労働者に通知した場合、労働契約は当然に終了することになる（なお、使用者がかかる通知をしない場合は、民法629条1項により労働契約は黙示の更新により存続することになる）。

　しかし、労働法により、この雇止めについても修正がなされ、雇用の臨時性・常用性、更新の回数、雇用の通算期間等の事情により、解雇権濫用法理と同様の法理が適用されることがある（労契法19条。2012年の労契法改正により、判例で法理であった雇止め法理が、そのまま法定化されたものである）。

7──定年制

　定年制による労働契約が終了する場合もある。

　定年制とは、労働者が一定の年齢になった場合に、それを理由に当然に労働契約を終了させる制度であるが、就業規則等に

第1章 ● 退職をめぐる紛争の基本概念の整理　47

よる定年制は不合理ではないとして、一般的に有効とされている[1]。

また、高年法により、定年制には定年年齢の設定に制限が設けられ、また、高年齢者の雇用安定を図っている[2]。

そのため、定年制は、定年年齢までの雇用を保障する機能と、定年によって雇用を終了させる機能との両面があるといえる。

8──当事者の消滅による場合

労働契約の契約当事者が消滅した場合にも、労働契約は終了する。

当事者が消滅する具体的な場面とは、労働者の死亡する場合、個人事業主であった使用者が死亡し事業が承継されない場合、法人である使用者が解散（破産を含む）、精算手続きの完了により法人格が消滅した場合などである。

労働者が死亡した場合、労働契約上の地位は一身専属的なものとされ相続対象とはならないので、労働契約は当然に終了する。

個人事業主であった使用者が死亡した場合も基本的に同様であるが、事業が相続で承継された場合には、例外的に労働契約が承継され得る。

例外的に承継される場合の理論には、使用者たる地位が承継されて労働契約が継続しているとされる場合（小料理屋「尾婆伴」事件・大阪地決平元.10.25労判551号22頁）と、相続人と

---

[1]　秋北バス事件・最大判昭43.12.25民集22巻13号3459頁は「停年制は、人事の刷新・経営の改善等、企業の組織及び運営の適正化のために行われるものであって、一般的にいって、不合理な制度ということはできない」として就業規則による定年制を有効と判示した。

[2]　高年法は、定年年齢を定める場合は60歳以上とすること（8条）、60歳から65歳までの雇用確保措置として①定年年齢の引き上げ、②継続雇用制度の導入、③定年制の定めの廃止のいずれかをとることを義務付けた（9条1項）。さらに、65歳から70歳までの高年齢者就業確保措置（上記①〜③、又は④創業する高年齢者との業務委託契約の締結、⑤社会貢献事業に従事する高年齢者との業務委託契約のいずれかを事業主の努力義務とした（10条の2第1項但書、同条第2項）。

なる新事業主と労働者との間に黙示の労働契約の成立を認める
場合（府中おともだち幼稚園事件・東京地判平21.11.24労判
1001号30頁）とがある。

9──公務員の場合

　公務員（国会公務員及び地方公務員）については、前提とし
て問題となる公務員の勤務関係の法的性格について従来から議
論がある。

　この点、最高裁は、公務員の勤務関係を労働契約関係とは捉
えず、公法上の勤務関係であるとの立場を一貫してとっている
（最二小判昭49.7.19民集28巻5号897頁）[3]。

　そのため、労働契約を前提とする労使合意の発想（労契法3
条等）が公務員関係ではそのまま妥当せず、労働契約の終了原
因とは異なる理論的な整理がなされる[4]。

　まず、現行の公務員制度では、公務員がその身分を失うこと
を「離職」といい、人事院規則の定めにしたがって分類すると、
失職（欠格条項に該当する場合）、退職（辞職・死亡・任用期間
の満了・分限免職）、懲戒免職に区分される。

　人事院規則の定めにしたがって離職の区分をまとめると、以
下の通りとなる[5]。

＊3　労契法21条1項により公務員は労契法も適用除外となっているし、それ以外も多数の労
働関係法令が適用除外となっている。なお、公務員についても、労働契約法上の規定を準用す
べき場合があるとの指摘もなされている（城塚健之「特集　労働契約法逐条解説」労旬1669号
（2008年）60頁）。

＊4　菅野和夫・野川忍・安西愈編『論点体系　判例労働法1』（第一法規、2015年）504
頁以下（川田琢之）参照

＊5　なんらの行政処分によることなく当然に離職することを「失職」とし（欠格条項該当・任用
期間満了・定年）、処分の効果に基づく離職を「退職」（免職・辞職・死亡）とする分類もある（橋
本勇『新版　逐条地方公務員法（第五次改訂版）』（学陽書房、2020年）569頁以下）。

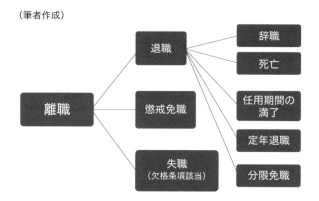
（筆者作成）

　この離職のうち「辞職」は、法律上も規定が無く、公務員が退職を申し出る場合の法的性格が問題となる。この点、労働契約とは異なり、公務員の任用は行政処分であると考えられるため、辞職でも公務員からの一方的な申し出により離職の効果が生じるとは考えられず、退職願・退職届は公務員本人の同意を確認するための手続きであって、同意を要件とする退職発令（行政処分）が行われて初めて離職の効果が生じると解されている（高松高判昭35.3.31行政裁判例集11巻3号796頁）。

　また、離職の効果が発生するのは、他の辞令交付による場合と同様に、辞令交付時（到達主義）であるとされている（ただし、死亡の場合は、死亡時である）。

　この点、いったん退職願を提出した公務員が撤回できるのかは、辞令交付前であれば信義則に反しない限り撤回できるとの判例がある（最二小判昭34.6.26判時191号5頁、最二小判昭37.7.13判時310号25頁）。どのような場合が信義則に反するのかは、退職願が提出されたことを前提にその後の人員配置などの手配が進められ個人の恣意によって行政秩序が犠牲にされるような結果となる場合であると考えられ、行政側の事情のみならず、撤回される時期・撤回する公務員側の事情・動機なども考慮して信義に反するとまで言える場合であるかが判断される

ことになるだろう[*6]。

10——相談時の注意

　労働相談で、相談者が述べる「解雇」「辞職」などの専門用語は、そのまま鵜呑みにせず、置かれた状況を正確に把握するように努める必要がある。

　退職トラブルに遭遇した労働者やその家族は、大きなストレスをうけて精神的に混乱していることも多いし、何よりも、前提となる法的な知識に誤解がある場合も多い。専門用語を正確に理解せずにいること、使用者に対して解雇等を労働者側が争う余地があることを理解していないこと等から、相談者が「解雇された」と述べていても、実際には退職勧奨をされているに過ぎない場面であるといったことは、頻繁におきる。

　相談時には、労働契約終了原因を正確に把握しておかないと、その後の処理手順の大きく変わり、場合によっては代理人のアドバイスで労働者に不利な応答などを誘発してしまうといった事態も生じうる（例えば、解雇されておらず退職勧奨をされている段階であるのに、労働者側が退職を自認する対応をしてしまう）。

　したがって、労働者が述べる労働契約終了原因は鵜呑みにせず、正確に状況を把握するようにする必要がある。

　具体的には、相談者から、退職トラブルの契機もある程度説明してもらうなどもしつつ、退職トラブルの概要を正確に把握するように注意すべきである。場合によっては、労働者が誤った法的知識に対する強い先入観があることもあるので、ある程度、合意退職・辞職と解雇との相違など法的な説明をして、正確に理解して貰ってからのほうが好ましい場合もある。

[*6]　橋本・前掲注[*5]・571頁以下

第1章 ● 退職をめぐる紛争の基本概念の整理　51

2 退職させて貰えないトラブル

POINT

► 労働者は退職する自由がある！

► 退職の自由は、労働者が自己決定で労働契約からの離脱させる労働法の重要な原則の一つである。

► 明示された労働条件と実態が相違すれば即時解除できる。

► 期間の定めの有無で、実務的な対策が異なる。

► 原則2週間で労働契約が終了し、これを制限する就業規則等は無効である。

1──退職妨害の相談に取り組む必要性

1-1 増加する退職妨害のトラブルとその背景

　ここ数年、退職妨害が問題となっている。慢性的な人手不足も背景に、退職しようとする労働者に対して使用者が悪質な手法で妨害する、退職妨害の労働相談が増えており、円満退職にまつわる典型的な相談である。

　辞職の場合、使用者が退職を望んでいるわけでもなく、代替

人員の確保まで少しでも長く業務を遂行させたいと考えたり、担当していた業務の引き継ぎをさせるとして引き継ぎ義務の履行を求めたい使用者側の意向や、顧客・企業秘密流失などへの危惧からくる嫌がらせ的な場合など、使用者側の退職妨害をする事情も様々である（要因が複合的であることも珍しくない）。

　他方で、労働者の側は、次の就労先との関係で退職時期を気にするケースは多い。退職後の再就職時期を決めてから退職の申し出をすることも多く（転職市場では、むしろそれが標準的ともいえる）、退職時期がずれ込むと次の職場での就労開始時期がずれ込んでしまう可能性もある。即戦力として期待され転職先が決まった場合などは、次の就労先にも迷惑をかけることになり（再就職先での内定取消等の二次的被害があり得る）、労働者にとって退職時期の遅れも切実である。

　しかも、退職したいと考える労働者は、残業代未払い、長時間労働など労基法違反にとどまらず、様々な深刻なハラスメント被害などが背後に隠れていることも多いし、関連して多様な法的トラブル（退職金、有給休暇の消化）が生じるケースも珍しくない。

　とはいえ、従来の労働相談は、解雇などいかに雇用を確保するのかに重点が置かれがちで、退職妨害に対する関心は薄かった。労働組合の相談窓口でも、労使関係構築にこそ労働組合加入の意義があるとの意識があるからか、退職妨害の相談を「取り組む価値ある相談」とは受け止めないケースも散見された。

　また、弁護士も、退職妨害を理由に相談にくる労働者に対して、「退職届をだせばよいだけだから、自分でもできる」と、あしらってしまうケースも珍しくなかったのが実状だろう（自戒を込めて）。

1-2 弁護士が対応する必要性

　労働者が、「退職届を出すだけ」というシンプルな労働法の知

第2章 ● 退職させて貰えないトラブル　53

識を知らないだけならともかく、そのような知識をもつ労働者が、それでもなお自身では対応できず、コストをかけて退職代行サービスを利用したり、弁護士に対して相談に来ているという点に思いを至らせ、相談に対応する必要があろう。

これまで、労働者側の弁護士は、退職妨害を労働相談として位置づける意識が低かったが、労働者の置かれた実状を踏まえた対応が求められている。

1-3 実務上生じるトラブル

実務上生じる具体的なトラブルは、使用者が退職を認めず、労働者に就労を無理強いするものである。そのような事案では、労使の関係が極めて歪になっているので、単に退職できないだけでなく、長時間労働・ハラスメント・賃金未払いなど労働者側の被害が出ていないかにも注意が必要だ。

また、退職を申し出た労働者に対して、労働契約が終了していないので使用者が労働者に対して引き継ぎ義務などを果たしていないとして懲戒処分されたり（懲戒解雇であれば経歴・失業給付にも影響するし退職金減額・不支給の問題も派生する）、労務提供の不履行を理由とする損害賠償請求などの紛争として問題が現れる。

2——退職の自由の意義

労働者が辞職（退職）の自由を有することは、従属性を生じさせる労働契約から労働者が自己決定により離脱することを認めるもので、労働法の重要な原則の一つと位置づけられている[1]。

そもそも、労働者が労働契約によって一定の時間、使用者の指揮命令下での労務提供の従事することを義務づけられること

＊1　西谷89頁。

になるが、そのような一定の従属性を許容するのは、労働者が自己決定により同意したからである。そうであれば、労働契約の従属性が労働者の自己決定により根拠づけられる以上、労働者の自己決定により離脱する自由も保障されねばならないのである。

そのため、労働者は、いかなる理由であろうとも辞職により自ら労働契約を解消する自由を有し、いつどのように辞職するかを自由に選択できる権利を有している。

また、かかる辞職の自由を奪うような定めや使用者の行為は、当然に無効である。

このように解しても、使用者は採用の自由（憲法22条）を有しているのであり、労働者を採用するか否かの権利を有し誰にも強制される当該労働者を採用し労働契約を締結しているのであり、また、辞職する労働者被告に代わる労働者を採用することができる立場にあるのであるから、労使間で不公平ともいえない。

3──退職の自由の法的根拠

退職の自由を直接規定した労働関係諸法令は存在しない。

しかし、退職の自由は本来的に従属性のある労働契約のから労働者が自己決定により離脱することを認める上述の意義があることから、退職の自由の法的位置付けは、労働関係法令より上位の憲法に求められる。

具体的には、全ての市民に対して保障する奴隷的拘束と意に反する苦役の禁止を宣言する憲法18条[2]や、労働者が辞職できなければ別の職業を遂行できないので職業選択の自由（同22条）の一内容として、退職の自由が保障されていると考えられ

＊2　労基法では、労基法5条が強制労働を禁止していることも指摘できる。

ている*3。

　また、労基法14条1項が有期労働契約の期間に制限が求められているのも、労働者の自己決定による労働関係からの離脱の自由を保障するためであるとされている*4。

　他方で、労基法や労働契約法など労働関係諸法令ではなく一般原則である民法では、民法627条1項により2週間で労働契約が終了すると定め、辞職の自由について規定がある。

【コラム】ＬＩＮＥで退職も大丈夫？

　「メールやLINEで会社に退職の意思を伝えてもよいのか」といったご質問をいただくことがあります。どのような回答が「正解」なのでしょうか。

　使用者に対して退職する意向を伝えるのは、どんな立場の労働者であっても、嫌なものでしょう。とりわけ、労働者が上司などからハラスメント被害に遭っている（辞めるといったら何をされるか怖い）場合、職場が人手不足で退職しようとしたら引き留められる状況にある場合、さらには労働者側がメンタル不調に陥っていてストレスのかかるやり取りが難しい場合などには、深刻です。

　こういった状態で退職できないという悩みは、少なくない労働者が抱えている問題で、「退職代行」というビジネスの流行は、そういった労働者の置かれた深刻な状況を反映しているのでしょう。

　こういった状況に置かれた労働者に対して、紛争を予防する確実な手法、つまり、会社の就業規則等で定める方式に従って退職届提出などするのが望ましいという回答を伝えることが、労働相談における回答として常に「正解」とは限らないように思います。そもそも、労働者は就業規則を確認

＊3　菅野（第10版）36頁、同532-533頁、西谷89頁等。

＊4　西谷89頁。

できない場合も多いので、その時点で困ってしまうし、自ら問い合わせて確認すべきという「正解」で対応できる状況に置かれた労働者は、退職できないという悩みなど抱えはしないものです。

　退職する意思は労働者が直接口頭で書面を渡して伝えるのが社会儀礼であるとか、LINE・メールで退職意思を伝えるのは非常識だというのは、時には「辞めてはいけない」と伝えるに等しい、残酷なアドバイスになりかねないでしょう。

　追い込まれた状態の労働者にそのような儀礼的な対応を求めることで、労働法の重要な原則の一つである、労働者の辞職の権利が制約されるような事態になりかねません。少なくとも、労働者の状況に思いを至らせ、一刻も早く職場を離脱しないと取り返しもつかない深刻な健康被害を生じさせるような事案もあり得ることは肝に銘じるべきです（被害が深刻でなければ、わざわざ敷居の高い弁護士に相談はしないという推認を働かせます）。

　このような考えから、当事者の状況を把握したうえで、メール（退職意思を受領できる者であるかは注意が必要）・業務上で使用しているLINEなどで、早期に退職の意思を伝えるようにアドバイスすることもあります。

　労働者は、「内容証明郵便でなければダメ」等の誤解も生じがちで（誤った法的知識は世間に溢れている）、未知の方法で事務的な負担をも抱えて困っている場合もあります。そういった難しい方法だけでなく、確実に使用者に退職を伝えられ、記録に残るやり方を残すことができるメール・LINE・（職場によっては）FAXなどの記録に残る手段を伝え、自身でも必ず送信記録等を手元に残しておくことをアドバイスします。

　この問題は、単に法的な知識（「労働者は退職する権利がある」）を知っているかではなく、権利の実現方法が分から

第 2 章 ● 退職させて貰えないトラブル 57

ない（「退職したいと伝えられない」こと）ことが問題となる場面でもあるように思うのです。

4——退職妨害に対する実務的な対処法

4-1 退職方法の全体像

退職方法・全体像

【期間の定めのない労働契約】
◆民法627条1項前段 ： いつでも解約申し入れ可能
　（効果）同後段 ： 申し入れから2週間で契約が終了

労働条件相違による即時解除
（労基法15条2項）

【期間の定めのある労働契約】
◆民法628条前段 ： 「やむを得ない事由」が必要
　（効果）同 ： 直ちに契約の解除

長期の期間の定めがある場合等の即時解除
（労基法附則137条・民法第626条）

（筆者作成）

　具体的な退職方法は、労働契約の期間の定めの有無等によって、その方法（根拠規定）が異なる。

　まず、労働契約の期間の定めの有無を問わず、明示された労働条件が労働実態とは相違している場合、労基法15条2項により即時に労働契約を解除できる。

　また、期間の定めのない労働契約の場合、2週間前の予告によりいつでも解約の申し入れができる（民法627条1項前段）。この解約の申し入れに理由を付す必要もない。

　他方、期間の定めのある労働契約の場合は、契約期間途中に契約を解除できるのは「やむを得ない事由」がある場合に限られる（民法628条前段）。ただし、1年を超える期間の定めのある場合は、原則としていつでも退職できる（労基法附則137条・民法626条1項）。

4-2　明示された労働条件が相違する場合の即時解除

［1］労基法15条2項

　労働契約締結に際して、使用者は厳格な労働条件明示義務を負う（労基法15条1項[*5]、労基則5条1項及び5項）が、その際に明示された労働条件が、現実の労働実態とは相違し問題となるトラブルが多い。いわゆる「求人詐欺」が問題となるケースである。

　この場合、労基法15条2項により、労働者は即時に労働契約を解除できる。

　ただし、労基法15条2項で即時解除ができるのは、下記の労基法15条1項等により明示が義務づけられた労働条件が相違する場合に限られるとされる。

【労働条件明示：労基法15条1項、労基則5条1項及び5項】

┌─ 必ず明示しなければならないこと ─┐

　┌─ 書面で交付しなければならないこと ─┐
　① 契約期間に関すること
　② 期間の定めがある契約について更新の基準に関すること
　③ 就業場所、従事する業務に関すること
　④ 労働時間、休日などに関すること
　⑤ 賃金に関すること
　⑥ 退職に関すること（解雇の事由を含む）
　⑦ 昇給に関すること

定めをした場合に明示しなければならないこと
① 退職手当に関すること
② 賞与などに関すること
③ 食費、作業用品などの負担に関すること
④ 安全衛生に関すること
⑤ 職業訓練に関すること
⑥ 災害補償などに関すること
⑦ 表彰や制裁に関すること
⑧ 休職に関すること

（出所）厚生労働省リーフレットより。

［2］一部の労働条件が明示されなかった場合

　一部の労働条件が明示されなかった場合には、労基法15条2

＊5　労基法15条「(1項)　使用者は、労働契約の締結に際し、労働者に対して賃金、労働時間その他の労働条件を明示しなければならない。この場合において、賃金及び労働時間に関する事項その他の厚生労働省令で定める事項については、厚生労働省令で定める方法により明示しなければならない。

②（2項）　前項の規定によつて明示された労働条件が事実と相違する場合においては、労働者は、即時に労働契約を解除することができる。」

第2章 ● 退職させて貰えないトラブル　59

項の直接適用はできない（「前項の規定によって明示された労働条件が事実と相違する場合」に該当しない）が、労基法15条1項に反する事実は存在するのであり、明示された労働条件から労働者を早期に解放する趣旨も妥当するので、同条項の類推適用によって即時解除が認められると考えられるのが通説とされる[*6]。

4-3 期間の定めのない労働契約の場合

［1］解約申し入れ（理由無し）

期間の定めのない労働契約は、民法627条1項[*7]前段により、いつでも理由なく解約申し入れができるとされている。

これが、退職に関する基本的なルールである。

そして、基本的に、申し入れから2週間で契約終了の効果が生じる（法627条1項後段）。

［2］2017年改正前民法

改正前民法は、期間によって報酬を定めた場合には、使用者側に限定せず、解約は次期以後についてのみ可能とされ、解約の申し入れは当期の前半にすべきこと（改正前民627条2項）、6か月以上の期間により定められた場合は解約申し入れは3か月前にすべきこと（同条項3項）が規定されていた。

しかし、2017年の民法改正により、627条2項及び3項が「使用者からの解約の申入れ」の場合に限定されたので、労働者側

＊6　荒木尚志・岩村正彦・村中孝史・山川隆一編『注釈労働基準法・労働契約法（第1巻）総論・労働基準法（1）』（有斐閣、2023年）248頁（細谷越史）。

＊7　民法627条「当事者が雇用の期間を定めなかったときは、各当事者は、いつでも解約の申入れをすることができる。この場合において、雇用は、解約の申入れの日から二週間を経過することによって終了する。
2　期間によって報酬を定めた場合には、使用者からの解約の申入れは、次期以後についてすることができる。ただし、その解約の申入れは、当期の前半にしなければならない。
3　六箇月以上の期間によって報酬を定めた場合には、前項の解約の申入れは、三箇月前にしなければならない。」

の辞職の場合にこれら制限は適用されない。

　この民法改正により、期間の定めのない労働契約は、労働者が辞職の自由を保障する観点から、労働者はいつでも理由なく解約申し入れができること(基本的なルール)がより明確となったといえる。

［3］　2週間を超える終了までの予告期間を定める場合

ア　民法627条1項の法的性格（強行法規）

　就業規則や労働契約で、この民法627条1項後段が定める2週間の予告期間を超えて、労働者に不利な長い期間を定めている事案も多い。

　そのような就業規則や個別労働契約の定める退職までの期間の効力が有効なのか、退職の効力の生じる時期との関係で問題となる。

　この問題は、民法627条1項の定めが強行法規か任意規定にとどまるのかという問題が影響する。

　この点、同条項は、使用者が労働者を不当に拘束しようとすることを防止する趣旨や、上述した退職の自由の意義（従属性ある労働契約から労働者の離脱を認める労働法の重要な原則の一つ）から、強行法規であり、2週間を超える期間を労働契約で定めたり、就業規則にそのような規定を定めても無効となると考える[8]。

　この点、裁判例も、民法627条1項を強行法規と解して、就業規則や個別労働契約で2週間の予告期間を延長することはできないと解するものが多い（エスエイピー・ジャパン事件・東京地判平14.9.3労判839号32頁、日本軽金属事件・東京地判昭47.11.17判時706号99頁、高野メリヤス事件・東京地判昭51.10.29判時841号102頁）。

---

[8]　水町1035頁。

第2章 ● 退職させて貰えないトラブル　61

（判例）

広告代理店Ａ社元従業員事件　福岡高判平28.10.14労判1155号37頁

　2週間の予告期間を定める民法627条1項は強行法規であり
これに反する就業規則や誓約書の効力には疑義があるとし、退
職に際し労働者が作成した誓約書（理由の如何を問わず、通常
業務に従事しますと記載されたもの）の効力には疑義があると
したうえ、他方で、誓約書に労働者が署名押印した経過を詳細
に認定し、うつ病である労働者に対し誓約書に署名押印させた
態様、時間、方法等は社会的相当性を逸脱するとして、使用者
としての安全配慮義務違反がある違法なものとして、労働者か
ら使用者に対する慰謝料請求5万円を認めた。

イ　2週間を超える予告期間を認める場合の弊害

　労働者は退職する場面まで想定して労働契約を締結すること
は少ない。使用者が定める就業規則や使用者の求める合意の問
題が生じる場面を想定して合意締結を拒否したり、2週間を超
える予告期間の定めを理由に労働契約締結を回避することを労
働者に期待するのは酷である。

　職場での長時間労働やハラスメント被害などにより、できる
だけ早く退職をしたい労働者が、民法でさえ定めている2週間
の期間を超える合意があるだけで、職場から離脱できないよう
な事態を招くことは妥当ではない。深刻なメンタル疾患などの
健康被害も生じているケースが多い実態があるし、既に労働契
約から離脱したいと考える労働者（退職を告げると職場の人間
関係は悪化する）を、無理矢理足止めするような合意の拘束力
を認めることは、公序にも反する。

　このように考えても、民法の原則である2週間を超える期間
を確保したい事情があるのであれば、使用者側が誠実に労働者
側に事情を説明し、労使で退職時期を話し合って先に延ばすこ
とを合意できるのであり、使用者に酷とも思われない。

［4］ 使用者が2週間以内の早期退職に合意している場合

　民法627条1項が（即時解約ではなく）「2週間」という予告期間を定める趣旨は、契約終了による使用者の不測の不利益を一定範囲で保護する趣旨だから、使用者が「2週間」より短い早期退職に合意しても同条項の趣旨は害されない。

　したがって、使用者が同意している場合には2週間の予告期間は適用されず、たとえば即時に労働契約を解消する合意退職の場合には、即時に労働契約は終了する[9]。

［5］ 労働者側に「やむを得ない事由がある場合」

　期間の定めのない労働契約についても、後述する期間の定めのある場合の民法628条前段との均衡から、労働者側に「やむを得ない事由」があれば、2週間を待たず即時解約ができるとされている[10]。

4-4 期間の定めのある労働契約の場合

［1］「やむを得ない事由」がある場合（民法628条前段）

　注意が必要なのは、期間の定めのある雇用契約の場合である。

　この場合、原則として契約期間途中は労働者からも解約はできず、「やむを得ない事由」がある場合にのみ、労働契約を即時解約できるにとどまる（民法628条前段[11]）。

　労働契約も契約の一種である以上、民法の一般原則である契約自由の観点から労働者が契約期間を選択した以上、当事者が

＊9　水町 1036 頁。

＊10　菅野（第 10 版）751 頁、水町 1036 頁。

＊11　民法 628 条（やむを得ない事由による雇用の解除）「当事者が雇用の期間を定めた場合であっても、やむを得ない事由があるときは、各当事者は、直ちに契約の解除をすることができる。この場合において、その事由が当事者の一方の過失によって生じたものであるときは、相手方に対して損害賠償の責任を負う。」

その定めに拘束されるので、「やむを得ない事由」がない限り、原則として、労働者側からも期間途中は解約ができないとされているのである。

この民法628条前段の「やむを得ない事由」とは、労働者の疾病により労務提供が困難となった場合、使用者の事業が破綻した場合、賃金支払の遅配、職場でのハラスメントに耐えられない場合、家庭事情の急激な変化があった場合などが挙げられる。

また、後述する契約解除の事由が当事者の一方の過失によって生じたものであるときには相手方に対して損害賠償の責任を負う定めがある（民法628条後段）ことから、労働者側の過失によって就労不能となった場合であっても、「やむを得ない事由」に該当し、労働者側から解約ができる。

［2］当事者の一方の過失による退職の場合の損害賠償義務

期間の定めがある労働契約の期間途中に退職する場合、使用者から労働者に対する損害賠償請求の問題が生じることがある。

この点、期間の定めのある雇用契約の解除について、民法628条後段は、「やむを得ない事由」が「当事者の一方の過失」により生じた場合、相手方に対して損害賠償責任を負うとされている（民法628条後段）。

この規定によれば、軽過失であっても契約解除事由に労働者に過失があれば、使用者から労働者に対する損害賠償請求が認められ得ると考えられる。

しかし、上述の労働契約の特質から、少なくとも期間の定めがある場合であっても労働者側の軽過失は免責され、契約解除の事由が労働者側に故意または重過失がある場合でなければ、使用者から労働者に対して、契約解除事由に関して損害賠償請求は認められないと解されている（詳しい要件は、第3章「使用者から労働者に対する変換請求など」の箇所を参照）。

64

［３］長期の期間の定めがある場合等の修正（労基法附則137条及び民法628条）

労働契約に期間の定めがある場合、上述の通り、退職の事由が「やむを得ない事由」がある場合（民法628条前段）に限定され、長期間の労働契約によって不当な人身拘束となる可能性があるので、一定の修正がなされている[*12]。

なお、有期労働契約が異議なく黙示の更新がされた場合、その期間中は、労働者はいつでも解約告知（民法627条1項）をなし得る[*13]。

ア　1年を超える期間の定めのある場合

労基法附則137条により、1年を超える期間の定めのある場合（ただし、一定の事業の完了に必要な期間を定めるものを除く）締結した労働者（ただし、労基法14条1項に規定する労働者を除く[*14]）は、当面の間、民法628条の規定にかかわらず、当該労働契約の期間の初日から1年を経過した日以後は、いつでも退職することができる。

イ　民法626条

雇用の期間が5年を超え又はその終期が不確定であるときで、5年を経過した場合も、理由は問わず、いつでも契約の解除をすることができる（民法626条1項）。

[*12]　有期労働契約の期間は、原則として3年を超えてはならないとされている（労基法14条1項）のも、このように使用者による不当な人身拘束となる恐れがあるためである。

[*13]　菅野＝山川710頁。

[*14]　専門的知識等であって高度のものとして厚生労働大臣が定める基準に該当する専門的知識等を有する労働者との間に締結される労働契約、満60歳以上の労働者との間に締結される労働契約を指す。

第2章 ● 退職させて貰えないトラブル　65

4-5 相談対応時の注意

　退職妨害で追い込まれた労働者は、単に退職できればよいと考えがちであり（特に、精神的不調を来しているケースも多い）、労働者側から使用者に何かを請求したいと考えておらず、穏便にできるだけ早く辞めたい、とだけ考えているケースも多い。こういったケースでは、労働者から積極的に被害申告はなく、ハラスメント行為の被害（損害賠償請求、労災など）、残業代請求などについて、被害が埋もれる可能性もある。

　そのため、既に穏便な関係は期待できないこと、早期に労使関係から明確に離脱する（悪徳使用者と縁を切る）ためにも、本来労働者側が請求できる地位にあることを明確にしておくことが良いことも多いことを相談者に伝え、労働者からハラスメント被害など労働実態も、聴取しておくべき場合もあるあろう。

　その時点では、とにかく退職するだけでよいと考えていた労働者であっても、退職ができて落ち着いて冷静になってから、使用者に対して何らかの請求をしたいと考え後悔する労働者もいるのである。

5——退職代行サービス

5-1 退職代行サービスとは

　現在、労働者が、業者等に一定の対価を支払[15]い退職申し出の代行をさせる、いわゆる退職代行のサービスが、ネットを中心に大きく拡がっている。その多くは、ホームページなどのWeb広告を行って利用者を募っており（費用も明快で、LINEなどで簡便に依頼できるようにするサービスも多い）、弁護士や労働組合など労働問題の専門家とは接点のない（または敷居が

＊15　業者の広告を調べた限りでは、費用の相場（弁護士以外の業者の場合）は、2万円から5万円程度のようである。

高いと感じ避けたいと感じる）、労働者のニーズを広く集めているように思う。

　この退職代行サービスに対しては、弁護士ではない事業者が使用者と退職日・退職条件等の退職条件を交渉しており、報酬を得る目的で法律事件に関して法律事務を取り扱っているので弁護士法72条に違反するという、サービスの違法性に関する指摘がなされている[16]。

　そのため、Web広告上で弁護士や社会保険労務士が監修をしているとか顧問である等として違法性の問題をクリアするような体裁をアピールしたり、サービスの運営やトラブル時には弁護士が対応するとする形態として弁護士や社会保険労務士が関与していることを宣伝文句にしている事業者も増えている[17]。

　また、労働組合の形態をとって、労働組合として使用者との団体交渉権を有していることにしたりすることで、弁護士法72条違反の問題をクリアしようとするとみられるサービスも多い。

5-2 退職代行サービスが広がる背景

　退職代行サービスが大きく広がったのは、多くの職場で人手不足の状況が背景にあるといえよう。そのうえで、悪質な退職妨害によって使用者による足止めが行われている（またはその予兆がある）悪質な職場が増えていること、労使の当事者において基本的なワークルールの知識が欠如し、また、当たり前の労使コミュニケーションがとれていない、いびつな労使関係の職場が数多く存在し、労働者が退職の申し出を言い出せないケースが数多く存在するといえよう。

　多くのそのような労働者は、使用者に対して何らかの法的責任追及をしたいという希望などない。むしろそのような交渉を

＊16　退職代行サービスに関する弁護士法72条違反など法的な問題については、塚原英治「退職代行サービスの法的問題点」季刊労働者の権利329号（2019年1月）57頁が詳しい。

＊17　残業代請求など労働事件の依頼をうける契機にするためか、法律事務所が退職代行サービスを明示的に行うと推測される宣伝も多数みられる。

第2章 ● 退職させて貰えないトラブル　67

へず、できるだけ早く確実に使用者と縁を切りたいと考える労働者が広がっているのが背景といえるだろう。

　一般論でいえば、退職代行サービスを利用しようと思うニーズは、使用者との交渉で退職条件を交渉したり、労働契約解消にあたり使用者に対して何か請求をしたいというニーズとは相容れない事案が殆どで（そういった希望をもつ労働者は、退職代行サービスではなく、最初から労働基準監督署や弁護士・労働組合に期待を寄せることが多いだろう）ある。弁護士への依頼や、個別労働紛争の解決を意図して加入をすることが多いいわゆる合同労組（一人でも加入できる労働組合）へ加入するニーズとも相容れないことが多かったように思う。

　とはいえ、現実に円満退職を希望する労働者から、弁護士や労働組合に対して、退職代行サービスを行ってほしいという依頼がきたり、退職代行サービスの活用の是非（どの業者が良いのか等）に関連する質問をされたりすることも増えてきた。

　また、退職代行サービスに依頼したが使用者と紛争が残ったり深刻なトラブルが起きてしまったとか、退職代行サービス業者と労働者間でのトラブルに発展してしまった等の相談もある。

　そういった意味では、労働者の円満退職に向けて、弁護士や労働組合が関与するために、この退職代行サービスについて無知ではいられない状況となっているだろう。

5-3　退職代行サービスの法的問題——非弁行為の禁止に関する弁護士法72条違反の問題

［1］非弁行為の禁止とその趣旨

　弁護士法72条は、弁護士又は弁護士法人でない者は、報酬を得る目的で訴訟事件その他一般の法律事件に関して法律事務を取り扱うことはできないと規定し、同法77条で違反した場合には2年以下の懲役又は100万円以下の罰金が定められている。

このように非弁行為が罰則付きで禁止されている趣旨は、弁護士資格を有しない者が他人の法律事務に介入することで、法律秩序が乱され、国民の公正な法律生活が侵害され、国民の権利や利益が損なわれることを防ぐことにある。つまり、弁護士や弁護士法人の資格者は広く法律事務全般を行うことを職務とし、これによりわが国の法律秩序が形成されているが、事件屋のような無資格者が報酬目的で法律事務全般に介入することで、これが損なわれることになるからである。

［2］ 弁護士・弁護士法人以外が行う退職代行サービスの問題

一般的な退職代行サービスは、会社に退職の申し入れをするのだが、その際、一方的な退職意思を告げるだけでやり取りが完結するというのは想定しがたいといえる。

どのような就労形態であれ、労使関係が存続する労働者が退職する以上、退職時期、退職理由（とくに、期間の定めのある労働契約の場合は民法628条の「やむを得ない事由」がなければ直ちに契約を加除できない）、業務の引き継ぎ、有給休暇の消化や時期変更権の問題、会社所有物等の返還（会社貸与物や入構証や社員証、健康保険証等）、会社に置いてある私物の処理、離職票の交付など、会社と何らかの交渉をしなければ解決しない問題が不可避的に生じるだろう。

とくに、労働者が退職代行サービスを利用しようと考える場合は、退職意思を告げたらその後の恐怖心等を避けるために、費用を支払ってでも、会社とは関わらずに退職をしたいと考えてサービスを利用するのが通例である。

その意味では、労働者側からの退職の申し出を契機に、退職時期・引き継ぎなどを調整する等の一般的な退職に向けたやり取りすべてを退職代行サービスが労働者の代行をすることが期待されサービスが成り立っており、そこでは労使での協議が不可避だから、最終的な適否は個別事案によるとはいえ、基本的

第2章 ● 退職させて貰えないトラブル 69

に弁護士法72条に違反するケースが多いと考えられる。

［3］退職代行サービスによる退職で労働者が被るリスク

弁護士・弁護士法人以外が行う退職代行サービスは、非弁行為となるので使用者と交渉ができないため、最後の賃金、賞与、退職金支払いなど、労働者が得られるはずであった賃金や権利行使が実現できない場合があるし、離職票の交付などが速やかに受けられない場合もある。

使用者側は、退職代行サービス業者には、法的な交渉権限がないことを認識しているケースも多いので、退職代行サービス業者側の足下をみた対応をするケース（交渉に応じない）も存在する。

もちろん、労働者側が、別途使用者側に対して権利行使は行えば未払い賃金等の問題は解消するが、自身でそのような交渉を行える労働者であれば、費用を支払ってまで退職代行サービスを用いるようとすることはなく、現実的な解決策にはならない。

また、退職代行サービスで退職したつもりが、労働者の労務提供拒否による懲戒解雇と退職金不支給などという、深刻な事態も生じ得る。

さらに、退職日の設定などで労使に争いがあるのに、使用者の合意を得ず退職代行サービス業者により強引に即時退職をした場合は、労働者が労務提供をしなかったことで会社に何らかの損害が生じたといえれば、理論的には、使用者側から労働者に対して損害賠償請求が認められてしまう可能性すらある。

少なくとも、退職代行サービスでは、退職が認められず、退職後に損害賠償額請求をされる等の法的リスクを負う可能性があり、円満な退職が実現しない可能性があることは広く周知されるべきだろう。

5-4 弁護士が退職代行を行う意義・必要性

これまで、弁護士、とくに労働者側で精力的に活動する弁護士が「退職代行サービス」を取り扱うことは少なかったといえよう。

たとえ労働者からそういった問い合わせがあっても、労働者が自分でやれる、弁護士がわざわざ介入する問題ではない等として、退職届の書き方を労働者に伝える等の、言わば素っ気ない対応をするケースも見聞きすることも多かった（自戒を込めて）。

しかし、上記のように退職代行サービスが非弁行為となりうる可能性が濃厚であるならば、何らかの形で弁護士が代理人として対応すべき意義も見いだせるはずだ。

もともと、会社から明確な退職妨害をされているケース、退職に際して損害賠償請求など金銭請求を受けている場合や、会社に対して未払い賃金や退職金額などで争いがある場合（いずれも、本書で独立した項目として深く取り扱っているテーマでもある）は、いずれも処理を誤れば労働者に大きな不利益が起きる専門性の高い法的問題であり、労働者側で事件を扱う弁護士がこれまでも取り扱うべき意義が見いだされている。

さらには、専門性の高い弁護士が代理人となるので「円満退職」できるはずだという安心感も、精神的不調を抱える労働者の激増している、時代に即した労働弁護士の「やるべき仕事」ともいえよう。

現在、「退職代行サービス」の存在も広く認知され、同時に、これが非弁行為となり得る違法性の問題も知られつつある。そのような中、今後は、明示的に「退職代行」という形態で、労働者側の弁護士に代理人となってほしいというニーズは広がっていくだろう。

当職の経験からは、弁護士に依頼して退職代行をしてもらい

第 2 章 ● 退職させて貰えないトラブル　71

たいと考える労働者は、単に「退職を告げる気まずさをお金で買う」だけではなく、何らかの労使関係の問題が背景にあり、その労働者なりの切実な状況があることが多い。まずは時代に即応した労働者のニーズをきちんと把握するように、向き合うことが労働相談の心構えとして必要であろう。

6──オワハラ（就活終われハラスメント）

6-1 「オワハラ」とは

いわゆる「オワハラ」（就活終われハラスメント）とは、企業が就活生に対し早めに就職活動を終わらせるように要求するハラスメント行為をいう。

この「オワハラ」という言葉は、就職活動をする学生を中心に広がったものだ。2015年には流行語大賞にまでノミネートされており、その後は就活生を超え世間に広く定着しつつある。

現在、多くの企業が人手不足であり、とりわけ新卒採用が熾烈な競争に晒されている。そのような中で、就活生に対して、他の企業就職活動を辞めるように圧力をかけて他社への採用活動を行わせず、自社にいわば囲い込みをしようとするのがこの「オワハラ」である。

具体例としては、内定者に対して他社での採用面接をうけないようにする（誓約書を出させる）、採用面接の場などでその場で他社の採用担当者に電話で応募を辞退する旨の連絡をさせる、他社への応募を取りやめたら入社を認めるとの条件を伝える、候補者を囲い込む目的で自社が内定を出す前から「内定がでたら必ず入社する」という誓約書を出させる等がある。

現在、どこまでが違法なオワハラなのかという単純明快な判断基準などはないが、実質的に労働者の職業選択の自由や離職の自由を強いるような行為は、不法行為上の違法性を帯びる。

6-2 法的な問題点

　オワハラの法的な問題点は、労働者の職業選択の自由や辞職の自由の侵害といえる。具体的には、労働契約成立の有無によって、状況が相違する。

　まず、オワハラの対象となる就活生が、既に使用者と労働契約を締結している段階であれば（一般的には、使用者との内定によって労働契約が成立するとされている）、就労開始前の段階でも、労働者は成立した労働契約から離脱する、辞職の自由を有する。したがって、内定を得ている会社があっても、自由に辞職ができる。また、まだ辞職をしていない段階であって、内定先の会社からどのような働き掛けがあろうと、別の会社への就職活動を継続することもできる。労働者は、退職前の在職中から、転職活動をする自由があるのと同じ状況である。

　次に、まだ内定が出る前の段階であれば、労働契約は成立してないので、就活生は職業選択の自由の行使として、他社への就職活動を継続する自由がある。したがって、就活先の会社がどのような働きかけをしようと、就活生は、他社への就職活動の継続が可能である。

　労働者が辞職の自由を有することは、従属性を生じさせる労働契約から労働者が自己決定により離脱することを認めるもので、労働法の重要な原則の一つと位置づけられており[18]、就職活動の場面でも、辞職の自由は最大限保障される。

　したがって、他社への就職活動を辞退させるような行為は、不法行為上の違法行為に該当し得るし、他社への内定を辞退させるような合意をしても公序良俗違反として無効となるだろう。

---

[18]　西谷89頁。

第2章 ● 退職させて貰えないトラブル　73

6-3 オワハラの規制など

　青少年の雇用の促進等に関する法律7条の規定に基づく「青少年の雇用機会の確保及び職場への定着に関して事業主、特定地方公共団体、職業紹介事業者等その他の関係者が適切に対処するための指針」（平成27年厚生労働省告示第406号）は、「採用内定又は採用内々定を行うことと引替えに、他の事業主に対する就職活動を取りやめるよう強要すること等青少年の職業選択の自由を妨げる行為又は青少年の意思に反して就職活動の終了を強要する行為については、青少年に対する公平かつ公正な就職機会の提供の観点から行わないこと」とされている

　また、令和6年4月16日には、政府から経済団体・業界団体の長に対して通達された「2025（令和7）年度卒業・修了予定者等の就職・採用活動に関する要請等について」でも、就職活動などに関するハラスメント問題として「オワハラ（就活終われ、終わらせろハラスメント）」に言及している。具体的には、新卒等の採用を行う企業及び学生と企業のマッチング機能を担う職業紹介事業に対して、オワハラに該当し得る例として以下の事例を示して、オワハラを行わないことを周知している。ここでは、「企業の対応が学生にオワハラと受け止められれば、その企業にとって、法違反に問われるおそれがあるほか、社会的信用の失墜や企業イメージの低下につながることも懸念されます」として、企業にオワハラをしないよう警告もされている。

　○　学生の職業選択の自由を確保するため、新卒等の採用を行う企業及び学生と企業のマッチング機能を担う職業紹介事業者は、オワハラを行わないこと。

（参考）オワハラについて
　現に採用・就職活動の現場でみられるオワハラに該当し得

る例としては、次のようなものが挙げられる。

ただし、オワハラは、これらの例に限られるものではない。

> ・自社の内（々）定と引換えに、他社への就職活動を取り
> やめるよう強要すること
> ・自由応募型の採用選考において、内（々）定と引換えに、
> 大学等あるいは大学教員等からの推薦状の提出を求め
> ること
> ・他社の就活が物理的にできないよう、研修等への参加を
> 求めること
> ・内定承諾書等の早期提出を強要すること
> ・内（々）定辞退を申し出たにもかかわらず、引き留める
> ために、何度も話し合いを求めること
> ・内（々）定期間中に行われた業務性が強い研修について、
> 引き留めを目的として、内（々）定を辞退した場合にお
> いて研修費用の返還を求める、あるいは、事前にその誓
> 約書を要求すること

(出所) 上記「2025（令和7）年度卒業・修了予定者等の就職・採用活動に関する要
請等について」8-9頁。

6-4 対処法

法的には、オワハラの被害に遭っている就活生は、オワハラ
を無視して他社への就職活動などを継続しても良いし、就職活
動の継続などを妨害する書面を提出していても無視すれば良い
ことになる。

とはいえ、弱い立場の就活生が、入社を希望している会社に
対してオワハラの被害を申告し対処を求めることは入社した場
合の将来の人間関係などからも容易ではないし、これを無視す
るように伝えても社会経験も乏しい就活生が対処するのは難し
いだろう。通常の労使関係とは異なり、職場内での相談窓口な

第2章 ● 退職させて貰えないトラブル 75

どがあっても、まだ就労開始していない就活生がこれを活用するのも現実的ではない。

したがって、オワハラを起こさせないような周知啓発は極めて重要となってくる。

外部の相談窓口としても、一般的な労働相談の窓口よりは、大学のキャリアセンターなどの関与が重要である。たとえ本人自身での会社への対応が難しい場合でも、大学のキャリアセンターから匿名での申し出をしてもらうようにすることも考えられる。とはいえ、誰からの申し出があったのかを完全に秘匿するのは難しいが（とくに内定数が限定される中小企業の場合は人物が容易に特定されるだろう）、再発を防止するためにも、他社への就労を決めた等の事後的にであっても、使用者に対して今後はこのようなことがないように対処を求める等の対応が期待される。使用者からの受け止めは、就活生からの申し出と多数の大学生を抱える大学とでは、受け止め方・影響力が格段に異なるはずだ。

【コラム】退職届と退職願

労働者が退職したいと考えている場合に提出書類のタイトルが、「退職願」ではなく「退職届」を出すべきではないか、と指摘されることがあります。というのは、「退職願」であれば、退職を「願」い出ているだけで、使用者が労働者の退職の「願」い出た申し出に対して合意しなければ労働契約が終了しない（合意解約の場合）と考えられるからです。

他方で、「退職届」であれば、労働者から一方的に労働契約を解消する意思を示している（辞職の場合）と考えられるからです。

とはいえ、実社会ではあまり区別せず用いられることも多いです。

また、法的な意味としても、提出書類のタイトルが「退職

願」か「退職届」なのかだけで、合意解約か辞職なのかが判断される訳ではありません。本文など文書全体において、一方的に労働契約を終了させる意思が示されていれば辞職の意思表示と読み取れますし、使用者側の承諾を求める意思しか読み取れなければ合意解約の申し出となります。

　重要なのは、辞職の意思表示（＝使用者側の意向とは関係なく、労働契約を解消する意思）をするならば、それと分かるような記載をすることです。とはいえ、さほど難しい問題ではなく、「本書面をもって、労働契約を解消します」と明示すれば足ります。

　逆に、相手方の意思を確認するような記載（「退職をさせていただけないでしょうか。」）はしないようにしましょう。

3 使用者から労働者に対する返還請求など（労基法16条関係）

POINT

▶ 労基法16条の趣旨は、労働者の退職の自由の確保である。

▶ 返還合意があっても簡単に諦めない。

▶ 労基法17条の趣旨は、前借金制度が労働者に対する足止めの手段として用いられることで、身分的拘束の発生を防止することにある。

▶ 労基法18条1項の趣旨は、奴隷的拘束および苦役からの自由の原則（憲法18条）および強制労働禁止の原則（労基法5条）の実質化、労働者の退職の自由の確保にある。

▶ 身元保証人が、あらかじめ違約金や損害賠償額の合意を締結していれば労基法16条により無効となる。

1——労基法16条（賠償予定の禁止）の規定

1-1 意義

　労基法16条[*1]は、使用者が労働契約の不履行について違約金を定め、又は損害賠償額を予定する契約をしてはならないとする規定である。

　例えば、美容院の見習労働者が資格取得前に退職した場合に、見習い期間中にかかった食費等の返還をさせるような契約は、同条に違反するとされているのがその典型である（昭23.7.15基収2408号）。

　円満退職を妨げるための使用者から労働者への請求の場面で、この労基法16条が問題となってくる。

　なお、懲戒処分としてなされる減給も一種の違約金といえるが、労基法91条の減給の限度を規定することで一定範囲内の減給は労基法がこれを許容しているので、その範囲での減給であれば労基法16条には反しない[*2]（懲戒処分としての適否は別問題である）。

（労基法16条の賠償予定の禁止に違反するとされたもの）
①サロン・ド・リリー事件　浦和地判昭61.5.30労判489号85頁

　美容室の従業員が「勝手わがままに」退職した場合には、採用時に遡って1か月4万円の美容指導料を支払うという約定について、賠償予定の禁止に違反するとされた。

②グレースウィット事件　東京地判平29.8.25労判1210号77頁

　会社が従業員に貸し付けた就労に伴う交通費について、従業

---

*1　労基法16条（労基法賠償予定の禁止）「使用者は、労働契約の不履行について違約金を定め、又は損害賠償額を予定する契約をしてはならない。」
*2　西谷92頁。

第3章 ● 使用者から労働者に対する返還請求など（労基法16条関係）　79

員が雇用契約書や就業規則などに違反した場合、全額を会社に返還しなければならないという定めが、賠償予定の禁止に違反するとされた。

1-2 沿革

　民法では、債務不履行について損害賠償の予定をすることは許容する規定があり（民法420条）、損害額の立証・算定の困難さを回避して、紛争を予防するための制度とされている。

　しかし、戦前の日本では、労使の力関係の大きさから、労働者の転職や帰郷等をする場合に多額の違約金を支払うことや、労働者が使用者に与えた損害について過大に損害賠償金を支払うことが命じられ、結果として労働者の自由意思を不当に拘束して、労働者を使用者が隷属させる事態が発生していた。

　このような封建的な労使慣行に対して、戦前に工場法の施行に伴って制定された工場法施行令24条は、違約金の定めや損害賠償の予定を禁止する規定を設けていた（1916年制定）。労基法16条の規定は、この工場法施行令の条文の文言も、ほぼそのまま引き継いで制定されたものである[3]。

1-3 趣旨

　この労基法16条の趣旨[4]は、奴隷的な拘束及び苦役からの自由の原則（憲法18条）、強制労働禁止の原則（労基法5条）の実質化、さらには労働者の退職の自由の確保にあるとされている【趣旨Ⅰ】。

　この点、民法の雇傭契約に関する規定に契約期間の上限はなく、ただ5年を経過した後に当事者の一方から何時でも解除が

＊3　角田邦重「第6章　労働者に対する損害賠償請求」日本労働法学会編『講座21世紀の労働法（第4巻）労働契約』（有斐閣、2000年）92頁以下、荒木尚志・岩村正彦・村中孝史・山川隆一編『注釈労働基準法・労働契約法（第1巻）総論・労働基準法（1）』（有斐閣、2023年）250頁（細谷越史）、水町275頁。

＊4　この趣旨Ⅰ～Ⅲについては、細谷・前掲注＊3・250頁以下のまとめにしたがった。

できるにすぎず（民法626条1項）、しかも、商工業の徒弟・見習いはこれが10年に延長されている。

　戦前の「誓約書」の形式をとってなされた職工の雇傭契約では、前借金の有無を問わず3〜5年の「年期制度」がとられ、やむを得ない事故でもない限り退職しないことを約し、これに違反すると労働者の賃金から控除され積み立てられた「保証金」を没収されるのが通常であった。しかし、このような違約金・損害賠償の予定によっても、劣悪な労働環境から労働者の期間途中の退職を防止できず、損害賠償の予定による威嚇的な方策が必要とされていた[5]。

　しかし、同条の趣旨はこれにとどまらず、近時の労基法16条で争われている新しい紛争（例：留学費用の返還規定）を踏まえて、使用者の雇用管理におけるリスクマネジメントの必要性が高まる中、労基法16条の趣旨の「現代的な捉え直しが重要な課題」であると指摘されている[6][7]。

　具体的には、過大な違約金や損害賠償額の予定は労働者の生活を不安定にし、使用者の支配力を強大なものにする棄権があるから、使用者の優越的な地位を利用した労働者への一方的な過大な負担の賦課（実際の損害額をはるかに超える額の設定等）や、過酷な労働者の管理を防止すること【趣旨Ⅱ】、さらに、Ⅰ、Ⅱと相まって、労働関係から生じる損害や費用を帰属領域により労使間において分配する機能もある【趣旨Ⅲ】とされる。

---

[5]　細井和喜蔵『女工哀史』（岩波書店、1954年）90頁以下などに、これが現れている。また、横山源之助『日本の下層社会』（岩波書店、1949年）200頁以下でも、産業革命期の紡績職工契約期間が3〜5年の年期制であったが、途中退職を禁じていても契約年数を全うする割合が30%に過ぎないことが記されている。

[6]　荒木・岩村・村中・山川編・前掲注[3]・250頁（細谷）、東京大学労働法研究会編『注釈労働基準法（上巻）』（有斐閣、2003年）285頁（藤川久昭）。

[7]　労基法16条の趣旨を現代的に捉え直す指摘として、角田・前掲注[3]・96頁は、同条の趣旨を戦前典型的であった契約期間中の退職の防止のための威嚇的な方策を禁止することだけではなく、実質的に、意に反して雇用の継続を強要する足止め策の禁止、競業避止義務のように退職後における職業選択の自由の制限を意味する契約上の義務づけにまで及ぶと考えるべきこと、実質的に労働者の退職や職業選択の自由を不当に制限する場合も本条に違反すると指摘する。

第3章 ◉ 使用者から労働者に対する返還請求など（労基法16条関係）　81

1-4 効果

　この労基法16条は私法上の効力を有する強行法規であり、本条違反の契約の効力は無効となる。

　また、同条に違反した場合、6か月以下の拘禁刑または20万円以下の罰金の罰則もある（労基法119条1号）

2──継続的就労を促すこと等を目的とする金銭返還請求や不払

2-1 サイニングボーナス

［1］問題となる場面

　入社時にまとまった金額の金員（サイニングボーナス：雇傭契約締結時に成約を確認し、勤労意欲を促すことを目的とする金員）を支給し、一定期間以内に自発的に退職しなければ返還を求めないが、その期間内に退職した場合には返還させる旨の合意をするケースがある。

　このような返還の合意について、労基法16条違反としてその有効性が争われることがある。

［2］効力

　画一的にサイニングボーナスの合意が無効であるとまではいえないが、先払いされたサイニングボーナスの返還が求められることで、たとえ高い処遇を受けている労働者であっても、この経済的足止め策の内容次第では労働者の退職の自由が不当に妨げられることになる。したがって、場合によっては、金銭の返還合意が労基法16条に違反するとされる場合がある。

［3］判断基準

　労基法16条違反か否かは、①労働者の賃金額・返還請求額・全額か一部かという返還を求める割合など金額に関する関係（賃金額を大きく上回るものは足止め策の側面が強い）、②返還請求される金銭の交付名目（交通費など業務遂行の費用としての性格が強いものは無効となりやすく、労務対価性が強ければ有効となりやすい）、返還免除期間の長短（免除されるまでの期間が長ければ、労働者足止め策の側面が強まり無効となり易い）などから、労基法16条の趣旨に反しないかが検討される。

（労基法16条の賠償予定の禁止の趣旨に反するとされたもの）
①日本ポラロイド（サイニングボーナス）事件
東京地判平15.3.31労判849号75頁

　ヘッドハンティング会社を通じて入社した労働者に対して、雇用契約締結に際しサイニングボーナスを支給し、1年以内に自己の意思で退職した場合はこれを返還する旨の返還約定があった場合にその約定に基づいて退職後の労働者に対して会社が返還を求めて提訴した事案である。

　サイニングボーナスの額が月収（約100万円）の2倍の金額に相当し、これを退職時に労働者が一括で返すことは必ずしも容易ではなく、労働者が意思に反して労働を強制することになるような不当な拘束手段であるとして、返還する旨の規定を使用者の強制労働を禁じる労基法5条および労基法16条に反するとして無効とした。

②BGCショウケンカイシャリミテッド事件
東京地判平26.8.14判時2252号66頁

　雇用契約締結に際して、CAD契約（金銭消費貸借の形式を取り、返済期限をパートナーでなくなった時とするもの）等を締

結し、1129万円余の交付を受けた事案である。金銭の返還義務が雇用期間（契約上5年）満了前の退職により発生するものであるから、債務不履行または違約金または損害賠償の予定に相当する性質を有するとした上で、交付金額の合計が労働者の年収（1500万）の約4分の3を超える額で、退職時に一度に返還することは容易ではないことが推認され、この金銭の交付は労働者を競合会社から引き抜くためのものであり、雇用期間満了前に退職する場合に返還義務を課すことによって、労働者を意思に反する拘束に服さざるを得ない効果を与えることから、当該CAD契約等は、金銭の性質、態様、返還を求める約定の内容に照らし、自由意志に反して労働を強制する不当な拘束手段であるとして、労基法5条、16条に反し、同法13条、民法90条により無効であるとした。

③グレースウィット事件　東京地判平29.8.25労判1210号77頁

会社が従業員に貸し付けた就労に伴う交通費の返還請求の可否が争われた事件である。交通費の支出は会社の業務遂行のための費用の側面が強いこと、貸付けをうけることで労働者に能力向上や資格取得などの利益が残るわけではないこと、会社は従業員の在職を確保するため交通費を貸し付ける形式をとろうとしたこと、借り受けの条件である雇用契約書や就業規則違反の場合も広汎・不特定であること等から、交通費貸付の定めが賠償予定の禁止に違反するとされた。

2-2　入社後の勤続就労の条件達成後に金銭給付が行われる合意

[1] 問題となる場面

サイニングボーナス類似のものとして、（サイニングボーナスのように入社時にではなく）入社後の勤続就労を条件とし、勤続による条件を達成した後に金銭給付が行われる合意がなされ

ることがある。その合意の効力についても、やはり労基法16条
違反の関係で効力が問題となる。

［2］効力

　たしかに、この場合は、金銭が先払いされ一定期間の就労継
続のみが条件とされるサイニングボーナスよりも、条件達成後
に金銭給付が行われる合意であって労務対価性が明確となる。
また、一定の勤続勤務自体の報償として賃金請求権が発生して
いると考えられる場合もあるし、労働者の拘束度は強くないと
も解され得る。

　しかし、勤続勤務を条件とした金銭給付の合意でも、経済的
な面で、労働者の足止め策として機能しているのであり（労働
契約締結時に条件達成による金銭給付を労働者が期待している
場合が通例だろう）、実態としては先払いの場合（サイニング
ボーナス）の場合と差異を設ける必要は無く、やはり労基法16
条違反の問題が生じうる。

［3］判断基準

　無効となるか否かの判断基準としては、想定されている勤続
期間の長短、予定される報酬額を踏まえて、労基法16条の趣旨
に反しないかが検討されることになる。

　なお、労基法16条の規制に服するのは使用者側だけであるか
ら、労働者側が合意に基づいて勤続勤務の条件を充足したこと
を理由に報酬を請求することについて同条の問題は生じない。

（労基法16条の賠償予定の禁止の趣旨に反しないとされたもの）
アール企画事件　東京地判平15.3.28労判850号48頁
　美容院経営者Yと有力美容師Xとの間で締結された特約（X
を平成12年末まで引き続きYに就労させることを目的として、
平成12年末までXがYに勤務し一定の売上げを上げることを

第3章 ◉ 使用者から労働者に対する返還請求など（労基法16条関係）　85

条件として、Xに対し、本件契約による賃金とは別に特別な報酬200万円の支払いを約束するが、ＸＹ双方が本件特約に基づく義務に違反した場合に当事者が相手方に500万円を支払う）について、この目的を確実に達成するため約束されたとするのが当事者間の合理的な意思と考えられるから、損害賠償の予定ではなく、違約金と解するのが相当であるとした。

そのうえで、XがYに対し負担する500万の違約金を定めた部分は、労働契約の不履行について違約金を定めるもので労基法16条に反し無効となるが、YがXに対して負担する金員を定めた部分は不当な人身拘束や過大な負担から労働者を保護する同条の趣旨には何ら抵触せず有効とした。

3──海外留学費用の返還規定について

3-1 問題となる場面

使用者が労働者の海外研修制度を設ける場合、帰国後一定期間内に労働者が退職する場合には、海外の留学費用の返還を定める規定を設けている場合が多い。この規定により使用者が退職した労働者に対して留学費用の返還を求めることで、トラブルとなる。使用者としても、多額の費用がかかるので（欧米への留学であれば1000万円を超えるケースが多い）、返還を求められる労働者の負担も過酷となり、高額であることが労働者の使用者への足止めとして強く作用するので、労基法16条の関係で問題となる。

他の事案（特定の技能養成や資格取得のための教育訓練）と比較すると、海外留学は業務との関連性が弱まり、他方で、労働者自身のキャリア形成に役立つ場合も多く、その効力について問題となる。

3-2　違法性の判断枠組み

［1］裁判例の判断傾向

　裁判例では、研修の業務性という視点と、実質的に当該返還合意が労働者の退職の自由を拘束すると評価できるか否かという観点から、労基法16条に違反しないかが判断される傾向がある。

　しかし、後述するが、国際性・専門性をもった人材確保が様々な企業で求められる中、海外での留学の経験が、当該企業の業務に役立つだけでなく、同時に労働者個人の利益にも資するというのが通常である。業務性を中心にする判断では、労働者の退職の自由を拘束すると評価できるか否かという労基法16条の趣旨に即した判断が困難となっているといえよう。

［2］裁判例における具体的な判断枠組み

　具体的な違法性の判断枠組みとしては、学説では、（1）労働契約と区別した金銭消費貸借契約の有無、（2）研修・留学参加の任意性・自発性、（3）研修・留学の業務性の程度、（4）返還免除基準の合理性（貸与額を勘案しつつ、免除のための勤続期間が不当に長くないか、返還免除期間が不明確で足止め効果を生んでいないか等）、（5）返済額・方式の合理性（貸与額を上限とし、勤続期間に応じて返還額が割合的に逓減するか、分割返済を認めるなど返還の態様が相当か）[8]が考慮される。

　さらに、（6）費用返還制度の内容が明確で十分説明されているか、労働者は免除特約付き消費貸借契約について自由意思に基づいて同意したのか等の手続き的保障[9]も重要である。

---

[8]　荒木80頁。

[9]　土田88頁。

第3章 ◉ 使用者から労働者に対する返還請求など（労基法16条関係）　87

［3］裁判例の傾向による分類

ア　業務性を中心とする傾向

　裁判例は、当該留学・研修の業務性を考慮する要素（(2)、(3)）を中心に返還条項の労基法16条違反性を判断しており、a）当該企業の業務との関連性が強く労働者個人としての利益性が弱いと認められる場合には、本来使用者が負担すべき費用を一定期間以内に退職使用とする労働者に支払わせるものであって、就労継続を強制する違約金・損害賠償予定の定めに当たるとされ、逆に、b）業務性が強く個人の利益性が強いと認められる場合には、本来労働者が負担すべき費用を労働契約とは別個の消費貸借契約（返還免除付）で使用者が貸し付けたものであって、労働契約の不履行についての違約金・損害賠償予定の定めにあたらないと判断する傾向にあると指摘されている[10]。

　他方で、労基法16条の趣旨からは実質的に当該返還合意が労働者の退職の自由を拘束すると評価できるか否かという観点が重要であり、裁判例でも⑤返還免除基準の合理性、⑥返済額・方式の相当理性という要素も、労働者の拘束・足止めを判定する要素として考慮されていると指摘されている[11]。

イ　業務性を中心とする判断を肯定する意見

　この点、(1) 労働契約と区別した金銭消費貸借契約の有無、(4) 返還免除基準の合理性、(5) 返済額・方式の合理性の要素について、労基法は使用者による貸金と賃金との相殺は禁止している（労基法17条）が前借金自体は禁止しておらず、労働契約と別個に消費貸借契約が存在すること自体はありうるし、一定の要件で返還を免除することも違法とはいえないとの指摘がある。

＊10　水町 278-279 頁。

＊11　水町 279 頁。

そして、労基法16条違反として問題となるのは労働契約と別個の消費貸借ではなく労働契約と結びつけて違約金・損害賠償の予定の定めをすることであるとし、労基法16条という強行法規の適用如何を決するものである以上、契約の名称・形式ではなく実態に即して客観的に判断されるべきものであるとして、近時の裁判例が業務性を中心に検討している傾向を評価する意見もある[12]。

ウ　業務性を中心とする判断の問題点

　たしかに、(2)研修・留学参加の任意性・自発性、(3)研修・留学の業務性の程度といった業務性に関する要素は、今なお、労基法16条違反の主要な判断要素の一つではあることは否定しない。

　しかし、経済のグローバル化に伴い、企業において国際性を備え専門的能力を備えた人材の育成が重要性を増しており、海外留学・研修の業務関連性が高まる傾向にある中、海外留学等は業務性と同時に労働者の能力開発やキャリア形成にも資するものとなっている。

　業務性に関して判断される(1)の要素は、労働契約と区別した金銭消費貸借契約が締結されていたとしても、使用者は、労働契約とは別個に、免除特約付金銭消費貸借契約を締結した形式を整えることは容易である（裁判例が(1)を考慮する方向性が確立された現在は、留学制度を設けるときに、このような体裁を整えるのが一般的な企業であろう）。そのような形式を整えたからといって、労働者が別個の消費貸借契約を締結し返還に納得しているのかは別であり、あくまで事案全体として、労働者の自由意思を不当に拘束し、労働関係の継続を強要するものであるか否かという観点から、実質的な判断が必要である。

---

[12]　水町279頁。

また、業務性に関連する（2）研修・留学参加の任意性・自発性、（3）研修・留学の業務性の程度といった要素は、労使の実情から乖離して、制度上、当事者がいずれも選択する形で規定を整備し体裁を整えられてしまえば、労働者が選択していたような認定がなされてしまう。しかし、多額の留学費用を負担する企業が、誰が留学するのか、留学先での科目選択などに関心を抱かぬはずはなく、最終的な決定に至る過程で、使用者からの強い関与によって、決定されている実情がある。

　にもかかわらず、体裁として労働者の意思決定によるとの規定を整備してしまえば、事案の実情を離れて、労働者の実情を踏まえない形式的な認定が導かれがちである。

エ　今後は業務制より（4）、（5）の要素を重視すべきという視点

　そこで、業務性よりも、今後は（4）返還免除基準の合理性や（5）返済額・方式の合理性をより重視して、労基法16条違反の判断をすべきとの指摘がある[13]。

　（5）については、国家公務員では、勤続期間に応じた返還額の割合的逓減方式がとられている（国家公務員の留学費用の償還に関する法律3条、留学後5年以内に離職した公務員に対して、在職期間に応じて逓減された費用の返還義務を課している）。

　また、近時の円安相場・留学先として選ばれやすい欧米の物価上昇・国内の賃金水準の伸び悩みが相まって、裁判例で問題となっている留学費用の返還の事案も、年収を大きく超える返還が求められるケースが多い。実質的に当該労働者には返還不可能に思える多額の請求がなされている事案もある。

　これにより、労働者が留学資金の返還を避けるため、企業に足止めを強いられるだけでなく、使用者の優越的な地位を利用した労働者への一方的な過大な負担の賦課や過酷な労働者の管

＊13　荒木・岩村・村中・山川編・前掲注＊3・262頁（細谷）。

理を防止すること【趣旨Ⅱ】の必要性が高い。

したがって、労基法16条の趣旨を踏まえて、業務性に関連する（2）研修・留学参加の任意性・自発性、（3）研修・留学の業務性の程度といった要素ではなく、むしろ（4）返還免除基準の合理性や）返済額・方式の合理性という要素を重視して判断すべきであろう。

［4］折衷的な解決の模索

とはいえ、留学費用の返還規定が労基法16条に反するか否かという、白黒の決着をつけるのが難しい事案も多い。

例えば、業務性を備えつつ労働者個人の利益にもなっているような、両面ある事案が多いであろうし、帰国後5年以内の離職の場合に全額の返還を求められるような規定の場合（在職期間に応じて逓減される規定が存在しない場合）に、帰国後4年で離職した場合に全額の返還を求めることになるのは不合理であろう。

また、上述の国家公務員の在職期間に応じて5年以内の離職の場合は返還額の割合的逓減方式をとっていることとの均衡（国家公務員の留学費用の償還に関する法律3条）からも、国家公務員の留学が一律に業務性が強いといった事情も認められから、民間企業の場合は、在職期間に応じた逓減が一切なく、常に全額返還を求められるのは不合理である。

したがって、折衷的に【趣旨Ⅰ】、【趣旨Ⅱ】と相まって、労働関係から生じる損害や費用を帰属領域により労使間において分配する機能もある【趣旨Ⅲ】とされることから、留学費用の返還規定が定める返還対象の限定的な解釈であったり[14]、留学

---

*14　後掲⑥の明治生命保険（留学費用返還請求）事件・東京地判平16.1.26労判872号46頁について、当事者の返還約束の対象となる合意内容を限定的に解釈して返還対象を限定して解釈した点を折衷的な結論を導いたと評価し、労働者への一方的な過大な負担の賦課【趣旨Ⅱ】や、労働関係から生じる損害や費用を帰属領域により労使間において分配する機能【趣旨Ⅲ】から正当化されるとの指摘がある（荒木・岩村・村中・山川編・前掲注＊3・261頁（細谷））。

の実態・留学後の労働者の企業貢献度・やむを得ない退職の自由などに応じて信義則等により、制限が課せられるべきである。

　このような解釈がとられないと、労働者の自由な労働移動を否定することで経済活動全般を阻害するし、政府が労働者のリスキリングを支援する施策をとる中での法解釈の方向性としても妥当であろう。

（労基法16条の賠償予定の禁止に違反するとされたもの）

①富士重工業事件　東京地判平10.3.17労判734号15頁

　海外研修後5年以内に退職する場合は派遣費用を返還させる旨の規則等に基づいて帰国後半年後に退職を申し出た労働者に対して、会社が旅費、運送費、保管料など合計約339万円の返済を求めた事案である。判決は、本件研修は関連企業で業務に従事することにより会社の業務に役立つ語学力や海外での業務遂行能力を向上させるもので、実態は社員教育であるともいえ、派遣費用は業務遂行費用として会社が負担すべきものであるから、費用の返還規則等は労基法16条に違反するとした。

②新日本証券事件　東京地判平10.9.25労判746号7頁

　アメリカの大学院に留学してMBAを取得した労働者が帰国後3年10か月で退職した事案で、会社が労働者に留学費用約543万円の返還を請求した事案である。判決は、会社が海外留学を職場外研修の一つに位置づけ、業務に関連ある学科を専攻するよう定め、返還期間5年以内自己都合退職者への制裁の実質を有することから、労基法16条違反を認めた。

（労基法16条の賠償予定の禁止に違反しないとされたもの）

③大成建設事件　東京地判令4.4.20労判1295号73頁
（なお、控訴審・東京高判令4.4.20判例集未掲載も結論を維持、令5.6.28上告棄却）

　海外での社外研究費用返還請求の可否等が争われた事案であ

る。本訴で、本訴原告（労働者）が本訴被告（会社）に対して、退職後に支払時期が到来する賞与・賃金及びこれらの遅延損害金、在職中に立て替えた立替金請求権、退職金及び遅延損害金の請求（約224万円）をし、会社が労働者に対して、相殺合意に基づき社外研究費用返還請求及び利息と本訴請求との相殺と、相殺後の社外研究費用返還請求及び利息との残額の請求【約729万円】をした事案である。社外研修制度の応募の任意性などを取り上げ、社外研究費用について消費貸借契約が成立していること、同契約が労基法16条に違反しないことを前提に、消費貸借契約に基づく貸金返還請求権及び利息請求権と賃金等との相殺合意の効力を肯定して、会社が反訴請求した、相殺後の社外研究費用の返還請求の支払を認めた。

④長谷エコーポレーション事件　東京地判平9.5.26労判717号14頁

　アメリカの大学院に留学し経営学博士号を取得し、帰国後2年5か月後に退職した労働者に対して、帰国後一定期間を経ず退職する場合の返還合意に基づき、学費として約467万の返還を求めた事案である。判決は、留学は自由意志で、社会的に有益な資格となるから、16条に反しないとした。

⑤野村證券事件　東京地判平14.4.16労判827号40頁

　フランスに留学し経営学修士号（MBA）取得し、帰国後2年足らずで退職した労働者に対して、受験渡航費用、授業料、図書費の合計約1575万円のうち、帰国後在籍期間1年10か月を債務免除される5年目までの期間で按分計算した約998万円が返還請求された事案である。判決は、留学の実態は労働者個人の意向による部分が大きく、留学先の科目選択は労働者の自由に任され業務の関連性は抽象的、間接的にとどまり、留学は個人の利益になるから、返還請求は労基法16条に違反しないとした。

（折衷的な判断をしたもの）
⑥明治生命保険（留学費用返還請求）事件
東京地判平16.1.26労判872号46頁

　社内留学制度を利用してアメリカに留学しMBAを取得した
労働者が、帰国約13か月で自己都合退職した事案である。留学
後5年間勤務した場合は返還義務を免除する旨の消費貸借契約
（労働者は誓約書も提出）により、会社が労働者に返還を求めて
提訴した。応募が労働者の自由意思に委ねられ、業務命令では
なく自発的なものであり、派遣先・留学先も労働者が自由に選
択でき留学中業務に直接関連のある課題や報告も課せられるこ
ともなかったとして、労基法16条には違反しないとされた。た
だし、当事者の返還約束の対象となる合意内容を限定的に解釈
して返還対象を限定し、会社が請求した一部は棄却した。

4──教育訓練・研修費用の返還

　使用者が労働者に対して援助した特定の技能を養成したり就
労に際して必要な資格取得したりするための教育訓練費用など
について、入社時に締結していた契約などによって退職時に労
働者に返還を求めてくるトラブルがある。
　とくに、看護師・タクシー乗務員などの、いわゆるお礼奉公
的な慣習のあるケースでよくみられる事案である。
　かかる返還請求の根拠となる合意が労基法16条に反すると
いえるのかは、猶予される期間、返還を求められる金額、得ら
れる資格などが退職後も労働者個人の利益にもなるといえるの
か等を考慮して、労基法16条の趣旨に反しないかで決せられる。

（労基法16条の賠償予定の禁止の判断基準を示したもの）
①河合楽器製作所事件　静岡地判昭52.12.23労判295号60頁
　会社が、自ら経営するピアノ調律技術者養成所を終了した労

働者を雇用する際、養成所の授業料貸与金の返還を退職まで猶
予する旨の契約を結び、労働者の退職時に右契約に基づき貸与
金の返還を求めた事例で、会社の返還請求が認められた事件で
ある。控訴審判決は、労基法14条が1年を超える期間の労働契
約の締結を禁止している趣旨と、労基法16条の趣旨から（労働
者の自由意思を不当に拘束して労働者を使用者に隷属せしめ、
退職の自由を奪うことになる危険性を有しているから）、会社と
の貸与金契約が労基法16条に違反するかどうかは、右貸与金契
約が存在するために労働者に1年以上にわたる労働関係の継続
を強要し、退職の自由を不当に制限する危険性を有しているか
否かにより判断すべきであるとした。

（労基法16条の賠償予定の禁止に違反するとされたもの）
②サロン・ド・リリー事件　浦和地判昭61.5.30労判489号85頁
　美容室を経営する会社に入社した労働者が、会社との間で締
結した、会社の美容指導を受けたにもかかわらず会社の意向に
反し退職したときは入社時に遡及して1か月につき4万円の講
習手数料を支払う旨の契約に基づいて、採用後7か月半で退職
した労働者に講習手数料30万円等を支払うように求めた事案
である。判決は、給与額が月額9万程度に対して講習手数料は
月額4万円とされ後者の比率が高いこと、指導の実態が一般の
新入社員教育とさほど変わらずこのような負担は使用者として
当然なすべき性質のもので労働契約と離れて本件のような契約
をなす合理性は認め難いこと、本件契約が講習手数料の支払義
務を課することにより労働者の自由意思を拘束して退職の自由
を奪う性格を有することが明らかであるとして、本件契約は労
基法16条に違反するとした。

③医療法人Ｋ会事件　広島高判平29.9.6労判1202号163頁
　医療法人が、看護学校在学中の准看護学校および看護学校在

学中の修学資金等を貸し付けた貸与金の返還免除期間（6年）の勤務をしていないとして、退職した看護師らに約250万円の返還を求めた事件である。判決は、労基法14条が定める労働契約期間の上限3年の倍の6年間で同条の趣旨からも大きく逸脱した著しい長期間であり、勤続年数に応じた減額措置もなく退職まで正看護師資格取得後も約4年4か月も勤務した事実が一切考慮されていないうえ、貸与金の実質は一部生活費で、貸付による返還を要する額は看護学校在中の基本給の約10倍・108万円であり返還義務の負担が退職の自由を制限する事実上の効果は非常に大きいことから、本件返還合意部分は労基法16条に反して無効であると判断した。

（労基法16条の賠償予定の禁止に違反しないとされたもの）
④コンドル馬込交通事件　東京地判平20.6.4労判973号67頁

　タクシー会社が退職した労働者に事前交付金と研修費用の返還を請求した事案で、費用支払を免責される就労期間が2年であったことは、労働者の自由意思を不当に拘束し労働関係の継続を強要するものではなく、返還条項は雇用契約の継続を強要するための違約金を定めたものとはいえず、労研修費用返還条項を労基法16条に違反せず有効として、会社の請求を認めた。なお、事前交付金については給与前渡金（給与の弁済期の繰上げ）とみるのが相当であり、不当利得返還請求には理由がないとした。

⑤東亜交通事件　大阪高判平22.4.22労判1008号15頁

　この判決は、タクシー会社の元乗務員らが会社に対して、入社時に締結した2種免許取得のための教習費等の消費貸借契約および800日の乗務日数完了を条件とする返還合意に基づいて、2種免許取得のための教習所授業料及び教習所への交通費、教習費、就職支度金（4回にわけて合計20万円）の返還請求がで

きるのかが争点となった。

　大阪高裁判決は、金銭消費貸借契約書には内訳の記載がなく、その後支給された「就職支度金」は領収証には貸付金であることを示す記載はないことなどから、教習費及び就職支度金は賃金的性格を有しており、給与明細上も税控除対象となっており、会社が労働者に対して貸付金であると主張することは信義則上許されないとした。

　ただし、貸付金のうち教習所授業料及び交通費は、乗務員に固有の資格として利益になるから本来乗務員において負担すべき費用であり、会社と労働者で消費貸借契約の目的とすることも許され、また、その返還合意も労基法16条に違反しないとした。

5——強制貯金（労基法18条）

5-1　強制貯金とは

　労基法18条1項[*15]は、使用者が、労働契約に付随して貯蓄の契約をさせ、または、貯蓄金を管理する契約をすること（いわゆる強制貯金）を禁止している。

　労基法18条1項に反する強制貯金の効力は無効となり、労働者はいつでも使用者に対して返還を求めることができる。

5-2　趣旨

　古くから、使用者が盗難防止・浪費防止などの美名の下で、労働者の賃金の一部を貯蓄させたり、労働者の貯蓄金を使用者が管理したりすることが行われてきたが、実際には貯蓄金が労働者の足止め手段として機能することが多かった。そこで、労基法18条1項は、金銭関係と労働関係を密接に関連させることの

---

*15　労基法18条（強制貯金）1項「使用者は、労働契約に附随して貯蓄の契約をさせ、又は貯蓄金を管理する契約をしてはならない。」

第3章 ● 使用者から労働者に対する返還請求など（労基法16条関係）　97

弊害を防止すべく、労働関係に伴う強制貯蓄を全面的に禁止したものである。

　したがって、賠償予定の禁止の規定（労基法16条）、前借金相殺の禁止の規定（労基法17条）と同様に、労基法18条1項の趣旨は、奴隷的拘束および苦役からの自由の原則（憲法18条）および強制労働禁止の原則（労基法5条）の実質化、ならびに労働者の退職の自由の確保にある。

　他方で、同条は、貯蓄自体は労働者の将来の生活を保障する上でも有益であるとして、任意の貯蓄（任意的貯蓄管理）は、行政上の規制の下で、許容することにしている（労基法18条2項ないし7項）。ただし、厚生年金制度・雇用保険による失業給付制度、財形貯蓄制度ならびに企業における退職手当・年金が十分整備された今日では、もはや説得力がないものになったとの指摘[16]もなされている。

5-3　問題となる場面

　現代でも、立場の弱い出稼ぎのため日本で働く外国人労働者などは、パスポートの取り上げ等と同時に、強制貯金が不当な足止めの手段として用いられる場合がある（後掲・プラスパアパレル協同組合ほか事件参照）ので、同条の意義は失われたとは思われない（詳しくは、本シリーズ第11巻『外国人労働者の法律実務』を参照）。

　また、強制貯金の禁止が直接適用されるような場合に限らず、任意の預金であっても使用者が返還請求しても相殺主張等とあわせて返還を拒否することで、労働者の不当な足止めが行われたり、離職しようとする労働者への報復的な行為として行われることがある（後掲・引越社関西事件参照）。

　こういった事案の場合、たんなる返還請求等ではなく、強制

＊16　東京大学労働法研究会編・前掲注＊6・301頁（藤川）。

貯金の禁止の規定（労基法18条1項）や、労働者の委託を受けて使用者が貯蓄金を管理する場合における使用者の返還義務の規定（労基法18条5項）を適用することで、使用者の行為が労基法で予定された典型的な悪質な行為であることを浮き彫りにし、端的に返還等を求めることが可能となる。この規定は、現代も労働者の円満退職に対し意義を有する。

（労基法18条の強制貯金の禁止に違反するとされたもの）

①三友印刷社内預金返還請求事件
東京地判昭42.10.28労民集18巻5号1067頁

　社内預金について、一応弁済期を5年と定めているが、この期間が到来しても返還することなく契約を更新し合意解約による円満退職の場合に限って支払う旨を定める契約条項に基づいて、被告である会社が労働者に対して円満退職に至るまで本件預金の返還義務はないと主張した事案である。判決は、同条項が労基法18条5項に違反し無効であるとした。

②引越社関西事件　大阪地判平18.3.10労判915号183頁

　従業員が退職時に社内預金の返還を請求したところ、会社が、支払予定月の末日まで勤務していないことを理由に、支払済み「奨励金」の返還請求権でもって相殺することは、当該奨励金が就業規則上の賞与、すなわち労基法上の賃金に該当し、返還「合意」が労働基準法93条により無効であることからして許されないとした。

③プラスパアパレル協同組合ほか事件
福岡高判平22.9.13労判1013号6頁（熊本地判平22.1.29労判1002号34頁）

　外国人研修・技能実習制度によって来日した研修生らに対し、第2次受入機関である縫製会社が、複数の預金口座を開設し無断で預金を払戻したり預金通帳・印鑑を管理した行為について、

労基法18条1項が禁止する強制貯金に該当するとして、他の行為と合わせ全体としてみた場合に研修生らの人格権を侵害し不法行為を構成するとした。

④医療法人北錦会事件　大阪簡判平7.3.16労判677号51頁

原告である病院から看護師である被告に対して、採用時に交付された2年間の就労勤続を条件に給付された契約金給付について、2年内の中途退職の場合には、当該契約金の返還に加えてその2割相当額を違約金として支払う旨の契約の効力が問題となった事案である。判決は、「看護婦免許証」を病院側に預けることが約束されていたことと併せ考えると、契約金の返還及び違約金の支払約束と一体となって被告の退職意思に威圧的効果を生じ足止め策に利用されていたものであるとした。そして、契約金の返還契約は強制労働の禁止（労基法5条）に反するとして公序良俗に反し無効とし、契約金の交付は不法原因給付に該当するとして、病院の請求を棄却した。

6──身元保証制度

6-1　身元保証とは

身元保証は、使用者が身元保証人に対して労働者の監督責任を誓わせたり、労働者が使用者に対して損害を与えた場合に身元保証人が損害賠償を負担する制度とされる[17]。

日本では、使用者が労働者を雇用する際に、将来の損害賠償請求を確保するために労働者に対して身元保証人をたてさせる悪習が古くからあったが（前近代的な「人請け」制度に由来がある）、現在でもその慣行は残存しており、「古くて新しい問題」とも指摘される[18]。

───────────────
＊17　西谷228-229頁。

＊18　角田・前掲注＊3・110頁以下。身元保証の沿革含め詳細に示されている。

労働者が入社する際に、使用者からの入社の条件として身元保証契約の締結を示され（入社の条件といいつつも、通常は内定などが出たあとに、身元保証契約の締結が必要であると提示されるのが通例である）、労働者は特別な関係にある親族・縁故者などに身元保証人となってもらって使用者に身元保証書を提出するのである。

6-2　身元保証制度の弊害

　身元保証の制度は、使用者と保証人とが契約をするとはいえ、身元保証人が労働者の親族など特別な人間関係にある者であり、労働者の依頼を断れず引き受けざるを得ない事情があるのが通例である。

　身元保証契約の締結時に、身元保証人が、対等な契約当事者として契約内容について使用者と交渉をするなど成り立つ余地はなく、示されるままの身元保証契約書を使用者に差し出すに過ぎないのが実情である。そのため、契約内容も一方的なものが多く、この制度の構造的な不均衡さが現れている。

　したがって、使用者と身元保証人との関係で、使用者が圧倒的に優位な関係において契約されているのである。

　また労働者としても、特別な人間関係にある身元保証人に対して迷惑をかけられないとして、使用者からの要求が不当なものであっても、これに抗いにくい環境を生み出す要因となったり、身元保証人が確保できない身寄りの無い求職者の職業選択の自由を脅かす要因となったりするなどの、構造的な問題がある。

　実際に、使用者が労働者に対して損害賠償の請求をする場合、労働者のみならず身元保証人に対して請求をするケースは存在する。その場合、労働者としては、たとえ請求内容に不満はあっても身元保証人を労使紛争に巻き込みたくない一心で、支払いに応じるなどの対応を強いられたり、不本意ながら退職を断念

して足止めを強いられるケースもある。

とはいえ、後述のとおり、実際に身元保証人に対して請求をしても、「身元保証ニ関スル法律」等によって、責任の範囲は合理的に制限されるので、保証契約の文言が包括的である等の理由があっても萎縮しすぎず、早めに弁護士へ相談するように促す必要がある。

身元保証人に請求がなされた場合に、労働者と身元保証人間の人間関係の悪化があり得ることは一概に否定し難いが、たとえ会社と労働者がトラブルになっていても、いわゆる「ブラック企業」のように労働者に対して悪質な労務管理をする会社が存在することは多くの市民に知られるところとなっている。きちんと身元保証人に対して実情を伝えれば、身元保証人との人間関係を悪化させずに済むこともあると、筆者の実務経験からも指摘できる。

6-3 法規制など

［1］労基法16条の適用の関係

労基法16条の規定は、使用者との契約を締結する相手方を労働者本人に限定していないので、労働者の身元保証人（それにとどまらず、親権者等も）が、労働者の行為について、違約金や損害賠償額の合意を締結しても同条が適用される。

そこで、身元保証を超えて、違約金や損害賠償額を予定する場合には、労基法16条に反する合意として無効となる。

［2］「身元保証ニ関スル法律」

ア　適用対象など

身元保証について1933年に制定された「身元保証ニ関スル法律」は、使用者と身元保証人との身元保証契約を一応有効としつつ、保証人の責任制限を定め、特約で保証人に不利益な変更

は許されないという片面的な強行法規制を有する（6条）。

同法の対象は、「被用者ノ行為ニ因リ」使用者が受けた損害の賠償を目的としており（1条）、「被用者」とは労働者と同じ意味である。

イ　成立、存続と終了

身元保証契約は民法の定める保証契約の一形態であり要式契約ではないが、使用者が身元保証人に対して保証証（書面）の提出を求めるのが一般的な慣行である。

身元保証法は、契約の有効期間の限定（期間を定めない場合には3年、期間を定める場合も5年を超えてはならない、1条及び2条）、労働者の態度によって身元保証人に責任が生じるおそれがある場合の使用者の身元保証人に対する通知義務（3条）、身元保証人が将来に向けての契約の解除権（4条）を定めている。

使用者の上記通知義務違反があった場合、当然に賠償責任を免責する効果を生じさせるものではないが、通知を受けていれば身元保証人が将来に向けて契約を解除して責任の軽減する可能性があったのにその機会を奪われているのだから、の賠償責任の算定において、「一切ノ事情」と（5条）して、十分に斟酌されねばならない。

ウ　極度額の定め

2020年4月の民法改正において、保証契約に関する改正がなされすべての個人根保証契約で債権極度額の定めが必要とされた。この改正は、保証人の保護を強化する目的であり、無制限な損害賠償責任が認められ保証人に大きな負担がかかることを防ぐためである。

この改正によって、身元保証人についても、その責任を負う金額の上限となる「極度額」を定めない根保証契約は無効とな

る（民法465条の2）。

エ　賠償限度額の設定

　他方で、極度額の定めがあれば、極度額の上限については法令上の制限はない。

　実務上、労働者の年収・業務内容によって設定されている極度額には幅はあるが、100万〜1000万円の場合が多いと思われる。

オ　保証人に対する情報提供義務

　民法改正により、主債務者（労働者）の委託を受けて保証人になった場合に、保証人は債権者（使用者）に対して、主債務についての支払の状況に関する情報（主債務の元本及び主たる債務に関する利息、違約金、損害賠償その他その債務に従たる全てのものについての不履行の有無並びにこれらの残額及びそのうち弁済期が到来しているものの額に関する情報）の提供を求めることができる（民法458条の2）。身元保証契約においても、身元保証人は使用者に対して、かかる情報の提供を求めることができる。

カ　責任の限定

　極度額の定めがあっても、その範囲内で常に身元保証人への請求が常に認められるわけではない。

　身元保証法は、身元保証人に対して賠償責任を命じるときに、裁判所が「一切ノ事情ヲ斟酌」して責任の有無または賠償額の算定をしなければならないとする（5条）。当事者の主張立証を問わず職権で判断される。

　また、この規定は、裁判所に対して斟酌を可能とする権限を付与する規定ではなく、「斟酌ス」ることを裁判所に義務づけている。

ただし、裁判所が、どのような事情をどの程度斟酌するのか
については裁量があるとされ、損害賠償額算定の根拠を示す必
要もないと解されている（中野精麦事件・最三小判昭37.12.25
判時325号6頁）。

　具体的に斟酌すべき点について、身元保証法には、身元保証
人の責任の有無又は賠償額の算定について、使用者の過失の有
無、身元保証契約をなすにいたった事由、労働者の任務又は心
情の変化などが例示されるが、「一切の事情」を斟酌すべきこと
（5条）とされている。判例には、損害の公平な分担を考慮した
ものもある（下記の判例を参照）。

　この法律の規定は、いずれも身元保証人保護のための規定で
あるから、これに反する身元保証人に不利となる特約（例：使
用者の過失を問わずすべての責任を負うとの特約）は無効とな
る（6条）。

（身元保証人の損害額が限定的に判断されたもの）

①ワールド証券事件　東京地判平4.3.23労判618号42頁

　歩合外務員の身元保証につき、使用者が右外務員の業務の危
険性、身元保証の重要性、責任の重大性について十分な説明を
していなかったこと等を理由に損害の公平な分担の見地から、
身元保証法5条により、身元保証人の責任が損害額の4割の範
囲で認めた。なお、外務員の証券会社に対する損害賠償責任も
認められている（3割の過失相殺）。

②損害賠償請求事件　神戸地判昭61.9.29判時1217号109頁

　運送会社の集金業務に従事していた従業員が、集金した運送
代金を一年半余にわたって着服横領した場合の身元保証人の責
任について、会社の管理監督体制の不備・ずさんさに主因があ
るとして、損害の公平な分担の見地から、身元保証法5条によ
り損害額の2割のみが認められた。

第3章 ● 使用者から労働者に対する返還請求など（労基法16条関係）　105

7——使用者からの借り入れの関係（労基法17条）

7-1 前借金相殺の禁止（労基法17条）

労基法17条[19]は、使用者から労働者に対する「前借金その他労働することを条件とする前貸の債権」に限り、賃金との「相殺」を禁じるものである。

典型例は、芸娼妓契約のように、親権者が使用者から受け取った前借金の返済のために、未成年者が意に反して不当な労働を強いられるようなケースである。

同条が禁止する対象が、あくまで賃金との「相殺」にとどまり、使用者が労働者に対して労働することを条件に前借金などの貸付をすること自体は禁じていないことは注意が必要である。

7-2 労基法17条の趣旨

この規定は、労働契約で前借金制度が労働者に対する足止めの手段としてしばしば用いられ事実上の強制労働をもたらしたことから、金銭消費貸借契約と労働関係を完全に分離して、身分的拘束の発生を防止することにある。

したがって、同条の趣旨は、労基法16条と同様に、奴隷的拘束および苦役からの自由（憲法18条）、強制労働の禁止（労基法5条）を実質化し、労働者の退職の自由を確保することにある[20]。

また、貸金債権は、差押えの禁止と同じく4分の3の範囲（民事執行法152条、民事執行令2条）で相殺が禁止されている（民法510条）ので、労基法17条は相殺に関する民事上の一般原則に対するさらなる労働者保護の観点からの特則となる。

---

[19] 労基法17条（前借金相殺の禁止）「使用者は、前借金その他労働することを条件とする前貸の債権と賃金を相殺してはならない。」

[20] 荒木・岩村・村中・山川編・前掲注＊3・264頁（細谷）。

106

さらに、労基法24条の賃金全額払の原則には、労働者の貸金関係との相殺禁止が含まれているので、前借金との相殺は労基法24条にも違反することになるが、労働契約から労働者が自己決定により離脱する自由を奪うことを認めるものであるから、特に明示的にこれを禁止し、罰則も強化した督促である*21（労基法119条1号）。

7-3　「前借金その他労働することを条件とする前貸の債権」

［1］「前借金」

「前借金」とは、労働契約の締結の際またはその後に労働することを条件として使用者から借り入れ、将来の賃金により返済することを約する金銭である。

［2］「その他労働することを条件とする前貸の債権」

「その他労働することを条件とする前貸の債権」には、前借金に追加される追貸金や、生活品を現物貸与して金銭にて返還させるような場合も含まれる。

［3］「労働することを条件とする」

「労働することを条件とする」とは、労働強制や身分的拘束の手段となる場合であり、かつ、その貸借関係と労働関係が密接に結びついている場合を指す。

他方で、労働者と使用者との間での貸借関係であっても、完全に労働関係から分離した純粋な金銭消費貸借契約関係であれば、同条の適用は問題とならないとの指摘もあり、具体例としては、労働者と使用者間においてなされた、純粋に友誼的な立場からの金融、特別の人的信用による金融などは含まれないと

＊21　労基法24条とは異なり、労基法17条では労使協定によっても例外的に控除が認められない点も相違がある。

の指摘もある[22]。

　解釈例規では、「使用者が労働組合との労働協約の締結あるいは労働者からの申出に基づき、生活必需品の購入等のために生活資金を貸付け、その後この貸付金を賃金より分割控除する場合においても、貸付の原因、期間、金額、金利の有無等を総合的に判断して労働することが条件となっていないことが極めて明白な場合」には本条を適用しないとする（昭63.3.14基発150号）。

　また、住宅建設資金の融資等については、それが真に労働者の便宜のためのものであり、また労働者の申出に基づくこと、貸付期間は必要を満たし得る範囲であり、貸付金額も1か月の貸金または退職金等の充当によって生活を脅威に得ない程度に返済し得ること、返済前であっても退職の自由が制約されないこと等、当該貸付金が身分的拘束を伴わないことが明らかなものは、本条に抵触しないとする[23]。

　実務的な感覚からすると、使用者が労働者に貸付けて賃金による相殺で返済されるような場合で、「完全に労働関係から分離した純粋な金銭消費貸借契約関係」なるものが想定できるのかは大いに疑問がある。同条の趣旨を実効化させるためにも、同条の禁止する対象が賃金との相殺にとどまり金銭消費貸借契約の効力は否定していないことからも、労使関係で締結される金銭消費貸借契約による賃金との相殺は、例外なく同条に抵触すると解すべきだろう。このように考えても、相殺以外の方法で、労働者から自発的な返済をさせれば足りるのだから、使用者において実害が生じるとも思われない。

＊22　東京大学労働法研究会編・前掲注＊6・296頁（藤川）。

＊23　厚生労働省労働基準局『改訂新版　労働基準法（上）』（労務行政、2005年）。また、労働者らが社宅購入の手段として預け入れた社内預金について、預け入れが社長の指示に基づくものであったとはいえ、雇用関係との法的結びつきは希薄で通常の不動産取引上の債権に類するものであったとして、その返還請求権は一般債権と特に区別して保護すべきものではないとして、商法295条の適用対象（「会社ト使用人トノ間ノ雇傭関係ニ基キ生ジタル債権ヲ有スル者ハ会社ノ総財産ノ上ニ先取特権ヲ有ス」）に該当しないとした（中山恒三郎商店破産管財人事件・東京高判昭62.10.27労民集38巻5・6号571頁）。

108

［4］賃金との相殺禁止

本条が禁止するのは、使用者側からの相殺であり、労働者側からの相殺は禁止されない。

ただし、形式的に労働者から相殺の意思表示がなされたような場合でも、実質的に使用者の強制によるものと認められれば、本条違反となるとの指摘もなされている[24]。

また、労使の合意による相殺の効力は、労基法24条1項の賃金全額払い原則との関係も議論があり確立した判例法理[25]があるが、労基法17条の適用がある前借金との相殺の場面は、労基法24条の特則である労基法17条で判断される（合意による賃金の相殺に関する判例法理の射程外とされる）。

7-4 本条違反の効果

本条は強行法規であり、本条に反する意思表示は無効となる。したがって、使用者が本条に反する相殺によって賃金支払いをしていない場合、労働者はその相殺された賃金額を使用者に対して請求できることになる。

また、本条には6か月以下の拘禁刑または30万円以下の罰金という罰則もある（労基法119条1号）。

8──退職させて貰えないトラブル・相談時の注意

サイニングボーナスや留学費用の返還など、労働者が使用者から受領した金銭等を合意により返還するように求められる事案は、労働者が一度は納得して取り交わした合意が存在する場合が多い。労働者からすれば、金銭も受領している事実もあるので、「諦め」に近い心境に置かれてしまい、違法状態に抗いた

---

*24　厚生労働省労働基準局編・前掲注*23・257頁。

*25　詳しくは、本書第4章6─10「使用者の賃金による相殺」を参照。

い（争いたい）というよりは、理不尽さを感じつつ困窮状態に置かれ相談にくることもおおい。

　例えば、サイニングボーナスであっても、支度金的な意味合いで理解して労働者がこれを既に消費しているなど（転職の前後、労働者は収入の減少や断絶、場合によっては転居などの支出、転職に向けた準備などを賄うため支出は増えがちだ）、受領したサイニングボーナスは、既に現実に返還が難しいことも少なくない。留学費用も同様である。

　このような場合、受けた金銭給付が経済的足止め策として機能することで、いかに劣悪な環境であっても労働者の退職の自由が妨げられ、深刻な被害が生じることもあるのは周知の事実であろう。コストをかけてまで人材流出の足止めをしたがる使用者における職場環境は、劣悪であることもある。

　このタイプの相談は、形式的な合意成立や金銭給付の部分だけを取り上げても、労働者の置かれた窮状は理解しにくい。形式的な合意が存在し、労働者の希望が容易に実現するとは限らないケースも多いのも現実だが、少なくとも労働相談において、形式的な合意の存在にとらわれて簡単に諦めず、合意に至る経緯やその後の状況など含め、労働者の置かれた経済的な状況を丁寧に把握しようとする相談者の姿勢が重要となろう。

　このような姿勢は、争点に関する主張立証でも活かされるはずである。

4

仕事上のミスを理由とする使用者から労働者に対する損害賠償請求

POINT

► 人手不足を背景に、退職妨害等の手段として損害賠償請求されるケースが増えている。

► 労働法的修正の視点（①従属的、②他律的、③業務命令にミスが内在化、④手段債務、⑤報償・危険責任、⑥生存権等の理念）を意識する。

► 仕事上のミスで労働者が会社に損害を与えても、当然に賠償義務は発生しない。

► 通常求められる注意義務を尽くしていれば、労働過程で日常的に発生する損害について損害賠償義務を負わない。

► 労働者に賠償義務がある場合でも、賠償すべき範囲は軽減され得る。

► 使用者からの損害賠償債権と賃金との相殺は禁止されている。

1──トラブルの傾向の変化

1-1 懲戒処分・退職金などとの関係

　かつては、労働過程における労働者の不適切な行動に対する使用者の対応としては、いきなり損害賠償請求をするのではなく、懲戒処分や人事考課による業務上の措置、さらには解雇や退職金の減免などで対処する[1]ことが多かった[2]。就業規則上も、懲戒処分とは別に使用者から労働者に対する損害賠償請がなされる場合を規定していないものもあり、こういった場合は特に労働者にミスがあっても懲戒処分などで対処し、損害賠償請求までは行わないという労使慣行の存在を裏付けるものと指摘できる[3]（他方で、就業規則の損害賠償請求について規定したとしても、請求権の制限などがなされるのは当然のことである）。

　特に日本型雇用では一般的に高額の退職金が予定されており、労働者のミスに対して使用者が懲戒解雇等に伴う退職金の減免を行うことで損害賠償請求が代替され、労働者に対する損害賠償請求がある程度回避されてきたという傾向があったと指摘されている[4]。判例でも、労働者がすでに懲戒解雇をうけて制裁を受けていることを理由に、使用者から労働者に対する損害賠償

---

*1　加えて、第三者を被害者とする事故が高頻度で起きる運輸関係等では、任意保険による填補を図り労働者への請求を回避することもなされている。保険料負担を嫌い保険加入を拒否する使用者も一定数存在するが、そのような使用者は従来から存在しており、近時増減の変化はみられないように思う。

*2　道幸哲也「労働過程におけるミスを理由とする使用者からの損害賠償法理」労判 827 号（2002 年）6 頁は、使用者との対応は、①懲戒処分、②人事考課、③業務上の措置、④退職金等の不払、⑤解雇、等が想定され、実際に労働者に対する損害賠償の請求はさほど一般的ではなく、損害額が多い場合、①から⑤までの対処について労使でトラブルが生じた場合になされ、裁判例も使用者からの反訴としてなされることが圧倒的に多いと指摘する。

*3　大隅鐵工所事件・名古屋地判昭 62.7.27 労判 505 号 66 頁は、就業規則では損害賠償請求について言及が無いことから、労使慣行とまで言えないまでも、それなりに労使の共通認識として原則として損害賠償請求までしない意思と推認されないではない、との指摘がなされている。

*4　西谷 226 頁。細谷越史『労働者の損害賠償責任』（成文堂、2014 年）209 頁以下は退職金の損害賠償填補機能を指摘する。

請求において減額方向で考慮する傾向[5]がある。

　そのため、労働者が解雇の効力を争う訴訟において使用者が対抗して解雇理由となった労働者のミスを理由にした損害賠償請求をしたり、退職金の減額・不支給処分に対して労働者が争うのに対抗して使用者が退職金減額等の原因となった労働者のミスを理由にした損害賠償請求をする事案が、典型的な紛争のタイプであり、古くから労働者の円満退職の妨げとなってきた。

　しかし、使用者のモラルの崩壊（「ブラックバイト」に関する労働相談の典型は、使用者から労働者に対する損害賠償請求であることが指摘できよう）や、日本型雇用が大きく変化して退職金制度のあり方も変わり（退職金制度の存在しない場合や、使用者が自由に減免ができない401ｋも多い）、退職金による賠償金の代替が機能しなくなってきたという点も、退職に際して、使用者から労働者に対して損害賠償が請求されるトラブルが増えている要因の一つと指摘できる[6]。

1-2　古典的なタイプ

　古典的なトラブルのタイプとしては、職場での労働者のミスが要因となって生じた損害を現実に回収しようとするタイプ（例：自動車運転者の事故）がある。このタイプは、現在も少なくない。

　また、雇用によらないとされる働き方の増加により、そもそも使用者が労働者性を認めていない事案（労働者としての実態がある場合）も増えており、労働法的な修正を考慮せず対等な契約当事者間の問題として発注者（使用者）が受注者（労働者）

＊5　前掲・大隈鐵工所事件は、労働者の重過失を認定しつつ、既に労働者が会社から出勤停止処分を受けていることも考慮して、労働者の賠償責任を損賀の25％まで減額した。また、光和商事事件・大阪地判平3.10.15労判598号62頁は、常務取締役であった労働者が部下の業務遂行を監督指導する義務を著しく怠ったことにより会社に損害を与えたことについて、既に懲戒解雇され十分な制裁を受けていることも考慮して、賠償責任を約33％まで減額している。

＊6　細谷越史「労働者の損害賠償責任の制限及び逆求償の法理についての一考察」季刊労働者の権利355号（2024年）47頁は、近年の傾向として、長期雇用慣行が後退し、成果・能力主義的な人事管理が強化された背景を指摘する。

から損害の回収を図るタイプの請求（たとえば、業務委託の形式で就労するドライバーの交通事故による車両破損に対して、発注者【使用者】が受注者【労働者】に対して損害賠償請求をするケース）は、今後も経ることはないだろう。

1-3 近年、増加しているタイプ

　近年増えているトラブルは、人手不足を背景に、労働者を拘束しようと考える使用者が、退職妨害等の手段として損害賠償請求を行うものである。

　この場合は、現実に裁判手続き等において請求にまで至る場合は比較的少なく、裁判例などを調べても決して多くはない。実際の裁判例などを分析すれば、訴訟提起して勝訴する可能性が少ないこと、仮に勝訴しても弁護士費用などに見合うだけの賠償額を得るのは難しく、経済的なメリットは少ないからであろう。

　しかし、裁判に至らずとも損害賠償請求を受ける相談は増えている印象がある。さらに、職場の秩序維持の名目で行われる他の労働者へのある種の「みせしめ」や「けじめ」を使用者が意図して、経済的な損得は抜きに、脅しを超えて実際に訴訟提起などに至る場合も増えてきた印象がある。

　事件等を通じそのような考えに至った使用者と接していると、基本的な労働法に対する無知を背景にしつつ、身勝手な退職に伴う代替人員確保などのコストは退職した労働者が責任をとって負担するのが筋であるという、経営者の確固たる「歪んだ信念」のようなものに触れることも多い。使用者による労働者に対する損害賠償請求の増加は、使用者のモラル崩壊の発露ともいえるであろう。

2──トラブルが生じる場面

　典型的なトラブルは、トラックの運転手が自損事故で会社保

有の車両を破損してしまった場合、飲食店の店員がお皿を割ってしまった場合、事務職員が誤発注で不必要な注文をしてしまった場合などに、使用者が損害を被った場合に労働者に請求するケースが挙げられる。

　同じトラック運転手の事故でも、運転中に第三者に対する人身事故を引き起こした場合は、使用者が被害を受けた第三者に支払った損害賠償金について（民法715条1項本文の使用者責任による賠償）、使用者から労働者が事後に求償される（同条3項）形態で、労働者の賠償義務の問題が生じることになる。

　労働者からの相談は、損害額を月例賃金や退職金から差し引かれたというものが多いが（賃金との相殺が問題となる）、損害を与えたことを理由に退職を迫られたり、その逆に損害相当額を払い終えるまでは退職させない（人手不足を背景に退職には追い込まないタイプも増えている）と脅迫される例もある。

　また、労働者が残業代や退職金の請求をしたり、解雇など雇用関係の存続を争う場面で、会社が労働者に対して損害賠償の請求をしてくるケースもある。この場合、労働者側が賃金や解雇などを争っている事案において、使用者側からの反訴請求で争われる場合も多く、労働者側から権利主張する訴訟等で副次的に発生するパターンもある。

　いずれの事案でも、そもそも労働者のミスが存在するのか、このような労働者のミスが損害を賠償しなければならないような場合なのか、どの程度の賠償義務を果たすべきなのか（請求権の制限や過失相殺）、といった点が問題となってくる。

3──法的な事案の分類

3-1 加害行為の対象による分類

　労働者が労働過程で会社に損害を与えてしまうケースがあるが、直接損害を与えた対象が誰なのかによって、使用者からの

請求の法的請求が変化する。

　具体的には、【1】労働者が直接使用者に対して損害を与える場合と、【2】労働者が第三者に損害を与えた場合とがある*7。

［1］使用者に対して損害を与えた場合（【1】の場合）

　【1】の場合、直接、労働者の使用者に対する債務不履行または不法行為責任が問題となる（民法415条、同709条）。

　民法の一般原則によれば、労働者は、故意又は過失（重過失のみならず軽過失をも含む）について、使用者に対して損害賠償責任を負うことになる。

　実務的な対応としても、この民法の一般原則を労使関係にそのまま妥当させてよいのか、労働契約の特質からの修正・検討することが求められ、労働契約の特質をどれだけ反映させられるのかが、解決において重要となる。

［2］第三者に損害を与えた場合——使用者責任と求償の問題（【2】の場合）

　【2】の場合は、使用者が使用者責任（民法715条1項本文）に基づいて、第三者に対して労働者（「被用者」）が負担する損害賠償責任を肩代わりする（代位責任）を負うことになる。本書では、【2】のうち基本的に労働者対使用者の関係のみを取り上げることになる。

　この使用者責任の趣旨は、利益を得た以上その損失も負担すべきという報償責任にあるとされ、使用者は「被用者の選任及びその事業の監督について相当の注意をしたとき、又は相当の注意をしても損害が生ずべきであったとき」に限り免責される

---

*7 【1】【2】は、細谷・前掲注＊4・143頁以下で示された分類によった。なお、角田邦重「第6章　労働者に対する損害賠償請求」日本労働法学会編『講座21世紀の労働法（第4巻）労働契約』（有斐閣、2000年）105頁は、第三の類型として同僚労働者に被害を与え、同僚からの損害賠償請求がなされる場合を設定するが、本書では使用者から労働者に対する請求を念頭に置くため、同僚を被害者とする場合も【2】の類型に含め検討することにする。

第4章 ● 仕事上のミスを理由とする使用者から労働者に対する損害賠償請求　117

にとどまる。これにより、対第三者との関係では、報償責任の趣旨から使用者は無過失責任に近い責任を負うことになっている。

他方で、使用者は、第三者に対して支払った損害賠償額について、労働者に対して求償しうるとされている（民法715条3項）。

本書で検討する使用者から労働者に対する損害賠償は、この求償の場面で現実化するのであり、実務的な対応としても、求償の場面で労働契約の特質による修正が重要となる。

3-2 債務不履行と不法行為

［1］債務不履行と不法行為との違い

【1】労働者が直接使用者に対して損害を与える場合では、使用者は、債務不履行と不法行為に基づく請求の双方が請求根拠となりうる事案が多い。

そこで、請求する使用者側において、一方または双方を根拠として、損害賠償請求がなされる（請求権競合の関係）。

しかし、実務上、いずれの請求であるのかが請求する側で不明確であったり、または漠然と双方を根拠として請求される場合も多い。

この場合、請求される労働者側でどちらかの請求かを選択できる立場にはないが、要件事実も異なるため、両者の相違点を踏まえつつ、いずれの請求がなされているのかを把握することは重要である。一般的に指摘される具体的な両請求における相違点としては、主に以下の点がある。

	債務不履行責任	不法行為責任
立証責任	債務者側（帰責事由がないことの証明） ＊後述の労働契約の特質を考慮しない場合	被害者側
遅延損害金	履行請求日の翌日から	損害発生日から

消滅時効の完成時期	権利行使できる時から10年【民法166条1号】(人の生命又は身体の侵害による損害賠償請求の場合は20年【民法167条】)。ただし、債権者が権利を行使することができることを知ったときはその時から5年【民法166条2号】。	◆不法行為の時から20年（ただし、損害及び加害者を知った時はその時から3年間）【民法724条】◆人の生命又は身体を害する不法行為による損害賠償請求権の場合は5年間【民法724条の2】
過失相殺	責任及びその金額を定めるにつき必要的に斟酌する【民法418条】	金額のみ・任意的に斟酌できる【民法722条2項】

［2］実務的な対応時の注意点

ア　法的根拠の特定

　使用者から労働者に対する損害賠償請求では、訴訟段階でもなお、損害賠償であるとして債務不履行か不法行為のいずれであるかが明示されなかったり、「債務不履行または不法行為」という漠然とした形で請求の法的根拠が示されるケースも多い印象がある。

　いずれであるのかにより、その要件や立証責任にも相違が出るので*8、求釈明などにより、早期に両者の請求根拠と双方の要件を整理させることは重要である。

イ　債務不履行の場合の立証責任

　一般的な理解として、使用者が不法行為責任を追求する場合の労働者の故意・過失の証明責任は使用者側に課され、他方で、債務不履行を追求する場合は労働者は自己の責めに帰すべき事

＊8　細谷・前掲注＊4・196頁以下

由がないことを立証しない限り責任を免れない、と理解されている。したがって、労働者側からすれば、基本的に立証責任の点では、債務不履行責任よりも不法行為責任とする方が有利となる。

とはいえ、このような使用者が労働者に損害賠償請求を追求する場面における立証責任はほとんど論じられてこなかった問題でもあり[9]、債務不履行責任の構成の場合でも、単純に労働者側の立証責任と位置づけず、労働契約の特殊性を考慮するような主張立証を試みることが重要である。

4──労働法的な修正

4-1 労働法・労使関係の特殊性

使用者が、労働過程における労働者の不適切な行動に対して損害賠償請求をする場面における対応で重要となるのは、労働法・労使関係の特殊性により、民法の一般原則について修正される視点である。

これは、請求根拠が債務不履行の場合、不法行為の場合、いずれも共通する。

具体的には、債務不履行の帰責性や不法行為の故意過失などの具体的な法解釈や事実認定のみならず、損害賠償請求が発生した段階の請求権や求償権が信義則上の制限されること等にも現れる。

修正時に検討されるべき具体的な視点は、以下の6点が挙げられる。

---

*9　細谷・前掲注＊4・195頁

4-2 具体的な視点

［1］従属的であること

労働契約では、債務者（労働者）が使用者との関係で従属性を有しており、仕事の進め方について、独立性がなかったり希薄である場合が多い。

債務者（労働者）は、ミスや損害の要因となる作業条件や職場環境をコントロールできずに働かざるを得ない従属的な地位にある。

［2］他律的であること

他方で、使用者は労働者に対して指揮命令権を有し、作業条件や職場環境をコントロールし、労務・安全衛生の管理検査体制を通じて、労働者のミスが発生するのを防止することができる。

したがって、使用者や他の労働者（同僚）の責任領域における原因が、その労働者のミスの発生に寄与していることも多い[10]。

［3］労働契約の業務命令にミスが内在化していること

労働者も人間である以上、いかに注意しても、完全に仕事上のミスをなくすことはできない。使用者はこうした人間である労働者を使用し事業遂行のため業務命令をだすが、労働者が一定のミスをすることをも念頭に事業遂行しているのであり、労働者のミスは、業務にある程度は内在化しているといえる。

したがって、使用者はある程度の労働者のミスは予測すべきであって、労働者のある程度のミスは企業経営自体にも内在しているといえる。

＊10　西谷 227 頁は、使用者に生じた損害の分配を考える際の 2 つの不可欠な視点として、第1に事故原因をいかに考えるかを挙げ、使用者は労働者の過失を予め想定し管理体制を構築すべきこと、損害が生じた場合の危険分散（保険の利用）は、事業の目的達成をしようとする使用者の責任範囲に属すると指摘する。

第 4 章 ◉ 仕事上のミスを理由とする使用者から労働者に対する損害賠償請求 | 121

［4］手段債務であること

　労働する義務自体、一定の効果の達成を目的とする債務（結果債務）ではなく、その結果達成のために必要な行為をする債務（手段債務）であって、提供された労務をどのように、利用するかは、業務遂行に伴う責任や危険を負担する使用者が労務・安全衛生の管理検査体制を通じて決定する任務を負う[*11]。したがって、このような手段債務である労働契約の本質からも、労働者のミスは業務にある程度は内在化しているといえ、労働者がミスをせず労働義務を履行できるかは、労働者だけでは対処できないのである。

［5］報償責任・危険責任の法理

ア　報償責任

　報償責任とは、利益を得る者が損失も負担するという法理[*12]である。報償責任の法理からは、使用者は労働者に労務提供をさせることで利益を得ているのであるから、その労働者の活動によって損害が生じた場合は、損害も使用者が負担すべきという帰結が導かれる。

イ　危険責任

　危険責任の法律は、危険を発生させる危険源を設置・支配・管理している者は、そこから生じた損害も責任を負うべきであるという法理である。この危険責任の法理から、労働者を指揮命令下において労務提供させ危険を発生させた使用者は、そこから生じた損害も負担すべきという帰結が導かれる。

[*11]　土田（初版）87頁、細谷・前掲注[*4]・198頁。

[*12]　細谷・前掲注[*4]・179頁、角田・前掲注[*7]・107頁、報償責任の法律について道幸・前掲注[*2]・13頁。

ウ　報償責任・危険責任の射程

　この報償責任・危険責任の法理は、過失責任主義の例外として機能する（使用者責任【民法715条】、工作物責任【民法717条】など）だけでなく、広く労使関係でも妥当する法理である。

　そもそも、使用者は、労働者がミスを犯しにくくしたり、ミスが生じても損害が発生・拡大しないような管理体制を構築すべき地位にあるし、それが可能な、いわば危険を支配する地位にある。また、損害賠償が生じても自ら予期される事業について、任意保険制度への加入を通じてリスクを分散することも可能な立場でもある。

　したがって、この報償責任・危険責任の法理は、労働者が労働過程におけるミスを理由に、使用者から損害賠償請求される場面でも、その損害賠償請求を排除したり、責任を限定する場面で機能することになる。

　例えば、エーディーディー事件（京都地判平23.10.31労判1041号49頁、大阪高判平24.7.27労判1062号63頁でも維持）は、「労働者のミスはもともと企業経営の運営自体に付随、内在化するものであるといえる（報償責任）し、業務命令内容は使用者が決定するものであり、その業務命令の履行に際し発生するであろうミスは、業務命令自体に内在するものとして使用者がリスクを負うべきものであると考えられる（危険責任）」とし、報償責任・危険責任の法理を明示して、使用者の労働者に対する損害賠償請求を制限している。

［6］生存権や労働者の人たるに値する生活の理念

　使用者から労働者に対する損害賠償を安易に認めてしまうことは、労働者の生存（憲法25条）をも脅かし、労働条件が「労働者が人たるに値する生活を営むための必要を充たすべきもの

でなければならない」とする労基法1条1項の理念[13]にも反する事態となる[14]。

　とりわけ、労働者が労働により得ていた賃金などと比較しても、莫大な損害賠償請求をうけるような場合（労働者が得ていた賃金額との比較は、労働者の生存に対する影響を考慮するうえで参考になる指標である）には、このような事態がより一層生じる。

　したがって、労働者の人たるに値する生活の理念や、その背後にある生存権の理念に照らして、使用者の労働者に対する損害賠償請求は安易に認められるべきではないし、仮にこれが認められる場合でも、賠償額は限定されるのである。

4-3　故意又は重過失がある場合に制限されること（軽過失の免責）

［1］軽過失の免責

　使用者の労働者に対する債務不履行に基づく損害賠償請求（以下の解釈は不法行為の場合も同様である）では、民法の一般原則が修正され、労働者が軽過失にとどまる場合は免責され、「使用者は労働者に故意または重過失がある場合にのみ損害賠償（または求償）を請求し得るとする裁判例が多い」とされる[15]。

［2］制限される根拠（労働契約の特質）

　これは、上記の4「労働法的な修正」4―2「具体的な視点」

---

[13]　荒木尚志・岩村正彦・村中孝史・山川隆一編『注釈労働基準法・労働契約法（第1巻）総論・労働基準法（1）』（有斐閣、2023年）120頁以下（米津孝史）は、労基法1条1項における「人たるに値する生活」は労働者個人の人としての尊厳確保（憲法13条）の観点から理解されるとし、同規定は一般条項の適用や法解釈における基本原則を定めたものとして法解釈・適用において参照することを要請されると指摘する。

[14]　西谷227-228頁（使用者に生じた損害の分配を考える際の不可欠な2つの視点の第2として挙げる）、細谷・前掲注＊4・183頁以下、林和彦「労働者の損害賠償責任」『労働法の争点（第3版）』（有斐閣、2004年）152頁。なお、道幸・前掲注＊2・14頁は、労働者が負うべきリスクと労働の対価たる賃金とのバランスを考慮すべきと指摘する。

[15]　水町256頁。

124

で指摘した視点［1］〜［5］である。

　労働者は労働契約上使用者の労務指揮（業務命令権）のもとで労働義務（労務提供義務）の履行として会社の業務を遂行する。その過程で「さまざまなミスはつきものであり」「折り込み済み」であるから、「遂行労働者の業務の遂行過程におけるミス（軽過失）は労働義務に通常随伴するものと考えなければならない」のであり、使用者はその損失の補填は「保険制度や価格設定によってその穴埋めを図ろうとするし、それが可能である」等[16]が理由として指摘されている。

　とくに、労働者が退職する場面では、「一般論として、労働者の退職に対し使用者が損害賠償請求ができるかという問題については、労働者に退職の自由が認められる以上、退職のリスクは使用者が負うべきである。したがって、よほど労働者の背信性が高いような場合を除き、退職によって生じた費用等の賠償請求をみとめるべきではない」[17]との指摘もなされ、実質的に退職の自由を制約するような過失は安易に認められるべきではない。

［3］想定され得る重過失の内容

　このように、労働者が賠償義務を負うのは、少なくとも重過失が認められる場面に限られるが、この重過失とは、著しい注意義務違反である。

　実務上の対応は、具体的に注意義務の内容を使用者側に特定させ、場合によっては先行して想定される注意義務の内容を労働者側から指摘しつつ、著しい注意義務違反が無いことを主張していくことになる。

　なお、不法行為のみならず、債務不履行責任のみが問題となっ

---

[16]　林・前掲注[14]・151 頁、道幸哲也「労働過程におけるミスを理由とする使用者からの損害賠償法理」労判 827 号（2002 年）13 頁も労働契約の特性として同趣旨の指摘をする。

[17]　原昌登「うつ病を理由に退職した社員に対する損害賠償請求の違法性－プロシード元従業員事件」ジュリ 1517 号（2018 年）120 頁。

ている場面でも、軽過失の免責は認められる（後掲・大隅鐵工所事件は、債務不履行でも準用するとしている）

（労働者の重過失が認められたもの）
①大隅鐵工所事件　名古屋地判昭62.7.27労判505号66頁
　使用者から労働者に対する損害賠償請求がなされた事案において、懲戒処分について就業規則に規定と処分例があるが損害賠償請求した先例がないこと、労働者の会社内の地位・収入、賠償の負担能力等を総合考慮し「労働過程上の（軽）過失に基づく事故については労働関係における公平の原則に照らして、損害賠償請求権を行使できない労働関係における公平の原則に照らして、損害賠償請求権を行使できないものと解するのが相当」であるとした。ただし、当該事案においては、切削加工中の居眠から労働者の重過失を認定している。

②ワールド証券事件　東京地判平4.3.23労判618号42頁
　証券会社の歩合外務員が上司の命令に反して、顧客からわずかな入金で多額の株の注文をうけて執行し、会社に約1億5000万円を超える損失を生じさせた事案で、証券会社の外務員に対する損害賠償責任が認められている。過失相殺も3割にとどまるが、判決上は労使関係の特質などが争われていない点に注意が必要である。なお、身元保証人については、損害の公平な分担の見地から、身元保証法5条により、身元保証人の責任が損害額の4割の範囲で認める。

（労働者の重過失が認められなかったもの）
③つばさ証券事件　東京高判平14.5.23労判834号56頁
　証券会社の外務員が顧客に対して取引上のリスクを具体的に説明する信義則上の義務を負っており、これを怠った等について注意義務違反を認めつつ、顧客へ行うべき説明について会社

が研修指導等を行っていないこと、顧客の損害は主に株式暴落によるもので労働者に予測不可能であること等を考慮して、就業規則所定の「重大な過失」の成立を否定して、会社の外務員に対する損害賠償請求を棄却した。

④トモエタクシー事件　大阪地判令元.9.2労働判例ジャーナル94号82頁

　タクシー乗務員による比較的軽微な物損事故について、重過失はなく、損害賠償責任を負わせることは損害の公平な分担という見地から信義則上相当とは認め難いとした。

4-4　信義則上の制限

　損害賠償請求が民法上の損害賠償請求の要件を充足すると考えられる場合でも、使用者から労働者に対する損害賠償請求は、上記の労働契約・労使関係の特質から、使用者の請求が制限される場合がある。

　裁判例では、請求を制限の根拠として、具体的な事案における労使関係を踏まえつつ（労使関係の従属性・他律性を前提としつつ）、報償責任・危険責任の法理、労働契約の業務命令には労働者のミスが内在化していること、従前の労使慣行（就業規則の規定なども踏まえ、懲戒権を超えて損害賠償請求まで労使間向上、予定されていたか）、当該労働者への影響（従前の賃金額等とのバランス＝生存権的な配慮）、使用者の保険加入の状況等が指摘されている。

　近時の裁判例をみると、使用者から労働者に対して不法行為に基づく損害賠償請求がなされたエーディーディー事件（京都地判平23.10.31労判1041号49頁）では、求償権の制限に関する茨城石炭商事事件最高裁判決（最一小判昭51.7.8民集30巻7号689頁）を参照しつつ、「労働者が労働契約上の義務違反によって使用者に損害を与えた場合、労働者は当然に債務不履行による損害賠償責任を負うものではない。すなわち、労働者の

ミスはもともと企業経営の運営自体に付随、内在化するものであるといえる（報償責任）し、業務命令内容は使用者が決定するものであり、その業務命令の履行に際し発生するであろうミスは、業務命令自体に内在するものとして使用者がリスクを負うべきものであると考えられる（危険責任）ことなどからすると、使用者は、その事業の性格、規模、施設の状況、労働者の業務の内容、労働条件、勤務態度、加害行為の態様、加害行為の予防若しくは損害の分散についての使用者の配慮の程度その他諸般の事情に照らし、損害の公平な分担という見地から信義則上相当と認められる限度において、労働者に対し損害の賠償をすることができると解される」としている。

（信義則上の制限が認められたもの）

①丸山宝飾事件　東京地判平6.9.7判時1541号104頁

使用者の労働者に対する損害賠償請求は、損害の公平な分担という見地から信義則上相当と認められる限度に限定されるとしつつ（債務不履行に基づく損害賠償でも同様とする）、貴金属販売業者の従業員が宝石の入った鞄を営業中盗難にあったことは、保管義務違反として債務不履行に当たるが、事業形態、職務内容・勤務態度・収入、第三者の犯罪行為により引き起こされたこと、使用者の盗難保険未加入を考慮し、損害の公平な分担の見地から、損害賠償の範囲は損害額の半分とした。

②三共暖房事件　大阪高判昭53.3.30判時908号54頁

従業員の業務遂行中の機械設計の仕様ミスにより会社に高額の修復費用の負担という損害が生じた事案において、従業員が会社に賠償すべき損害額について、右従業員の会社から得る収入をも勘案して限定するのが条理上至当であるとして、損害額の約5割であって右年収の約2倍半相当の額が認められた。なお、判決は従業員が引き抜きにより年収が増える競争関係にあ

る大手へと転職したこと等から、初歩的ミスを犯したのは従業員が転職を考え仕事に対し上の空であったからでないかとも指摘している。

4-5 労働者が請求する場合との比較（注意点）

労働事件における損害賠償請求事案の典型は、労働者から使用者に対する損害賠償請求事案であり、労働者が被請求側というのは、珍しいケースである。

だからこそ、多くの弁護士が日頃、取扱ったり目にすることの多い事案（労働者が請求する場合）との比較で出てくる相違点は、特に注意が必要である。

典型的な労働者が請求する場面では、一般的には、労基法が定める労働時間規制・自由時間保障や母性保護規定、安衛法・安衛則などが定める「労働者の安全確保のための規定は、当該関係者の公法上の義務であるとともに、労契法5条及び信義則（労契法3条4項、民1条2項）上の安全配慮義務の内容の特に重要な部分でかつ最低の基準を明文化したものと位置づけられて、安全配慮義務の最低基準として、その具体的な内容の一部をなすと解すべきである」[18] と解される。したがって、法令違反があれば、少なくとも不法行為上の過失が肯定されると考えられることもあり、争点の中心が法令違反の有無となり、故意・過失の内容自体を緻密に設定した主張立証は求められないこともある。

しかし、本書で取り扱う労働者が請求される場面では、上記労基法などの労働関係諸法令に労働者が違反している場面は想定しにくく、故意・過失の内容を使用者側に丁寧に特定させ（請求する使用者側の役割である）、その内容を労働者側は緻密に分析して争う必要がある。

---

[18] 川口（第7版）416頁。

一般論として、労働者のミスがあっても、容易に故意・過失の認定に結びつくわけでもない。

　そういった意味でも、以下の故意・過失の議論は、労働者側で請求する場面以上に、丁寧な検討が重要となってくる。

5──債務不履行責任を追及された場合

5-1　債務不履行責任の根拠

　使用者と労働者との間で成立する労働契約及び付随義務という契約関係において、労働者が使用者に対して「債務の本旨に従った履行をしないとき」（債務不履行）又は「債務の履行が不能であるとき」（履行不能）に、債務不履行に基づく損害賠償責任を負うことになる（民法415条1項）。

5-2　故意・過失の要件

　この債務不履行責任が認められるためには、「債務者の責めに帰することができない事由」（同条項、帰責事由という）が必要とされ、伝統的な理解では、債務者の故意・過失[19]又はそれと同旨できる事由をいうとされてきた（最一小判昭52.3.31集民120号341頁）。これは、過失責任の原則（個人は自由な経済活動等が保障されており、過失さえなければ損害賠償責任を負わないということ）から導かれる考え方である。

　なお、現在は、債務者が債務不履行をした場合に損害賠償を負担する根拠を、過失責任の原則から、契約の拘束力に求めるとする立場が有力となっている[20]。この立場によれば、債務者が契約により債務を負担したのだから、その不履行について責任を負わねばならないのは契約の拘束力から当然とされ、不履

---

*19　故意又は過失の概念については、不法行為の箇所（本章・「6　不法行為責任を追及された場合」）を参照されたい。

*20　奥田昌道編『新版注釈民法（10）II　債権（1）債権の目的・効力（2）』（有斐閣、2011年）26頁以下（北川善太郎・潮見佳男）。

行を生じさせた原因が当該契約内容に照らして、当該契約のもとで想定することのできなかった事由（免責事由＝「債務者の責めに帰することができない事由」）の場合は、契約の拘束力からも正当化されないので賠償責任を負わないことになる。この立場では、帰責事由を、債務者の故意・過失又はそれと同旨できる事由と捉えず、多種多様な契約に応じた帰責性の具体的な内容を帰納的に抽出して構成することである等と解され、裁判実務も、個々の契約の性質・目的・契約から生じる危険等、種々の印紙を考慮しつつ個別的・具体的に決定されていると分析する[21]。

　いずれの立場であれ、労働契約の特質、とくに使用者から労働者の損害賠償請求の場面であることにより、責任を限定する解釈が導かれうるので、本書ではここには深く立ち入らず、伝統的な立場（債務者の故意・過失又はそれと同旨できる事由を求める立場）を前提に、検討している。

5-3 立証責任[22]

　一般的に、債務不履行を追求する場合は労働者は自己の責めに帰すべき事由がないことを立証しない限り責任を免れない、と理解されている。

　しかし、上記の労働契約の特質（従属的であること、他律的であること、労働契約における業務命令にミスが内在化していること、手段債務であること）や、危険責任・報償責任法理や経営上のリスクの帰責原則や労働者の生活の保護（憲法25条）という責任制限法理の規範目的を考慮して、労働過程での不完全履行という債務不履行の帰責事由については、基本的に使用

---

[21]　奥田編・前掲注[20]・27頁（北川・潮見）参照。

[22]　細谷・前掲注[4]・196頁以下は、従属的ないし他人決定的な労働関係における不完全履行の特殊性と、危険責任・報償責任法理ないし経営上のリスクの帰責原則や労働者の保護という責任制限法理の規範目的等から、労働過程における労働者の不完全履行の帰責事由については、基本的に使用者が証明責任を負うと解すべきと指摘する。

第4章 ● 仕事上のミスを理由とする使用者から労働者に対する損害賠償請求　131

者が証明責任を負うべきという指摘もある[23]。

これまで、使用者が労働者に損害賠償請求を追求する場面における立証責任についてはほとんど論じられてこなかったという実務上の課題もある[24]ので、債務不履行責任の構成の場合でも、単純に労働者側の立証責任と位置づけず、労働契約の特殊性を考慮するような主張立証を試みる努力も重要であろう。

5-4 対処時の検討項目

【債務不履行の損害賠償請求
:対処時の検討項目】

①義務内容を特定させる
②義務違反の存在（事実認定）と義務違反の程度
・・・故意又は重過失がないこと（軽過失免責）の検討
③義務違反（債務不履行）の評価
④損害の発生と額
⑤損害との因果関係
⑥過失相殺・信義則等による制限

［1］①義務内容を特定させること

具体的な事案において使用者に対して、先ずは、債務不履行とされる当該債務の内容を具体的に特定するように求めることが重要である[25]。

とくに、債務不履行の請求である場合、それが労働者のどのような債務なのか、当該債務を負担する労働契約上の根拠は何

＊23　細谷・前掲注＊4・195頁以下。

＊24　細谷・前掲注＊4・195頁。

＊25　道幸・前掲注＊2・14頁は、労働契約上の債務不履行は、これまで主に賃金請求権との関係で議論されるにとどまり、債務不履行と損害賠償との関係では、せいぜい争議権を念頭に置いて議論されてきたにとどまると指摘し、注意義務の内容やミスのパターンに応じてより精緻に類型化する必要があると指摘する。

132

か（労働契約や就業規則などの根拠は何か、労働契約上の付随義務に過ぎないのか、付随義務を導く根拠は何か等）を、できるだけ詳細に確定させることが必要である。

［2］②義務違反の存在（事実認定）と義務違反の程度（軽過失の免責）

次に、使用者が設定した労働契約上の義務違反の事実が認定できるのか（債務不履行の存否の問題：事実認定のレベル）、仮に義務違反があるとしても違反の程度がどの程度か（評価のレベル）を、労働者側は争うことになる。

とくに、労働者が業務として行う営業活動や取引活動に関連して、債務不履行責任を問われるタイプの事案では、義務違反の存在自体が争点となり得るケースが多い（後掲・小川重株式会社事件を参照）。

次に、仮に義務違反があり得る事案であっても、上記のとおり軽過失は免責されるので（債務不履行に基づく損害賠償責任の場面でも軽過失は免責されることは、前掲・大隅鐵工所事件・名古屋地判昭62.7.27労判505号66頁等）、仮に過失が認められても軽過失にとどまり、故意又は重過失が不存在であること主張立証することになる。この軽過失免責の論点に関する一般論についての詳細は、本章4―3「故意又は重過失がある場合に制限されること」で検討したので、そちらを参照されたい。

立証時において、労働者が使用者の指摘する義務違反を争う場合、義務違反に関連する証拠の入手が必要となることもあるが、使用者側に偏在していることも多い（たとえば、施設や設備に関する情報、事故などの状況が分かる警備記録、パソコンのログ、ドライブレコーダー、被害を受けた第三者の言い分など）。特に、労働者が解雇などで職場から排除されている場合や、解雇されなくても労使間の対立が激しくなっているケースが殆どであるので、使用者からの任意の入手が困難で証拠の偏在が

起こりやすい事件類型であることに留意して、労働者側において、できるだけ早期に証拠の確保を図ることが必要である。

（労働契約上の義務違反による損害賠償請求が否定されたもの）
小川重株式会社事件　　大阪地判平3.1.22労判584号69頁

　使用者が営業担当社員に対して、見込み買い（販売先未確定段階で商品を仕入れること）の禁止や長期在庫を速やかに処分する指示を出したが、労働者がその指示にもかかわらず在庫を残したことが債務不履行又は不法行為にあたるとして損害賠償請求した事案である（減給による賃金請求に対する反訴請求の事案）。判決は、使用者の指示は、使用者の義務の一環として営業利益拡大のためになされたときは、当該指示に反し損失が生じた場合には従業員がその損失を賠償するとの合意がなされる等の特段の事情がない限り、一般的には、従業員がその指示に沿うべく努力することを義務づけるものにすぎないとした。そのうえで、本件では特段の事情が認められないとして、使用者の請求を棄却した。

［3］③義務違反（債務不履行）の評価

　使用者によって特定された義務違反について、上記の労働契約の特質を踏まえて検討し、仮に労働者の義務違反（重過失）が認定されたとしても、債務不履行責任を負うと評価できるような内容なのか（従属性・他律的な立場の労働者が、労働契約に内在する軽度な義務違反であるか等）、具体的な特定を求めることが必要である。

　また、仮に義務違反が認定されたとしても、使用者が主張する損害と相当因果関係（民法416条）のあると評価できるような（⑤の段階）義務違反でなければ、当該損害賠償責任はといえない。

　この点は、具体的な損害論の特定（次の④の段階）とあわせ

て、損害との相当因果関係があると評価できるような義務違反であるのかも、検討が必要となる。現実に、労働者に債務不履行と評価し得るミスがあっても、それが損害（過大な請求がなされていることが珍しくない）との相当因果関係があると認められるような債務不履行があると評価できるような場面はかなり限定されるので、紛争の早期段階で、債務不履行の内容を使用者側に明確にさせることが重要となる（請求を断念させることにもつながる）。

（労働契約上の義務違反が否定されたもの）

①武富士（降格・減給等）事件 東京地判平19.2.26労判943号63頁

消費者金融の支店長が行った横領行為等について、会社が検査業務に従事する検査員及び検査室長に対して、職務上の義務違反により横領行為に関して生じた実損額の30％を賠償請求した事案である（降格減給処分や違法な退職強要を争う本訴請求に対する反訴事案）。判決は、臨検が過密スケジュールであったこと、検査室が採用していた検査方針及び検査方法等の事情等から、管理担当の検査員及び検査室長には職務上の義務違反があったとはいえず、営業担当の検査員には職務上の義務違反があったとしてもその過失の程度は軽微なものであるとした。加えて、架空貸付の態様の発覚困難さ、背景に利益追求最優先の経営姿勢が影響していること、業務監査が機能しなかったことも指摘し、横領行為によって被った損害についての賠償責任を負担させるのは相当でないとした。詳細な義務違反の認定をしている点が参考になる。

②損害賠償請求事件 東京地判平4.5.28判時1455号112頁

未認可保育施設の経営者がその施設内における乳児の死亡事故に関して、乳児の保護者との示談に従って支払った損害賠償金（800万円）を、2人の担当保母に対して連帯して求償した事

例である。1人の保母は、分担する他の乳児に対する保育の業務をしている間、たまたま乳児に危険の発生の具体的徴候が現れているのを認識したことを認めるに足りる証拠はないから、危険発生を防止すべき注意義務があったものと認められないとして義務違反の成立を否定した。もう一人の保母については、事故防止の注意義務に違反するところがあったことは認めつつ、仮に早期に乳児の異常を発見し直ちに救急車を呼んでも、救命を果たし得たかは疑問が残るとして、死亡との相当因果関係を否定した。

③仁成会（串田病院）事件　大阪地判平11.9.8労判775号43頁

病院（使用者）が、リハビリ治療に従事する労働者の過失によって入院患者が負傷したため、病院が治療費の支払等を余儀なくされたとして、その労働者に対して損害賠償請求をした事案である（賃金減額等の請求に対する反訴請求の事案である）。判決は、労働者の行った手技が不相当な手法であると断ずることはできず、また、リハビリ治療が本件骨折の原因となった可能性は否定できないが未だこれを認めるには足りないとして、損害賠償請求を棄却した。

［4］④損害の発生及び額

損害の発生及び額について、債権者（使用者）が立証責任を負う。

なお、退職前に、労働者と使用者とが違約金を定めても労基法16条違反となり、その違約金の定め自体が無効となる。退職後に合意した場合の効果については争いがある（本章7「合意による損害賠償請求」を参照）。

労働者に対して請求される損害の内容は、そもそも損害内容が明確でなかったり、損害内容は明らかであっても、取引上与えた損害、車両価格の評価、慰謝料など損害額の評価が明確で

はないものも珍しくない。

　早期に損害内容を具体的に特定させることは、過大な請求を断念させる効果もあるので、義務違反などの段階で成立するとは考えがたい理不尽な請求であっても、損害内容を特定させ、争うことは重要である。

　これにより、訴訟段階に至っても、使用者側が損害賠償請求をする意図が被害救済などの本来的なものとは別の、労使対立などを背景にした過酷・不当な請求であることを明らかにするという、立証の契機になる。

　また、使用者において、何らかの保険を掛けているのか、その保険での損害の填補がなされていないかを確認することも重要である。損害の填補がなされていれば損害額が減額されるし、保険に加入していなくても、保険未加入の事実が請求額を制限する場面で考慮されることになる。

　さらに、判明した損害額について、当該労働者の賃金額と比較して高額であれば、その旨は指摘すべきである。労働者の人たるに値する生活の理念（労基法1条1項）や生存権（憲法25条）の理念からも、労働者の賃金額等と比較して過大な請求がなされていれば、使用者の賠償責任を制限する根拠となり、裁判例でも指摘されている視点である（後掲・プロシード元従業員事件）。

［5］⑤損害との因果関係

ア　債務不履行との相当因果関係のある損害

　債務不履行責任に基づいて賠償されるべき損害は、債務不履行との間に相当因果関係が存在する損害でなければならない。

　損害賠償の範囲について定めた原則規定である民法416条は、1項で「通常生ずべき損害」（通常損害）について賠償すべきこと、2項で「特別の事情によって生じた損害」（特別損害）は、

当事者[26]が予見しまたは予見できた場合にのみ、賠償を請求できると定めている（この規定は、不法行為の場面でも準用されると解されている）。

1項の通常損害は、一般に相当因果関係のある損害とされ、債務不履行によって現実に生じた損害のうち、当該場合の特有の損害を除き、そのような債務不履行から一般に生じるであろうと認められる損害を意味する。

また、2項の特別な事情を予見し、または予見することができただろうかは、契約締結時ではなく債務不履行時を基準とし、債権者（使用者）が立証責任を負う。

イ　具体的な検討時の注意点

使用者からの請求は、労働者のミスと何ら関係の無いものが、闇雲に損害として掲げられていたり、そもそも損害項目が明示されていないことも多い。

事件類型的として、主張される労働者の債務不履行とは無関係な請求がなされがちなので、損害の内容を特定しつつ（［4］）、特定された義務違反（［1］［2］）と相当因果関係のある損害といえるのかについて、慎重な検討が必要である。

実際の事案では、損害の内容を特定すると、実質的に退職自体に対する損害賠償が請求されていると見られるケースも多い。しかし、労働者に退職の自由が認められる以上、基本的に退職のリスクは使用者が負うべきであるから、債務不履行と退職によって損害は「通常生ずべき損害」（民法416条1項）とはいえないであろう。

ウ　実際の裁判例を踏まえて

裁判実務では、通常損害・特別損害という基準や相当因果関

---

[26] 条文の文言は「当事者」であるが、無限に責任を負わされ兼ねない債務者保護の規定という趣旨から、債務者（＝本書に即すると「労働者」）のみを指すと解されている。

係論から、因果関係に関する結論を導くというよりは、判決の結論を正当付けるためのいわば飾り文句として用いられているに過ぎず、認容する損害・損害額を認めるのが「相当である」ということを、「相当因果関係がある」などと表現しているに過ぎないとの指摘もある[27]。

　訴訟実務においては、上記の労働契約の特質を、当該事案に即して丁寧に主張することが重要であり、これにより、仮に債務不履行の存在は認められるにせよ、最終的に棄却の結論を導く際に、この因果関係の要件で棄却の判断が得られることもあるだろう。

（債務不履行と損害との相当因果関係が否定されたもの）

プロシード元従業員事件　横浜地判平29.3.30労判1159号5頁

　使用者が退職した元従業員に対して、躁うつ病という虚偽の事実をねつ造して退職し、就業規則に定める引継ぎもしなかったこと等により、1270万円の損害賠償請求をした事案である。判決は、仮に使用者が主張する業務の引継ぎをさせる機会を逸することになったとしても、各損害との因果関係を欠くとして、請求を棄却した。不法行為請求の事案であるが、債務不履行責任の場合でも同様に考えられる。

［6］⑥過失相殺・信義則上の制限

ア　債務不履行における過失相殺（民法418条）

　債務不履行に基づく損害賠償請求においては、民法418条により過失相殺が定められており、損害賠償の指導精神である損害の公平な分担という理念に基づく規定とされる。

　債権者（＝使用者）が自分の行為の結果として（または取引観念上、債権者自身の行為と同視すべきもの等[28]を含む）債務

＊27　奥田編・前掲注＊20・385頁（北川・潮見）。

＊28　ここで示した履行補助者の過失（最一小判昭58.4.7民集37巻3号219頁）に相当す

第4章 ● 仕事上のミスを理由とする使用者から労働者に対する損害賠償請求　139

者（＝労働者）の債務不履行や損害が発生・拡大した場合に、過失相殺がなされることになる。

　具体的には、労働契約の特質を意識しつつ、債務不履行自体や損害の発生、損害ののみならず拡大について、債権者（使用者）側の落ち度があると公平の理念から考慮できる点があれば、損害賠償請求が減免される（後述するが、不法行為と違って、債権者の過失があれば必ず考慮が必要となる）。

イ　［1］、［2］、［3］段階での先行する判断に包含されることが多い

　過失相殺については、不法行為にも規定があり（民法722条）、問題となるのは不法行為の場合の方が多く債務不履行の場面はあまり意識されることがないように思われる。

　これは、一定の債権関係を前提とする債務不履行責任の場合、信義則を通じて債権者の過失の前提となる義務を比較的容易に考えることができるとされ[29]、［1］義務内容を特定させること、［2］義務違反の存在（事実認定）と義務違反の程度（軽過失の面積）、［3］義務違反（債務不履行）の評価の各段階で、過失相殺に類する判断が先行して実質的に包含して判断されやすいからともいえよう。

ウ　不法行為との過失相殺の効果の相違

　両者は、効果の面では、（1）減額にとどまるか（不法行為の場合）、減額に加え責任自体を否定することも認められるのか（債務不履行の場合）、（2）加害者の過失を考慮することができるに過ぎないか（不法行為の場合：任意的）、必ず考慮しなけれ

る判断枠組みと、不法行為に関する被害者側の過失の最高裁判決の法理（最一小判昭51.3.25民集30巻2号160頁）が示す「被害者の過失には、被害者本人と身分上、生活関係上、一体をなすと認められるような関係にある者の過失も含まれる」との法理は、履行補助者は、債務不履行責任の418条も射程に含まれるとする指摘がある（奥田編・前掲注＊20・546-547頁（窪田充見））。

＊29　奥田編・前掲注＊20・538頁（窪田）。

ばならないのか（債務不履行の場合：必要的）である。

とはいえ、両者の相違をそれほど重視する必要はないとの指摘もなされているように[30]、実務上この相違点を意識する場面はあまりないように思う。

エ　信義則上の制限

債務不履行に基づく損害賠償請求の事案においても、損害の公平な分担という見地から信義則上相当と認められる限度に限定されるとされる（前掲・丸山宝飾事件・東京地判平6.9.7判時1541号104頁など）。

詳細は、本章4―4「信義則上の制限」で検討したので、そちらを参照されたい。

6―不法行為を追及された場合

6-1　不法行為の分類

不法行為責任の成立は、伝統的な分類では、一般不法行為の規定（民法709条）と、それに特別な要件が加わる特殊な不法行為（民法714条から718条）とに区分される。

使用者から労働者に対する損害賠償請求の場面で問題となるのは、主に、一般の不法行為責任の場合（労働者が直接使用者に対して損害を与える場合【1】）と、使用者責任に関する求償をうける場合（労働者が第三者に損害を与えた場合（【2】）とがある[31]。

---

[30]　奥田編・前掲注[20]・537頁（窪田）。

[31]　本章3「法的な事案の分類」3―1「加害行為の対象による分類」による。

6-2 不法行為の指導原理

［１］過失責任主義

　不法行為責任の指導原理の基本は、不法行為の成立には、他人に損害を与えたことについて故意又は過失を必要とする過失責任主義である。

　個人の自由を尊重する近代の法思想では、個人は自由な経済活動等が保障されており、過失さえなければ損害賠償責任を負わないという過失責任主義が、個人の自由な経済活動を裏面から保障することになっている。

［２］過失責任主義の修正

　しかし、近代社会における事業活動の発達などにより、過失責任主義を貫くと、かえって社会的正義や公平の理念に反する事態となるとされ、過失責任主義の特例が導かれた。

　具体的には、労働契約の特徴で指摘した報償責任・危険責任の法理等から、使用者責任（715条）、土地工作物責任（717条）などが導かれる。

6-3 事案検討時に重要な視点──労働契約の特質

　使用者から労働者に対する損害賠償請求の場面は、過失責任主義の原則を厳格に適用すべき場面である。

　重要となるのは、既に指摘した労働契約の特質（本章4「労働法的な修正」)である。使用者から労働者への請求の場面では、一般市民法の不法行為の場面とは異なる規律が必要となる。

　労使関係では労働者が従属性を有し、他律的な働き方（独立性を有しなかったり希薄である場合)をすることが多いこと、労働契約における業務命令にミスが内在化していること、などを指摘していくことになる。

また、使用者が労働者を指揮命令において利益を上げていた関係などが見られることが多く、過失責任主義を修正する必要性（報償責任・危険責任）の法理からは、使用者から労働者の請求を認めるほうが、その法理に反する事態となる場合がある。

　事案を検討する際も、抽象的な不法行為に関する各要件について具体的に検討する際の視点として、これら労使関係の特質をしっかりと強調し、リアルな現場の実状を描き出すことが重要となる。

6-4 対処時の検討項目

　労働者が使用者から一般不法行為責任のみ（債務不履行責任を問われない）を追及された場合の検討項目は、以下の通りである。

　実際の主張立証の活動では、債務不履行責任とで検討すべき要件に大きな相違はないが、要件を離れた漠然とした労働者の対応への避難・結果の重大性だけ強調されないよう（理不尽な和解を提案される要因ともなる）、どの要件の議論なのかは常に意識する必要がある。

**【一般不法行為の損害賠償請求
：対処時の検討項目】**

①故意又は重過失がないこと（軽過失免責）
②故意又は重過失の程度
③損害の発生と額
④加害行為と損害との因果関係
⑤過失相殺・信義則等による制限（求償権の制限）

6-5 ①②-ⅰ故意について

[1] 故意とは

　「故意」とは、自己の行為が他人の権利を侵害し、その違法と評価される事実が生ずることを認識しながら、あえてある行為をするという心理状態をいうと回されている（大審院判昭5.9.19法律新聞3191号7頁[32]）。

　具体的には、権利侵害について、権利を侵害する意思や違法の認識までは要せず、単に侵害の事実の認識があれば足りるとされている（最三小判昭32.3.5民集11巻3号395頁）。

[2] 実務上の対応

　実務上、原告側からは故意又は過失と漠然と請求者側から主張されることが多いが、損害額の算定・過失相殺などにも影響がある。

　したがって、請求される側において、過失とは別に、少なくとも故意は認められない事案であることを明確に指摘していく。

6-6 ①②-ⅱ過失について

[1] 過失とは

　「過失」とは、他人の権利を侵害することを知り得べきでありながら、不注意のためそのことを知らないで、ある行為をする心理状態をいうと解されている（大審院判大2.4.26民禄19轟281頁[33]）。

　心理状態といっても、内心の心理、心理学的な意味において

---

[32]　我妻榮『新法学全集　事務管理・不当利得・不法行為』（日本評論社、1937年）103頁。

[33]　我妻・前掲注[32]・105頁。

認定される心理ではなく、法的手続きにおいて、立証可能な客観的な事実関係とそれに基づく法的評価によって判断されるものである。

［2］過失概念の構成要素

ア　予見可能性と結果回避義務違反

　過失の構成要素は、ⅰ）加害行為が行った者が、損害発生の危険を予見したこと、ないし、予見すべきであったのに（予見義務）予見しなかったこと【ⅰ）予見可能性】、ⅱ）損害発生を予見していたにもかかわらず、その結果を回避するべき義務（結果回避義務）に違反して、結果を回避する適切な措置を講じなかった【ⅱ）結果回避義務違反】という、2要素で判断されると考えるのが一般的である。

　結果発生が予見されてはじめて当該結果の回避が可能となることから、ⅰ）予見可能性の要素は、ⅱ）結果回避義務違反の前提と位置付けられている。

イ　予見可能性

　ⅰ）予見可能性とは、権利・法益侵害という結果の発生に対して求められるものである。予見すべきであったという規範的要請を示す意味で、予見義務ともいわれる。

　判例学説上、調査研究義務という概念を通じて、予見可能性の要件が緩和される傾向にあるとされている。例えば、公害事件・薬害事件などでは、被害が発生した当時、健康への悪影響や副作用の存在が知られていなかったとしても、調査研究義務（重大な危険が潜在する可能性がある活動をする場合、積極的に危険を疑い、可能な調査研究を尽くすべき）という概念を通じて、過失が肯定されている。

　また、予見可能性は、誰かに損害を与えることを予見していれば足り、特定人へ損害を与えることについて、予見ないし予

第 4 章 ● 仕事上のミスを理由とする使用者から労働者に対する損害賠償請求　145

見義務は要しないとされている（最三小判昭32.3.5民集11巻3号395頁）。

ウ　結果回避義務

結果回避義務とは、権利・法益侵害の発生を回避する作為・不作為の行為義務を指すとされている。一般に、結果発生を防止するような措置をとりつつ、ある行動を行うこと（たとえば、交通規則を遵守した自動車運転など）に向けられ、結果発生の危険性をはらむ活動全般を差し控えるべき義務（たとえば、自動車運転自体を控える義務）ではない。こう考えないと、結果回避義務を要求する法技術的意味が失われるからである。ⅰ）予見可能性が肯定されても、このⅱ）結果回避義務違反がなければ、過失は否定される。

この結果回避義務は、法文などに明示された義務ではないため、その義務の成否・程度の判断は、裁判所に委ねられている。

結果回避義務違反と権利侵害との間には、当該事案の下での個別具体的関連性が要求される[34]。

たとえば、速度超過で走行中の自動車が急に飛び出した子どもを轢いたが、仮に制限速度を遵守していても子どもを避けることができなかった事例では、このような当該事案における個別具体的関連性が問題となり、過失が否定される[35]。

判例では、仮に結果回避義務を遵守していれば当該権利・当該法的侵害が回避されたであろうことが要求すると解されている[36]（刑事犯の過失に関する判例では、明確に、結果回避可能性を要求する【最二小判平15.1.24判タ1110号134頁】）。

---

[34]　窪田充見編『新注釈民法（15）債権（8）』（有斐閣、2017年）367頁（橋本佳幸）。

[35]　過失（結果回避義務違反）と権利・法益侵害との因果関係（条件関係）の問題として、当該状況下で結果回避義務を遵守していれば結果が発生しなかったことを要求する学説もある（加藤一郎『民法ノート（上）』（有斐閣、1984年）146頁）。実務上は、被告の立場では、過失（結果回避義務）及び因果関係の2つの段階で主張をしていくことになろう。

[36]　窪田編・前掲注[34]・367頁（橋本）。

［3］ 過失の判断基準

ア　通常人に期待される注意を基準とすること（抽象的過失）

　過失の注意義務を、誰に期待される注意を基準にするべきかが問題となる。

　具体的には、一般人の注意義務を怠った「抽象的過失」と、自己の平常の注意義務を怠った「具体的過失」とに分けられる。

　この点に関しては、民法709条の不法行為責任における過失は、当該行為者に期待される注意を基準とする（具体的過失）ものではなく、通常人に期待される注意を基準とする（抽象的過失）とされている。

　したがって、当該行為者の個人的な特性（性格・知識や経験・心理状態）などは、過失判断では考慮されないとされており、通常人の知覚・判断能力、知識や経験を基準として結果の認識可能性が判断され、行為義務も通常人における知覚・判断能力、知識や経験・技量や身体的能力を基準に設定される。

イ　通常人の類型化

　ただし、ここで設定される「通常人」とは、職業・地位・立場等の社会生活上の役割ごとに類型化して観念されるとされる。そして、現代社会では専門化・分業化が進展し、社会生活領域の分化が著しく、各人が様々な社会生活上の役割をもって呱々の社会生活領域に登場することから、過失判断においては、行為者が果たす社会生活上の役割ごとに、通常人を類型化して観念しなければならないとされている[37]。

　そして、通常人を類型化する実際的意味は、「過失判断にあたって、当該社会生活上の役割にある者に期待されるような、より高度の注意（特別の知識・判断能力や熟練・技量など）を基

＊37　窪田編・前掲注＊34・344頁（橋本）。

第4章 ● 仕事上のミスを理由とする使用者から労働者に対する損害賠償請求　147

準とするところである」とされ、「高度の専門的能力を求められる活動では、専門家（医師や弁護士）としての標準的注意が過失判断の基準となる[38]」とされている。

労働者でも、専門性の高い職種では、こういった視点で高度の注意が求められることを前提にした主張がなされることもあるので、注意が必要である。

ウ　通常人の規範的性格

過失判断の基準となる通常人は、規範的な存在であって、現代社会の平均人を指すものではない。

たとえば、平均的なスポーツ指導者が、落雷事故発生について危険性の認識が薄かったとしても、落雷事故を予防するための注意義務を免れないとされている（最二小判平18.3.13判タ1208号85頁）。

また、医師についても、平均的な医師が現に行っている医療慣行に従った医療行為を行っただけでは、必ずしも注意義務を尽くしたことにはならない（東大病院輸血梅毒事件・最一小判昭36.2.16民集15巻2号244頁）。

エ　労働契約による特質の考慮

こういった過失の判断基準に際しても、すでに指摘した労働契約による特質[39]（特に、使用者から労働者に対する損害賠償請求の場面であること）は、十分に考慮されねばならない。

とくに、②従属的（労働者が使用者との関係で従属的な関係にあり）、③他律的（労働者は、ミスや損害の要因となる作業条件や職場環境をコントロールできずに働かざるを得ない他律的な働き方をすることが多いこと）、④労働契約における業務命令にミスが内在化していること（使用者は労働者を使用し事業遂

---

[38]　窪田編・前掲注[34]・344頁（橋本）。
[39]　本章4「労働法的な修正」参照。

148

行のため業務命令をだすが、労働者が一定のミスをすることをも念頭に事業遂行しているのであり、労働者のミスは業務にある程度は内在化していること)、⑤労働義務は手段債務であること（提供された労務をどのように利用するかは使用者が労務・安全衛生の管理検査体制を通じて決定する任務を負うこと)、⑥報償責任・危険責任の法理が妥当すること、⑦安易な過失の認定は、生存権や労働者の人たるに値する生活の理念に反することである。

［4］軽過失と重過失

　過失は、その不注意の程度によって、重過失と軽過失とに分類される。

　上記の注意義務を少しでも欠けば軽過失であるが、著しく欠くと重過失となるといえる。

　この重過失をより具体的に定義すると、「通常人に要求される程度の相当な注意をしないでも、わずかの注意さえすれば、たやすく違法有害な結果を予見することができた場合であるのに、漫然これを見すごしたような、ほとんど故意に近い著しい注意欠如の状態を指すものと解するのを相当とする」とされている（最三小判昭32.7.9民集11巻7号1203頁）。

　不法行為の成立要件としての過失は、原則として[*40]、軽過失であっても、不法行為が成立する。

　しかし、上述するとおり、使用者から労働者に対する損害賠償では、労働契約の特質から、軽過失が免責されるので、この重過失か軽過失にとどまるのかという区別は極めて重要となる（本章4—3「故意又は重過失がある場合に制限されること」を参照）。

[*40]　例外として、法文上重過失が要求されるのは、失火責任法による責任軽減の場面、法人役員の対第三者責任を定める会社法429条1項、一般法人法117条1項などがある。

［5］故意と過失との区別

　故意と過失の峻別は、実際には相当困難である。とはいえ、故意か過失かで犯罪の成否も変わる刑事事件とは異なり、民事賠償責任の問題では、故意であれ過失であれ両者の責任を区別しないので、実務上はさほど重要とされていないとも評されている。また、不法行為に基づく損害賠償請求において、故意か過失かは区別して主張する必要がないともされており[41]、裁判所が故意の主張に対して過失を認定しても妨げないとされている（前掲・大審院判昭5.9.19）。

　とはいえ、故意か過失かは、慰謝料など損害賠償額、過失相殺等の問題や、場合によっては労使関係上行われる使用者からの懲戒処分などにも影響するので、被請求側としては、実務上、請求する側にその主張する内容を特定させる必要がある（とりわけ、過失にとどまるのであれば、その旨の使用者に特定をさせることは必要となろう）。

［6］過失と取締法規

　行政上の目的からある行為の禁止や制限がなされている取締法規（例えば、建築基準法、宅地建物取引業法、商品取引所法、騒音振動に係る排出基準を定める条例）と民事上の不法行為責任とでは、両者は規範内容・法的評価は異なるが、取締法規違反であれば、原則として過失が推定されると解されている。特に、道路交通法のように、取締法規が個人の生活領域に広く浸透している場合には、強く推定が及ぶといえよう。

　他方で、上記の通り過失の判断における「通常人」とは、職業・地位・立場等の社会生活上の役割ごとに類型化して観念される概念であり、不法行為法上要求される注意義務の範囲・内

＊41　我妻栄・有泉亨・清水誠・田山輝明『コンメンタール民法―総則・物権・債権（第8版）』（日本評論社、2022年）1467頁。

容・程度は、行政法規で要求されている注意義務・程度よりも
広く・高度であることも多い。

　したがって、取締法規に違反していないからといって、直ち
に過失がないとはいえないというのが判例の伝統的な立場であ
る（大審院判昭9.6.22刑集13巻864頁、大審院判昭11.5.12刑
集617頁など参照）。

　この点、使用者から労働者に対する損害賠償の場面において
も、労働者が取締法規に違反していないからと言って、そのこ
とから直ちに過失の有無が判断されるわけではないといえるの
で、この点は注意が必要である。

6-7　③損害の発生及び額

　「損害」（民法709条）とは、不法行為により現実に生じた金
銭的な被害であるとされる。その損害の発生及び額について、被
害者（使用者）が立証責任を負う。

　いびつな労使関係において報復的な請求がなされる場合も多
く、無関係な損害を押しつけられがちであるから、交渉段階か
ら、損害項目について疑念をもって精査し、検討すべきであろ
う。

　その他、違約金の定めと労基法16条違反は本章7「合意によ
る損害賠償請求」の箇所で述べる。

　また、任意保険の有無や填補の確認の必要性、賃金額との比
較を意識すべきことも、債務不履行に基づく損害賠償請求の項
目で指摘した通りである（本章5「債務不履行責任を追及され
た場合」）。

6-8　④加害行為と損害との因果関係

　民法709条は「これによって」生じた損害賠償責任を負うと
規定しており、加害行為と損害との因果関係が要求される。

　不法行為においても、債務不履行に対する因果関係の規定（民

法416条）を準用するというのが判例法理としても確立していると解されている。

　不法行為責任に基づいて賠償されるべき損害は、特定の事実が特定の結果発生を将来した関係があるかという事実的因果関係（条件関係）があるか、損失をどこまで負担すべきかという相当因果関係の問題とに分かれる。

　この点、前掲・プロシード元従業員事件（横浜地判平29.3.30労判1159号5頁）は、引継義務違反を理由にした損害賠償請求に対して、仮に労働者が虚偽を述べ使用者が引き継ぎをする機会を逸することになったとしても、損害との因果関係がないと判断して、使用者の損害賠償請求を排斥している。

6-9 ⑤—ⅰ 過失相殺・信義則上の制限

　不法行為に基づく損害賠償請求でも、債務不履行の場合と同様に問題となる。

　この問題に関する詳細は、不法行為との過失相殺の効果の相違含め、本章4—3「故意又は重過失がある場合に制限されること」、同5「債務不履行責任を追及された場合」で検討したので、そちらを参照されたい。

6-10 ⑤—ⅱ 使用者の賃金による相殺

　使用者が労働者に対して損害賠償請求を有することを前提に、未払賃金（残業代・賞与・退職金含む）と損害賠償請求との相殺を主張して、賃金支払を拒むことがある。

　この点、労基法24条1項本文[42]により賃金全額払いの原則が定められており、使用者側から、損害賠償請求を自働債権として、労働者の賃金との相殺を主張して、賃金支払を拒むことはできない（関西精機事件・最二小判昭31.11.2民集10巻11号

＊42　労基法24条1項「賃金は、通貨で、直接労働者に、その全額を支払わなければならない。ただし、《以下略》」。

152

1413頁、日本勧業経済会事件・最大判昭36.5.31民集15巻5号1482頁）。

　このように禁止される相殺も、労働者が合意して行うものは禁じられない。とはいえ、労働者の相殺の意思が、労働者の自由な意思に基づいてなされたものであると認めるに足りる合理的な理由が客観的に存在する場合に限って有効と解されている（日新製鋼事件・最二小判平2.11.26民集44巻8号1085頁（労判584号6頁））

6-11 ⑤—iii 求償権の制限

　労働者が第三者に損害を与えたパターンの場合、被害者である第三者に対して、資力のある使用者が先に賠償をする場合が多い（使用者責任）。その後、代位責任とされる使用者責任を果たした使用者が、労働者に対して求償権を行使する（民法715条3項）ことで、使用者から労働者に対する請求の問題が生じる。

　この使用者から労働者に対する求償の場面で、労働契約の特質による修正をどれだけ反映させられるのかが問題となる。

　リーディングである茨城石炭商事事件最高裁判決（最一小判昭51.7.8民集30巻7号689頁）は、下記のような考慮要素を示しつつ、損害の公平な分担という見地から信義則上相当と認められる限度に制限されるとした。

　「使用者が、その事業の執行につきなされた被用者の加害行為により、直接損害を被り又は使用者としての損害賠償責任を負担したことに基づき損害を被つた場合には、使用者は、その事業の性格、規模、施設の状況、被用者の業務の内容、労働条件、勤務態度、加害行為の態様、加害行為の予防若しくは損失の分散についての使用者の配慮の程度その他諸般の事情に照らし、損害の公平な分担という見地から信義則上相当と認められる限度において、被用者に対し右損害の賠償又は求償の請求をする

第4章 ● 仕事上のミスを理由とする使用者から労働者に対する損害賠償請求　153

ことができるものと解すべきである」

　求償権の制限に関するその後の裁判例は、この判決を踏まえてなされているが、ここで示される考慮要素はあくまで例示であるから（判決中にも「その他諸般の事情」との指摘もある）、ここで示される要素ではなくても、労働契約や労使関係の特徴に関する事情があれば、積極的に主張立証すべきである。例えば、賃金額との比較から、高額な賠償を認めることは生存権（憲法25条）や労働者の人たるに値する生活の理念（労基法1条1項）に関する視点について考慮がなされても、損害の公平や信義則を根拠とするこの最高裁判決と何ら矛盾はない。

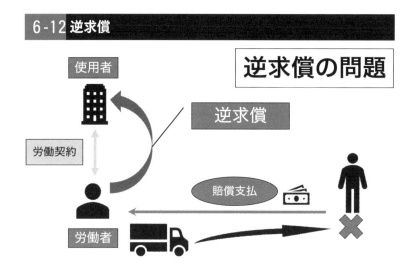

6-12 逆求償

（筆者作成）

　逆求償とは、労働者が被害者に先行して賠償をした場合に、労働者から使用者に対して請求をすることをいう。
　求償の場合（民法715条3項）と異なり、逆求償について定める明文がないが、最高裁（福山通運事件・最二小判令2.2.28民集74巻2号106頁）はこれを肯定した。
　最高裁は、使用者責任の制度趣旨を損害の公平な分担である

とした上で、使用者から被用者への求償が信義則上相当と認められる限度に制限されるとする前掲・茨城石炭商事事件最高裁判決（最一小判昭51.7.8民集30巻7号689頁）の判示事項を引用し、「上記の場合と被用者が第三者の被った損害を賠償した場合とで、使用者の損害の負担について異なる結果となることは相当でない。」とした。

そのうえで、「被用者が使用者の事業の執行について第三者に損害を加え、その損害を賠償した場合には、被用者は、上記諸般の事情に照らし、損害の公平な分担という見地から相当と認められる額について、使用者に対して求償することができるものと解すべきである。」として逆求償を肯定した。

この福山通運最高裁判決では、三浦守裁判官の補足意見で、労使関係の特殊性を踏まえ、「日常的に使用者の事業用自動車を運転して業務を行う被用者としては、その業務の性質上、自己に過失がある場合も含め交通事故等を完全に回避することが事実上困難である一方で、自ら任意保険を締結することができないまま、重い損害賠償義務を負担しなければならないとすると、それは、被用者にとって著しく不利益で不合理なものというほかない。その意味で、これは、この事業を支える貨物自動車運転者の雇用に関する重要な問題といってよい。」と言及されている点も重要である。

7——合意による損害賠償請求

7-1　トラブルになる場面

退職の前後を問わず、使用者が労働者と取り交わした違約金や損害賠償の支払に関する合意に基づき、使用者から労働者に対する損害賠償請求がなされる場合がある。

この場合、合意に基づく請求であって他の損害賠償請求の事案とは異なる処理が必要となるうえ、退職の前後でも労基法16

条の関係で処理が大きく異なってくる。

7-2 あらかじめなされた損害賠償の合意の効力

退職前に、労働者と使用者間で、違約金（損害発生の有無にかかわらず債務者があらかじめ支払うべきことを約束すること）や債務不履行・不法行為に基づく損害賠償についてあらかじめ定めをしても[43]、これは使用者の賠償予定の禁止を定める労基法16条違反で無効となる。したがって、当該定めに基づいて、使用者が労働者に対して支払を求めても、労働者は支払義務を負わない。

しかし、請求の根拠となった事項について、合意に基づいて請求はせず、別途債務不履行や不法行為に基づく請求をした場合は、債務不履行・不法行為の請求が問題となり得るので注意が必要である（ただし、労基法16条1項に反する違約金を定められたような事案であれば、労使関係の特質が妥当する事案であることが如実に表れており、損害請求の可否の判断で重視されるべき事情となる）。

7-3 退職後になされた損害賠償の合意の効力

労働者が退職後、使用者との間で損害賠償の合意を行った場合は、労基法16条が直接適用はされないが、同条の関係で、その合意の効力自体が問題となる。

[1] 原則として合意の効力を肯定する立場

損害賠償について当事者が合意した場合は、純然たる和解契

---

[43] 違約金か損害賠償の予定であるか不明確なこともあるが、法的効果に相違は生じないので両者を厳密に区別することに実務上の意味はなく、判例でも両者を厳密に区別していない場合が多い。ただし、労基法16条が直接適用されない場合で、公序良俗違反（民法90条）の問題で処理するような場合、違約金契約の方が違法性の度合いが強いこと、損害の発生しない場合の処理（損害の発生を問わず支払を合意するような違約罰の場合）には、両者の相違が生じうるとの指摘がある（東京大学労働法研究会編『注釈労働基準法（上巻）』（有斐閣、2003年）288頁（藤川久昭））。両者の区別というより、合意内容の吟味が必要性の指摘とも理解できよう。

156

約の効力の問題であるとして、私的自治に委ねられるべきであるとする立場（合意の効力肯定説）がある。

具体的には、この合意が和解（民法695条）またはそれに類似の無名契約であるとして、民法上は和解が法律関係を確定する効力を有するので（和解は内容と真実の法律関係の内容が異なる場合にも当事者を拘束する）、契約が有効に成立する以上、原則として所定の賠償責任が肯定されるとする見解である。

賠償額についても、（合意がある以上）相当因果関係の有無などは問題とならず、著しく課題が賠償額を定めた約定が公序良俗違反を問われるに過ぎないとして、労働法的修正を加えること認めず、退職の自由が同時に自己責任の原則を伴うことを強調する見解である[44]。

［2］合意の効力を否定する考え方

しかし、退職前であれば労基法16条違反として無効となるのに、退職後の合意であるというだけの理由で、労働法的な規制が一切及ばないと考えるのは均衡を失する。

また、退職トラブルの生じる場面における、労使の力関係などの特質を考慮すれば、退職後であっても、労基法16条の適用を否定すべきではない。労働契約終了後とはいえ労使の力関係による影響は簡単には払拭されないのが実状であり、一般市民社会の契約当事者の問題と、労使の力関係が色濃く残る当事者の問題とを同列に考えることはできない。

さらに、使用者と労働者とでは法律に関する基本的な情報格差も依然として残り、労働者の無知などに乗じて使用者が、労働者に不当な合意を強いる危険性も高い。

したがって、労働法的な特質を考慮せず、損害賠償の合意の効力を考えるべきではない[45]。

＊44　土田道夫「労働市場の流動化をめぐる法律問題（下）」ジュリ1041号（1994年）90頁。

＊45　細谷・前掲注＊4・218頁は、労働者の責任制限法理の強行法性から、軽過失の労働

具体的には、直接的に労基法16条を根拠とすることはできないので、民法の一般原則である信義則（民法1条2項）や権利濫用（民法1条3項）、公序良俗（民法90条）の解釈において、当該合意がなされた経緯、動機、当事者間の力関係や情報格差などから、当該合意の効力が否定される場合がある（就業規則の不利益変更による場合は、本シリーズ第1巻の城塚健之『労働条件変更の法律実務』を参照されたい）。

　実務的な対応としては、以下の裁判例が参考になる。

（退職後になされた損害賠償の合意の効力が肯定されたもの）
①ケイズインターナショナル事件　東京地判平4.9.30労判616号10頁

　期間の定めのない雇用契約について、入社後1週間で突然労働者が退職したことで、引き継ぎ義務等の労務提供する義務を怠ったとして、退職後の合意に基づいて、労働者の使用者に対する損害賠償の支払いが認められた事案である。本件は200万円を支払う合意が存在する場合だったが、裁判所が私的自治に介入し、労働関係の特殊性から信義則上損害賠償額が3分の1に減額されている。

　なお、本件は合意に基づく請求がなされた事案であり、仮に合意が存在しなかった場合であれば、突然の退職それ自体では故意過失は認められず、債務不履行・不法行為のいずれでも、請求は認められない事案であろう[46]。

（退職後になされた損害賠償の合意の効力が否定されたもの）
②広告代理店Ａ社元従業員事件　福岡高判平28.10.14労判1155号37頁

　本件は、うつ病に罹患して退職を申し出た労働者が、うつ病の悪化によって退職までに引継ぎの労務提供ができなくなった

者にも責任を認めるような、責任制限法理の保護基準を切り下げる個別合意・就業規則・労働協約は一般的に無効であると指摘する。

[46]　藤川久昭「突然の退職による損害に対して200万円を支払う旨の合意額の信義則による減額」ジュリ1069号（1995年）150頁参照。

として使用者から損害賠償請求がなされた事案である。判決は、労働者が会社の指揮命令に反する行動をしたとは認められないこと、退職日をまたずうつ病が悪化して労務提供ができなくなったという事情から、労働者に責めに帰すべからざる事情があり、労務不提供を主張することが信義則に反するとも認められないとした。

なお、この判決では、退職に際し労働者が作成した誓約書（理由の如何を問わず、通常業務に従事しますと記載されたもの）の効力には疑義があるとし、うつ病である労働者に対し誓約書に署名押印させた態様、時間、方法等は社会的相当性を逸脱するとして、使用者としての安全配慮義務違反がある違法なものとして、労働者から使用者に対する慰謝料請求5万円を認めた。

8──公務員個人に対する損害賠償請求

8-1 市民から公務員個人への責任追及

[１] 国家賠償法の規定からの解釈

被害者である市民から公務員個人への責任追及について、国家賠償法に明示的な規定はない。

しかし、国賠法１条は、１項で国又は公共団体の公権力の行使に当たる公務員がその職務を行うについて違法に他人に損害を加えたとき、国又は公共団体の賠償責任を定めつつ、２項では、公務員に故意又は重過失があったとき、国又は公共団体が公務員に対し求償権を有する旨を規定しつつも、その公務員個人の損害賠償責任は敢えて規定していない。

したがって、市民から公務員個人への損害賠償の請求は認められないというのが、通説・判例である[47]。

---

[47] 西埜章『国家賠償法コンメンタール（第３版）』（勁草書房、2020年）862頁。

第4章 ● 仕事上のミスを理由とする使用者から労働者に対する損害賠償請求 159

［2］国賠法の規定の趣旨

国賠法1条1項が公務員に代わって被害者への賠償をさせ、軽過失の場合に求償を認めないのは、公務員を職務に精錬せしめることを考慮したものされている。

にもかかわらず、同条2項で公務員に基づく求償を認めるとは、公務員に対する萎縮効果を有するとの指摘もあるが、故意重過失まである場合は制裁・違法行為抑止の機能を優先するものと考えられる[48]。

［3］最高裁の見解

最高裁も、公権力の行使に当たる公務員の職務行為に基づく損害について、「国または公共団体が賠償の責に任ずるのであって、公務員が行政機関としての地位において賠償の責任を負うものではなく、また公務員個人もその責任を負うものではない。」として、違法行為を行った公務員個人の責任を否定している（最三小判昭30.4.19民集9巻5号534頁）。

この点、職務行為として実行されていても、当初より明白に違法な公務であり、かつ行為時に行為者がその違法性を認識していたとして、警察官は公務員個人としての賠償責任を負う場合を認めた裁判例（日本共産党幹部宅盗聴損害賠償請求事件・東京地判平6.9.6判タ855号125頁）もあるが、控訴審（東京高判平9.6.26判タ954号102頁）は、上記最高裁判決（最三小判昭30.4.19民集9巻5号534頁）を参照しつつ、これを否定して原判決の該当部分は取り消されている。

なお、学説は、公務員の職務執行の適正を担保するうえで必要であること、公務員を私人以上に保護する必要は無いとして、公務員の個人責任を認める見解もある（民法709条を根拠）。し

＊48　宇賀克也『国家補償法』（有斐閣、1997年）88頁。

かし、国賠法上の内部的求償の制限との均衡、労働契約上の請求も軽過失が免責されること等から、同様に軽過失が免責され、公務員が個人責任を負うのは故意重過失がある場合に限られると考える立場が多い。

8-2 重過失ある場合の公務員個人に対する求償

　このように、現在の実務では、市民との関係で公務員個人が損害賠償責任を負うことは無いが、使用者である国又は地方自治体と公務員との関係は別の問題があり、公務員の円満退職の妨げともなりうる。

　国家賠償法は、公務を行った公務員に故意又は重大な過失が認められる場合に、国又は地方自治体は、当該公務員に対して求償権を有するとしている（同法1条2項）。そこで、国又は公共団体が、その公務員に対し求償権を行使することで、実質的に使用者から損害賠償請求をうけるような状態となるのである。

　また、国又は地方自治体が求償をしない場合には、住民訴訟が提起されることで、国や公共団体に対して、その公務員に対して求償を請求するよう求めることが可能となる。

　しかし、かかる公務員に対する国家賠償法の定める求償権の場面でも、労働契約の場面と同様に、使用者から労働者に対する求償権は一定範囲に制約される。

　この点、大分地判平28.12.22判例地方自治436号66頁（なお、後掲引用箇所含め、控訴審【福岡高判平29.10.2判例地方自治436号60頁】もこれを維持）は、県立高校の生徒が部活動中に倒れた死亡事故につき、県に対し遺族への損害賠償を命じる確定判決に従って県が賠償金を供託したところ、県の住民らが県知事に対し、住民訴訟（地方自治法242条の2第1項3号及び4号）により、部活動の指導をしていた公務員（教員）に対する求償権の行使の義務付け等を求めた事件である。事故発生について重過失が認められる教員に対する求償を認めつつ、求償の

第4章 ● 仕事上のミスを理由とする使用者から労働者に対する損害賠償請求 161

範囲は以下のように述べて、損害の公平な分担という見地から信義則上相当と認められる限度に制限した。

「当該公務員に故意又は重大な過失がある場合には、当該公務員に対して求償権を有する（条文略）が、公務の遂行を通じて公権力の行使という行政目的を達していることなどに照らせば、生じた損害の全額を直ちに求償できることにはならず、その公務の性格、規模、施設の状況、当該公務員の業務の内容、勤務条件、勤務態度、加害行為の態様、加害行為の予防もしくは損失の分配についての国又は公共団体の配慮の程度その他諸般の事情に照らし、損害の公平な分担という見地から信義則上相当と認められる限度においてのみ、当該公務員に対し求償の請求をすることができるものと解するのが相当である。」

公務員における求償権の場面でも、画一的に求償権の制限が定まることはなく、具体的な事情を考慮して決せられるのは、労働契約の場面と同様である。その際、公平の理念・信義則によって決せられるが、公務員労働の特殊性として公共性・公益性（具体的な考慮要素としては、公務の性格や当該公務員の業務の内容、被害の態様）などが重視される傾向にあるので、注意が必要である。

（重過失ある場合の公務員個人に対する求償が肯定されたもの）
損害賠償請求（求償権）事件　最二小判平29.9.15集民256号77頁

教員採用試験にかかる不正につき別訴の国家賠償請求訴訟で県が敗訴して被害者（受験生）に損害賠償金を支払ったことについて、不正に関与した職員に対する求償権の一部を知事が行使しなかったことが問題となった事案である。

当該県の住民である原告らが県知事を被告とし、県知事が教員採用試験において不正に関与した者に対する求償権を行使しないことが違法であるとして、不正に関与した者に対する求償権に基づく金員の支払を求めた住民訴訟（3号、4号請求）を提

起したところ、原審は不行使を違法な怠る事実に当たるとはいえないとして適法としたが、最高裁はこれを違法として原審に差し戻した。

最高裁は、不正の態様は幹部職員が組織的に関与し、一部は賄賂の授受を伴うなど悪質で、その結果も本来合格していたはずの多数の受験生が不合格となるなど極めて重大なものであったことから、不正に関与した者に対する退職手当の返納命令や不支給は正当で、求償すべき金額から本件返納額を当然に控除することはできないなどとして、前記求償権のうち本件返納額に相当する部分を行使しないことが違法な怠る事実に当たるとはいえないとした原判決を破棄し、原審に差し戻した。

8-3 国家公務員の国に対する賠償責任

戦前は、公法私法二元論を基礎として、官吏の公法上の不法行為責任が一般的に否定されていたが、現在はこのような理論は採用されない。

現在、一部の国家公務員[49]を除き、一般職員の国家公務員について、国に対する不法行為責任について明文規定はないが、一般の国家公務員の国に対する不法行為責任を免責したものとは考えられておらず、一部の国家公務員について特則を定めたと解されている[50]。

とはいえ、上記国賠法上の求償が故意重過失を要件とすることとの均衡などから、故意重過失の場合に限られると解される。

国家公務員も「労働者」であり、軽過失が免責される労働契約における特殊性が妥当するのだから、同様に解されるべきであろう。

---

[49]　出納官吏・出納員について会計法（41条、45条）、物品管理職員等については物品管理法（31条）、予算執行職員については予算執行職員等の責任に関する法律（3条2項）が、それぞれ賠償責任をみとめる特則を定める。

[50]　宇賀克也『行政法概説III（第6版）』（有斐閣、2024年）585頁。

第4章 ● 仕事上のミスを理由とする使用者から労働者に対する損害賠償請求　163

8-4 地方公務員の地方自治体に対する賠償責任

［1］地方自治法の賠償責任規定

　地方自治法243条の2の8[51]は、会計管理者、会計管理者の事務を補助する職員、資金前渡を受けた職員、占有動産を保管している職員又は物品を使用している職員について、基本的に故意重過失により[52]賠償責任を定める。この場合の職員に対する賠償責任に関して民法の損害賠償請求の規定は適用されない（同14項）。

　なお、地方公営企業（地域公共団体が経営する企業活動を総称して「地方公営企業」と呼び、水道事業、下水道事業、交通事業、病院事業等が代表例である）の職員についても、この地方自治法の規定を準用している（地方公営企業法34条）。

［2］一般の公務員の不法行為責任

　他方、地方自治法243条の2の8が定める会計管理者等以外の一般の公務員は、地方自治体との関係では民法の不法行為責任を負うことになる[53]。

　ただし、この場合も、国家公務員の場合と同様に、国賠法上の求償が故意重過失を要件とすることとの均衡、国家公務員も

---

[51]　（職員の賠償責任）第243条の2の8第1項。「会計管理者若しくは会計管理者の事務を補助する職員、資金前渡を受けた職員、占有動産を保管している職員又は物品を使用している職員が故意又は重大な過失（現金については、故意又は過失）により、その保管に係る現金、有価証券、物品（基金に属する動産を含む。）若しくは占有動産又はその使用に係る物品を亡失し、又は損傷したときは、これによつて生じた損害を賠償しなければならない。次に掲げる行為をする権限を有する職員又はその権限に属する事務を直接補助する職員で普通地方公共団体の規則で指定したものが故意又は重大な過失により法令の規定に違反して当該行為をしたこと又は怠つたことにより普通地方公共団体に損害を与えたときも、同様とする。

一　支出負担行為

二　第二百三十二条の四第一項の命令又は同条第二項の確認

三　支出又は支払四　第二百三十四条の二第一項の監督又は検査」

[52]　ただし、会計管理者等による現金の亡失などの場合は、軽過失でも免責されない（地方自治法243条の2の8第1項）。

[53]　宇賀・前掲注[50]・587頁

「労働者」であり軽過失が免責される労働契約における特殊性が妥当することから、軽過失が免責され、賠償責任を負うのは故意重過失がある場合に限定されるべきであろう。

公務員であるが故に、民間の労働者よりも重い賠償責任を負担するような法解釈の発想では、公務職場から魅力を奪い公務職場の人手不足を加速させ、公務の質をも低下させることになる。これにより、最終的には地域住民が不利益を被ることを想起すべきだろう。

なお、裁判例では軽過失の免責は否定されたものがあるが(ただし、最高裁判決は存在しない)、軽過失免責を否定して賠償責任を肯定する場合でも、損害の公平な分担という見地から損害賠償額を限定している。

(公務員個人の賠償責任を肯定したもの)

損害賠償請求事件 東京地判平9.3.13判例地方自治168号46頁

プールへの注水を止めなかった溢水事故について、自治体の公務員の個人に対する賠償責任が問題となった事案である。地方自治法243条の2第1項[*54](当時)に基づいて物品使用者としての賠償責任を負うかについては、地方自治法による賠償責任を否定した。他方、民法709条に基づく責任についてはこれを肯定し、しかも、故意又は重過失に基づく場合に限られないとして、公務員個人の賠償責任を肯定した。賠償額については、溢水事故に係る過失の態様、給水管を閉栓しない限り損害が増大し続けること、職務遂行の手順として引継事項を明記したり給水中と分かるよう表示する等の措置も採られていなかったこと、引継事項の失念ということ以外に職務遂行上の落ち度はないこと等の事情に照らし、損害の公平な分担という見地から損害の8割を賠償すべき損害と限定した。

---

*54 現在の243条の2の8。

この裁判例は、被告が主張した労働者の置かれた状況（圧力状態）、労使双方の負担能力等差異などに照らした賠償責任の減額を否定している。しかし、公務員も労働者であり労働契約の特質がそのまま妥当すること、国賠法1条2項が公務員に対する萎縮効果を有することから軽過失への求償を制限していることからも、8割もの損失を労働者に負担させる結論は不当である。

［3］ 実務上の対応

　地方自治体において、公務員に賠償責任を追及するのかは、自治体によって相違し（住民監査請求との関係も意識されるであろう）、上記裁判例のような教員によるプールの注水を止めなかった溢水事故でも、賠償請求をしなかった自治体もあるし、賠償請求したことが問題となる事案もある。

　実務上は、共済の賠償責任保険制度などもあり、加入者する公務員も少なくない。とはいえ、たとえ保険で損害が填補されるとしても、保険料は公務員の自費負担である。民間企業であれば、リスクのある職種であれば、使用者が保険に加入して備えているのが通例であるから、それと比較しても不合理さは免れない。

　こういった、民間の労働者にはない、公務職場独自の歪な扱いが公務職場の魅力を減退させ、公務の質を低下させる遠因となっていることを自覚した行政運営が求められる。

9──損害賠償請求された場合の実務的な対応

9-1　交渉段階での対応は重要

　使用者が訴訟提起に至る前の段階での使用者側への対応は、使用者に訴訟提起をさせず、円満退職を実現するために重要である。

使用者から労働者に対する損害賠償請求は、(増えているとはいえ)実際に訴訟提起にまで至るケースはまだ少ない。

　使用者としての責任に無理解・無自覚な使用者の強い意向で、労働者に対して乱暴な請求がなされていても、労働者側の代理人からの応答などで、対応が沈静化することは珍しくない。

　損害賠償請求に関する法的根拠・請求する要件を吟味し、加害行為との因果関係のある損害が限定されること、仮に請求が認められたとしても過失相殺や信義則上の制限等があり請求が大幅に制限され得ることを丁寧に確認することで、訴訟コストに見合う経済的合理性がないことを理解した使用者が請求を断念し、訴訟提起などさらなる紛争の進展を防げる可能性もある。

　また、筆者の経験則から述べれば、退職を決意した労働者に対して追い打ちを掛けるように損害賠償請求を通告する使用者との労使関係は、当該労働者から使用者に対して、何らかの別の請求(残業代請求・ハラスメントの損害賠償請求など)が成り立ちうるような場合が多い。

　そこまではいかずとも、就労実態を踏まえれば損害の責任を全て労働者に帰責することが公平ではないと考えられ、損害賠償請求が信義則上の制限が認められるべき職場であることもある。

　できれば、こういった損害賠償請求の要因となった直接的なエピソードにとどまらず、就労実態の実状を労働者から聴取するのが好ましい。そして、このような事実を盛り込んだ応答することが、使用者のさらなる法的措置を踏みとどまらせ、紛争を鎮静化させるためにも役に立つ。

9-2 不当訴訟を理由とする損害賠償請求

　使用者から労働者に対する損害賠償請求訴訟が提起された場合、その訴訟提起自体が不当訴訟として、不法行為に基づく損害賠償請求の対象となることはあり得る。

最高裁は、不当訴訟として訴え提起を違法とするのは「訴え
の提起が相手方に対する違法な行為といえるのは、当該訴訟に
おいて提訴者の主張した権利又は法律関係（以下「権利等」と
いう。）が事実的、法律的根拠を欠くものであるうえ、提訴者が、
そのことを知りながら又は通常人であれば容易にそのことを知
りえたといえるのにあえて訴えを提起したなど、訴えの提起が
裁判制度の趣旨目的に照らして著しく相当性を欠くと認められ
るときに限られるものと解するのが相当である」とする。その
理由としては、「訴えを提起する際に、提訴者において、自己の
主張しようとする権利等の事実的、法律的根拠につき、高度の
調査、検討が要請されるものと解するならば、裁判制度の自由
な利用が著しく阻害される結果となり妥当でないからである」
とする（最三小判昭63.1.26民集42巻1号1頁）。

　使用者が、裁判を受ける権利を有しておりこれが尊重される
ので、訴訟提起が不当訴訟と認定されるのは容易ではないが、一
見して明らかな使用者に対応については、訴訟提起自体が不法
行為に該当するとして、使用者に対する損害賠償請求を認めた
裁判例もある（プロシード元従業員事件・横浜地判平29.3.30労
判1159号5頁）。

　使用者が訴訟提起には至らず、労働者に対して訴外で不合理
な請求をして威嚇などしてきた段階であれば、使用者側の請求
について具体的な要件に即して検討すべきである。そのうえで、
明らかに会社の主張する不法行為の害賠償請求権は事実的、法
律的根拠を欠くこと、損害を生じ得ないことを通常人であれば
容易にそのことを知りえることを丁寧に指摘し、その指摘を踏
まえてもなお使用者が訴訟提起をすれば、不当訴訟を理由とす
る損害培養請求が成立する可能性が高まることになろう。

　不当訴訟を理由とする損害賠償請求の点は、実際に反訴等で
これを勝ち取るというだけでなく、スラップ訴訟のような意図
で、成立する可能性もない使用者から労働者に対する損害賠償

請求を断念させる場面でも活用できるだろう。

（不当訴訟を理由とする損害賠償請求が肯定されたもの）
①プロシード元従業員事件　横浜地判平29.3.30労判1159号5頁

　本訴は、会社が元従業員に対し、虚偽の事実をねつ造して退職し業務の引継ぎをしなかったことを理由に損害賠償等の支払を求めて提訴し、反訴として元従業員が、会社の本訴提起等が不法行為ないし違法な職務執行に当たるなどと主張して、不法行為に基づく損害賠償等の支払を求めた訴訟である。判決は、本訴について、医師の診断等から元従業員は退職について躁うつ病との虚偽の事実をねつ造したとはいえず、また、仮に前記元従業員が虚偽を述べ業務の引継ぎをさせる機会を逸することになったとしても、元従業員の欠勤が不法行為を構成するとも、損害が欠勤と因果関係を有さず、本訴請求に理由がないとした。そのうえで、反訴について、会社の主張する不法行為に基づく損害賠償請求権は事実的、法律的根拠を欠き、損害を生じ得ないことを通常人であれば容易にそのことを知りえたと認めるのが相当であるのにもかかわらず前記会社が前記元従業員に多額の賠償を請求することは、裁判制度の趣旨目的に照らして著しく相当性を欠き、違法な行為となるとして、反訴請求の一部認容（110万円：慰謝料と弁護士費用）。

（不当労働行為救済申立てを理由とする使用者の労働組合への請求が否定されたもの）
②よこはまシティユニオン（ユーコーコミュニティー）事件
東京高判令5.11.15労判1308号44頁

　労働組合が労働委員会に不当労働行為救済申立を行った行為等について、使用者が労働組合に対して不法行為に基づく損害賠償請求をした事案である。労働組合が不当労働行為にかかる救済を申し立てる権利は最大限尊重されねばならず、不法行為

の成否の判断において同制度の利用を不当に制限する結果にならないように慎重な配慮が必要として、使用者の請求を棄却した。

9-3 損害賠償請求された労働者への相談対応時に意識したいこと

［1］ 共感と安心感の付与

　使用者から損害賠償請求を受けた労働者は、労使関係での圧倒的な力関係を引きずっており（多くは、正常な労使関係とはほど遠い）、その請求内容の法的リスクの高さにかかわらず、強く萎縮してしまっているケースが殆どである。何らかの精神的な不調を抱え、不安感が増長されているケースも珍しくないだろう。

　だからこそ、相談対応時、相談者が怖がる気持ちに対してきちんと理解するよう努めること（ある種の共感）は必要だろう。間違っても、「こんな請求で怖がって相談にくるなんて、馬鹿げている」という、弁護士の内面が伝わるような相談対応はしないように、注意すべきだろう。

　そのうえで、法的には請求が認容される可能性がないことや、このタイプの訴訟を提起してくるケースは少ないという現実を伝えて、相談者を安心させてあげようとする姿勢は重要だ。

　労働組合に加入している相談者であれば、当該労働者だけでなく、信頼できる組合関係者にも同席を頼むことは、事後的なサポートを得る上でも重要だろう。

［2］ 訴訟に至るリスクの説明

　他方で注意したいのは、「使用者が労働者に対して損害賠償請求の訴訟をしてくることはない」という予測を、安易かつ断定的に相談者に対して伝えることのリスクである。

権利主張や予期せぬ退職によって使用者に対し抗った労働者に対する見せしめ的な意識もあるのか、近時は、使用者側から労働者に対して、当該紛争の経済的合理性（訴訟コストに見合う賠償を得られるのか）を一切度外視した訴訟提起がなされるケースも増えているように感じる。

　訴訟提起されるケースが少ないという一般論はその通りであろうが、相談者を安心させるためとはいえ、断定的な使用者の見立ては、実際に見誤り訴訟提起などされた場合に、かえって相談者を追い込んだり、相談者と受任後の弁護士や労働組合関係社との信頼関係構築を訴外することにもなりかねない。

　相談者に対する安心感を与えつつも、ある程度慎重な対応・今後の見立てを伝えることも、必要となっているように思う。

5 退職後に使用者から労働者が責任追及される場面

POINT

- ▶ 競業行為に対する制約は、労働者の職業選択の自由の制約である。
- ▶ 退職後の労働者が秘密保持義務を負うには、契約上の根拠が必要である。
- ▶ 競業避止の特約等の有効性は、労働者の自由意思に基づくものであることを前提に、禁止目的・必要性、退職前の労働者の地位担当業務、競業が禁止される業務の範囲、期間・地域、代償措置の有無等を総合的に評価して判断される。
- ▶ 名誉毀損が事実の摘示か意見論評による場合かを類型化し、組合活動による民事免責も検討する。
- ▶ 原則として、写真や動画撮影は労働契約から導かれる労働者の義務ではない。
- ▶ 借り上げ社宅の場合、労使の契約内容を把握する。

1 —— 競業避止義務

1-1 トラブルとなる場合

競業避止義務とは、労働者が使用者と競合する企業に就職したり、自ら事業を営まない義務をいう[1]。

労働者が就労先を退職して再就職をした後に、前の就労先が退職した労働者に対して、競業避止義務に違反することを理由に損害賠償請求をしたり、当該競業行為の差し止め請求をしてくる場合がある。また、支給されるべきであった退職金の不支給・減額というトラブルも多い。退職金がいわば人質になって、再就職先が制限されるという職業選択の自由に対する制約が生じ、円満退職が妨げられる。

また、労働者が退職前から、退職後の再就職先について使用者が警告を発することで、労働者が退職自体を躊躇い、退職自体を躊躇うようなトラブルが生じる場合もある。

今後も雇用の流動化や多様化が進むとされる中、転職や兼業などに際して、労働者の職業選択の自由と使用者の主張する競業避止の衝突によるトラブルは生じるだろう。

なお、2024年4月23日、米国連邦取引委員会（FTC）は競業避止条項は原則として禁止され違法とする規則を発表しており[2]、日本の実務にも影響が予想される。労働者の社外流出を防ぎたいという意図であれば、賃金や福利厚生など待遇改善を図るのが筋であって、労働者の職業選択の自由を制約する競業避止による手法は時代にそぐわなくなってきたといえよう（企業秘密流出の問題は、秘密保持義務によって対処すべき課題と整理で

---

[1] この使用者と競業関係を生じさせる就職・営業行為を狭義の競業避止義務といえるが（本来的な競業行為）、広義では営業秘密の漏洩や顧客奪取、他の従業員の引き抜き等も競業避止義務に含まれる（川田琢之「第8章　競業避止義務」日本労働法学会編『講座　21世紀の労働法（第4巻）労働契約』（有斐閣、2000年）133頁）。

[2] 藤野将生「退職者の競業避止義務を禁止する米国連邦規則の制定」NBL1267号（2024年）28頁。

第5章 ● 退職後に使用者から労働者が責任追及される場面 | 173

きる）。

1-2 退職後の競業避止義務

［1］在職中の場合との相違

在職中の労働者は、労働契約における信義誠実の原則（労契法3条4項）に基づく付随義務を根拠として競業避止義務が認められると考えられ、就業規則や労働契約に明記される場合も多い。

しかし、労働契約終了により在職中の競業避止義務は消滅し[3]、退職後の労働者には、他の使用者と労働契約を締結して就労する職業選択の自由（憲法22条1項）が保障されているので、競業避止義務を負わないのが原則である。

したがって、使用者が競業を禁止するには、労働者との間において、何らかの合意により労働契約上の根拠が必要とされる[4][5]。これが通説の立場とされ、裁判例もこの立場が圧倒的多数である。

ただし、退職した労働者の競業行為が、悪質ないし背信的行為と評価される場合には、何らかの合意がなくても、一般不法行為上の問題として、損害賠償請求の対象となる余地はある[6]。

［2］合意の効力が否定され得ること

競業避止義務を導く上で必要となる合意は、職業選択の自由を制約するものであるから、形式的な意思表示の合致があっても、必要かつ合理的な範囲のものでなければ無効となり得る。

---

[3] 水町987頁。

[4] 退職後の職業選択の自由を重視して、退職後の競業避止義務は明確な個別特約が必要とする立場（西谷217頁）と、就業規則で足りるとする立場（土田710頁）がある。

[5] 川田・前掲注[1]・141頁。松田典浩「53 退職後の競業避止義務」山川隆一・渡辺弘編『最新裁判実務大系第8巻 労働関係訴訟II』（青林書院、2018年）906頁。

[6] 川田・前掲注[1]・142頁、松田・前掲注[5]・907頁。

労働者との合意がなければ使用者が競業禁止を要求できないため、労働者が退職する際に、競業行為を行わないことを誓約する誓約書等を取り付けようとすることも多いが、労働者はそのような書面を作成・提出する義務はない。仮に使用者から誤った知識情報などを前提に誓約書などを作成しても、労働者が真に同意していたとはいえず[*7]無効となり得るので、署名をしてしまったというだけで諦める必要もない。

とくに、退職後に退職前の情報等を利用する場合は、不正競争防止法との関係で違法となる場合もあり、労働者も情報の取り扱いにはより一層慎重さが求められる（詳細は本章2を参照）。

（特約等がない事案で競業避止義務を否定したもの）

サクセスほか（三佳テック）事件
最一小判平22.3.25労判1005号5頁

退職後の競合避止義務に関する特約等がなかったが、使用者から労働者が競業避止義務を根拠に損害賠償を請求された事案。退職後に労働者が競合会社を設立し、取引先から仕事を受ける競業行為を行っていた点について、社会通念上、自由競争の範囲を逸脱した違法なものとはいえず、不法行為にあたらないとされた。

1-3　競業を禁止する特約等の有効性

［1］労働者の自由意思に基づくものか

労働者が退職にあたって、退職後に競業しない旨の誓約書の提出を求められたり、合意書に署名させられることがある。

このような場合においては、職業選択の自由との関係や、労

＊7　西谷217頁。労働者の自由な意思に基づく同意（山梨県民信用組合事件・最二小判平28.2.19民集70巻2号123頁（労判1136号6頁）参照）が必要である（詳細は、第8章3を参照）。

第5章 ◉ 退職後に使用者から労働者が責任追及される場面 | 175

使の力関係の差や情報格差、退職を認めて欲しいため受け入れるしかない労働者の状況などを考慮し、その誓約書等が真に労働者の自由意思に基づいて作成されたものであるかどうかが慎重に判断されなければならず、合意書面があるだけでその効力が認められると考えるべきではない。合意の効力が否定されれば、基本的に労働者は競業避止義務を負わないと考えられる。

（退職後に競業しない旨の誓約書の効力が否定されたもの）
ジャクパコーポレーションほか１社事件
大阪地判平12.9.22労判794号37頁

幼稚園の体育指導等の業務委託を受託する会社で、同業他社への転職を疑われ使用者から退職後に競業行為を行わない（退職後、担当園の指導を行わない）誓約書に署名させられた事案について、不法行為に基づく損害賠償請求等がなされ問題になった事案である。当該誓約書は提出を拒絶しがたい状況の中で意思に反して作成提出させられたものというべきであり、任意の合意といえるかは多大な疑問があり、誓約内容も指導を担当していた幼稚園等すべてにおいて期限限定もなく、他に雇用され指導することまで制限するもので合理性を有するものとも認められないとされた。

［2］必要かつ合理的な範囲か

競業しないことの合意は、必要かつ合理的な範囲内でなければ、職業選択の自由を制約する程度が著しくなり、無効となり得る。

裁判実務では、具体的な考慮要素として、競業行為を禁止する使用者側の利益（より具体的には、①禁止目的・必要性、②退職前の労働者の地位・担当業務、③競業が禁止される業務の範囲、期間、地域）と、④代償措置の有無等が検討されている。

ア ①禁止目的・必要性

競業禁止規定が有効となるためには、使用者側において、退職後もなお保護に値する正当な利益が存在し、その利益の保護が競業避止規定の目的となっていることが必要である。使用者の正当な利益としては、営業上の秘密、顧客の確保、従業員の確保などが考えられる。

イ ②労働者の退職前の地位・担当業務

競業避止義務を課すことを正当化するには、在職中の労働者の地位や担当業務を考慮して、使用者に退職後も競業を禁止する正当な利益が存在しなければならない。また、競業避止義務を課すことが正当化される内容や期間も、退職前の地位・担当業務が影響する。

ウ ③競業が禁止される業務の範囲、期間、地域

ⅰ）業務の範囲

従業員が就業中に得た一般的な業務に関する知識・経験・技能であれば、競業行為を避止する使用者の利益として保護に値しない。これを禁じることを許せば、労働者の転職によるキャリアアップの機会を失わせることになる。競業行為を禁止する使用者の利益として保護され得るのは、当該使用者の保有している、他社にはない固有の技術や、希有な営業上の情報等を用いることによって実施される業務に限られる。

ⅱ）禁止期間

競業行為を避止する使用者の利益が存在したとしても、無限定な期間禁止をすると職業選択の自由への制約は著しいものとなるので、使用者の利益を保護するのに妥当な期間なのか考慮される。一般的に、避止期間が長いほど、職業選択の自由の制約が強くなり、規定は無効となりやすい。

雇用の流動化が進む中、近時の裁判例は、禁止期間については厳格に考えられる傾向がみられる（たとえば、2年の競業禁止期間について否定的に捉えている判例が多い）し、特段の事情のない限り1〜2年を限度とすべきである[8]。

　ⅲ）禁止地域
　競業行為を避止する使用者の利益が顧客や市場の確保にあるなら、使用者が営業活動を行わない地域、当該労働者の在籍中の活動が及んでいなかった地域まで、競業禁止の対象とする必要は無い。したがって、禁止を一定の地域内における同業他社への競業に限られるべきで、禁止地域の範囲が考慮される（地域の限定なしに、業界全体への転職を制限するのは、一般的には過度な不利益を労働者に課すと評価される）。

（競業を禁止する特約等の有効性が否定されたもの）
①A特許事務所（就業禁止仮処分）事件
大阪高判平18.10.5労判927号190頁

　特許事務所で翻訳業務や秘書業務に従事していた労働者が退職後2年間、他の特許事務所への再就職をしない旨の誓約書を提出した事案である。誓約書は、従業員として就労するについての留意事項について注意を喚起する趣旨の文書にすぎず、文言どおりに職業選択の自由を制限する内容の約束として当事者間で合意されたものと認めるには疑問があり、公序良俗に反し無効とされた。

②アサヒプリテック事件　福岡地判平19.10.5労判956号91頁
　就業規則に設けられた退職後の競業禁止規定について、顧客情報等の秘密性に乏しく禁止する利益が小さいこと、他方で、禁

---

[8]　西谷218頁。

止対象取引は広範で（種類、地域に制限なし）、期間も長期（2年）であること、労働者が強い影響力のある地位にあったとはいえないこと、代償措置が講じられていないことから、公序良俗に反し無効であるとした。

③アートネイチャー事件　東京地判平17.2.23労判902号106頁

かつら製品の製造・販売等を業とする会社に勤務していた従業員らが、かつらのメンテナンス等を行う美容室に勤務した事案である。従業員らが行った業務は、就業中の日常業務から得た知識・経験・技能を利用した業務であり、特有の技術上又は営業上の情報を利用した業務ではないので、誓約書による競業避止義務の内容には含まれないとされた。なお、不正競争防止法違反による請求も棄却されている。

（競業を禁止する特約等の有効性が肯定されたもの）
④レジェンド元従業員事件　福岡高判令2.11.11労判1241号71頁

退職後の競業避止義務は、労働者が負う不利益の程度、使用者の利益の程度、競業避止義務が課される期間、労働者への代償措置の有無等の事情を考慮し、合意が公序良俗に反して無効となる場合や、合意の内容を制限的に解釈して初めて有効となる場合があるとし、「退職後、同業他社に就職した場合、又は同業他社を起業した場合に、X社の顧客に対して営業活動をしたり、X社の取引を代替したりしないことを約束します」との合意についてその有効性は肯定した。他方で、退職労働者が既存顧客に対して行う営業活動のうち、当該顧客から引き合いを受けて行った営業活動であって、YからY既存顧客に連絡を取って勧誘したとは認められないものについては、本件競業避止特約に基づく競業避止義務の対象に含まれないとして、当該事案における請求は棄却した。

⑤パワフルヴォイス事件　東京地判平22.10.27判時2105号136頁

　ヴォイストレーニングを行うための指導方法・指導内容及び集客方法・生徒管理体制についてのノウハウは原告の代表者によって長期間にわたって確立されたもので独自かつ有用性が高いとされ、営業行為の差し止めが認められた。

⑥ダイオーズサービシーズ事件　東京地判平14.8.30労判838号32頁

　マット・モップ類のレンタル業等を行う会社の従業員が、退職後に同業他社とフランチャイズ契約を締結し、顧客情報を利用して営業活動を行った事案。判決は、競業避止義務の期間が退職後2年間と比較的短いこと、禁止地域が在職時の担当営業地域とその隣接地域に限定されていること、同じ職種での顧客収奪行為のみを禁じていることから、合理的な範囲に制限されているとし退職者の職業選択の自由に対する制約は小さいとして、競業避止義務を定めた誓約書を有効とし、債務不履行に基づく損害賠償請求を認めた。

エ　④代償措置の有無

　競業避止義務を定める特約は、労働者の退職後の職業選択の自由を制約するのであるから、特約の合理性を肯定するには、代償措置が不可欠の要件と考えるのが学説の多数説とされる[*9]。

　こう考えても、特約が無い使用者についても、不正競争防止法の保護は一般的に及び、悪質ないし背信的行為について一般不法行為でも保護されうるのであるから、その利益は十分に保護されうる。また、労働者が代償を受領することにより、労働者の意思が確認されることになるという実益もある[*10]。

　裁判例においては、たとえば、東京貨物社（退職金）事件・

[*9]　川田・前掲注[*1]・146頁。なお、松田・前掲注[*5]は、裁判例が代償措置が無いことで直ちに特約など無効としていないことを指摘しつつ、代償措置の有無・程度は重要な考慮要素とする。

[*10]　木畑史子「退職した労働者の競業規制」ジュリ1066号（1995年）121頁。

東京地判平12.12.18労判807号32頁は、競業行為禁止により労働者の受ける不利益に対する充分な代償措置を執っている場合には公序良俗に反しないとして代償措置を検討しているし、代償措置が不十分であることを理由に特約等を無効としたものも多い。

　もっとも、代償措置には特に言及しなかったり、代償措置は不可欠の要件ではないとして、これがなくても競業避止の特約の効力を認める裁判例もある。

（代償措置が考慮されたケース）

①東京リーガルマインド事件　東京地決平7.10.16労判690号75頁

　司法試験予備校の専任講師兼監査役と代表取締役が退職後に競業会社を設立した事案において、労働者の退職前の地位・担当業務の点から、競業避止義務特約は監査役との関係では無効とされたものの、代表取締役との関係では有効と差異があるとされた。また、当該特約を有効と判断するためには使用者が競業避止義務賦課の代償措置を執ったことが必要不可欠であるとはいえないが、補完事由として考慮の対象となるとしている。

②ヤマダ電機（競業避止条項違反）事件
東京地判平19.4.24労判942号39頁

　従業員は、元来職業選択の自由を保障され、退職後は競業避止義務を負わないものであるから、退職後の転職を禁止する本件競業避止条項は、その目的、在職中のYの地位、転職が禁止される範囲、代償措置の有無等に照らし、転職を禁止することに合理性があると認められないときは、公序良俗に反するものとして有効性が否定されるとしつつ、従業員が地区部長などの役職にあったことを考慮して、1年間の同業者への転職を禁止する競業避止義務条項を有効として、損害賠償請求を認容した。

第5章 ● 退職後に使用者から労働者が責任追及される場面　181

③アメリカン・ライフ・インシュアランス・カンパニー事件
東京地判平24.1.13労判1041号82頁（東京高判平24.6.13労働判例ジャーナル8号9頁）

　生命保険会社の執行役員が競合他社へ転職した事案である。退職前の地位は相当高度であったが、機密性を要するほどの情報に触れる立場であるとはいえず、競業避止条項に正当な利益保護の目的はなく（業務を遂行する過程において得た人脈、交渉術、業務上の視点、手法等程度のノウハウの流出を禁止しようとすることは正当な目的といえない）、禁止される業務の範囲（生命保険会社すべて）、期間（2年）、地域（限定なし）は広きに失するし、代償措置も十分ではなく、競業避止義務を定める合意は合理性を欠き、公序良俗に反し無効であるとした。高裁判決も地裁判決を維持。

④リンクスタッフ元従業員事件　大阪地判平28.7.14労判1157号85頁
　医療従事者を対象とする職業斡旋の会社に勤めていた従業員が同業他社に転職した事例において、従業員の地位が平社員で在籍期間も約1年、代償措置として主張された業務手当も全就労期間中総額33万円ほどであることや、禁止期間が3年間で地域制限も付されていないことから、競業禁止の合意は公序良俗に反し無効とした。

2──競業避止義務違反の法的効果

2-1　損害賠償と差し止め

　競業避止義務違反が認められると、使用者から退職した労働者に対して、損害賠償請求と当該競業行為の差し止め請求が認められ得る（前掲・パワフルヴォイス事件）。

　もっとも、差し止め請求まで認められるには、労働者の競業避止義務違反に加えて、当該競業行為により使用者が営業上の利益を現に侵害され、またはその具体的なおそれがあることが

必要である。

（競業行為の差し止め請求が肯定されたもの）

アフラック事件　東京地決平22.9.30労判1024号86頁

　退職した執行役員の地位にあった労働者の競業他社への競業避止義務が問われた事案である。労働者には不利益に対して相当な代償措置（高額年収、株の付与、高額退職金などの厚遇）が講じられているとして公序良俗に反さず、契約書の競業禁止期間は2年だったが、限定的に解釈し退職から1年間に限り競業禁止の合意の効力を認めた。また、当該競業行為により使用者が営業上の利益を現に侵害され、又は侵害される具体的なおそれがあるときに限り差し止め請求は認められるとし、仮の差し止めを認容した。

2-2　退職金の減額、不支給、返還請求

　退職者の競業を防ぐために、就業規則等で、同業他社に転職した者に対する退職金の減額・不支給等を規定している場合がある。就業規則等の定めがない場合、減額・不支給等は許されないと解すべきである。

　また、形式的には減額・不支給に該当する場合でも、減額等が許容されるのは、会社へのそれまでの貢献による功労を抹消してしまうほどの重大な損害を与えたり、会社の社会的信用を損なう場合など労働者に高い背信性がある場合に限定される。

　なお、特約が有効となるため代償措置を不可欠の要件と考えると、競業と関係なく支給が予定されている退職金を、退職後の競業避止を理由に減額等するのは一貫しないとの指摘もある[11]。

＊11　西谷219頁。退職金に関しては、第6章1「退職金をめぐるトラブル」を参照。

第5章 ● 退職後に使用者から労働者が責任追及される場面　183

（退職金返還や不支給を否定したもの）

①三田エンジニアリング事件　東京高判平22.4.27労判1005号21頁

競業他社に転職した従業員に対する、就業規則の競業禁止規定に基づいて退職金の返還が請求された事件。競業禁止規定により禁止されるのは、営業機密を開示、漏洩し、あるいはこれを第三者のために使用するに至るような態様のものに限定されるとし、その限りで同規定の有効性を認めた（代償措置なし、期間1年）。ただし、本件事案において、作業ノウハウは営業機密に当たらないとして請求を棄却された。

②モリクロ（懲戒解雇等）事件　大阪地判平23.3.4労判1030号46頁

秘密保持契約違反を理由とする退職金不支給について、めっき加工や金属表面処理加工のノウハウにつき、めっき加工の会社は複数存在し、同種の製品を加工していること、具体的な技術内容等に関する基本的な事項については書籍等で広く流布されていること等から、秘密保持契約によって保護されるべき対象とならないとして、退職金請求を認めた。

③中部日本広告社事件　名古屋高判平2.8.31労判569号37頁

退職後6か月以内に同業他社に就職した場合には退職金を支給しない旨の就業規則の規定は、継続した労働の対償である退職金を失わせることが相当であると考えられるような顕著な背信性がある場合に限って有効であるとした。

④ヤマガタ事件　東京地判平22.3.9労経速2073号15頁

紙加工会社の元支店長に対する退職金不支給が問題となった事案。退職金不支給事由を認定しつつも、原告の勤続の功を抹消または減殺するほどの著しい背信性があるとまではいえないし、退職金の請求が権利の濫用であるということもできないとして、退職金請求を認容した。

（退職金不支給を肯定したもの）

⑤三晃社事件　最二小判昭52.8.9労経速958号25頁

　広告会社に勤めていた営業社員が、退職後同業他社へ就職した事案で、最高裁は、「退職後の同業他社への就職をある程度の期間制限することをもって直ちに社員の営業の自由等を不当に拘束するものとは認められ」ないとして、退職金減額規定を有効とした。

⑥日本産業パートナーズ事件　東京高判令5.11.30労判1312号5頁

　投資会社の元授業員が、同業他社への転職が入社時の雇用契約書備考欄に記載された競業避止規定に違反するとして、退職金総額の25％に当たる基本退職金のみ支給されたため、残りの業績退職金を請求した事案。判決は、競業避止義務違反は勤続の功を大きく減殺し著しく信義に反すると認定し、転職禁止期間（1年間）の合理性は否定できず、態様（故意で悪質）、貢献度が低かったことも考慮された。同時に、未払賞与（業績年俸）の請求も棄却されている。退職時ではなく入社時の雇用契約書の「備考欄」に記載された競業避止規定であり、労働者の自由意思に基づくものか争点とされるべきであった（本訴訟では争われていない）。

⑦ソフトウエア興業（蒲田ソフトウエア）事件
東京地判平23.5.12労判1032号5頁

　退職後2年以内に許可無く競業を行った場合に退職金の2分の1の返還請求ができる旨の規定は、従業員の職業選択の自由を不当に拘束するものではないとした上で、在職中に地位を利用して部下らに新会社への勧誘をして一斉退職させ会社業務に支障を生じさせたことは、それまでの勤続の功を抹消してしまうほどの著しく信義に反する行為であると認め、返還請求を認容した。

第5章 ● 退職後に使用者から労働者が責任追及される場面　185

⑧野村證券元従業員事件 東京地判平28.3.31労判1144号37頁

同業他社に転職した元従業員に対し、同業他社に転職した場合は退職加算金を返還する旨の合意(返還合意)を理由に、退職加算金相当金の返還を求めた事例。返還合意は、従業員に同業他社に転職しない旨の義務を負わせるものではないため、返還合意が公序良俗に違反せず、退職加算金相当金の返還請求は、権利濫用であると評価できないとされた。

3──秘密保持義務違反

3-1 トラブルになる場合

労働者が退職に際して、在職中に得た企業情報を社外に持ち出すなどを理由に、使用者から損害賠償請求などをうける場合などが問題なる。とりわけ、競合他社への機密漏洩などは、使用者が厳しく追及してくるし、損害賠償請求される金額も多額となるので、深刻な問題となる。

3-2 在職中の秘密保持義務

[1] 義務の根拠

在職中の労働者は、労働契約に付随する信義則上の義務の一つとして、職務上知り得た企業情報を外部に漏らさない義務(秘密保持義務)を負うと解される(労契法3条4項)。

この点は、就業規則や労働契約に同趣旨の規定があればより明確となるが、これがなくても信義則上生じると解されている。

[2] 在職中に違反した場合の効果

在職中労働者に秘密保持義務違反が認められると、それが就業規則所定の懲戒事由に該当すれば、懲戒処分の対象となり得る(ただし、懲戒権の濫用などに該当する場合、処分は無効と

なるのは当然である）。

また、退職金の減額事由となることもある（詳しくは、退職金の箇所）。

［3］弁護士への相談における開示

秘密保持義務を理由に労働相談をする弁護士に対しても情報の開示を躊躇う労働者は少なくない。

しかし、弁護士に相談するために企業情報を許可なく開示することは、弁護士が弁護士法23条による守秘義務を負うことや、労働者の権利救済のために必要があることから、秘密保持義務違反とはならないと解される（日産センチュリー証券事件・東京地判平19.3.9労判938号14頁）。メリルリンチ・インベストメント・マネージャーズ事件・東京地判平15.9.17労判858号57頁は、いじめ等について弁護士に相談するため人事情報などを手渡した行為について、弁護士が守秘義務を負っていることから開示は許されるとした。

3-3 退職後の秘密保持義務

［1］根拠

労働者の秘密保持義務は、労働契約上の義務に基づいて生じるので、退職によって労働契約を終了している場合であれば、原則として、密保持義務の義務を消滅する。

しかし、退職後にも秘密保持義務を認める特約や就業規則などにより、適法な契約上の根拠があると認められる場合には、退職後の労働者であっても秘密保持義務が認められ得る[12]。法の定めのある場合については後述する。

---

*12　西谷215頁、水町987頁。

第5章 ● 退職後に使用者から労働者が責任追及される場面　187

［2］ 特約の合理性が吟味される

　特約をした場合であっても、退職後の秘密保持義務の範囲が広範に過ぎれば、退職後の労働者の職業選択の自由や営業の自由と抵触するので、秘密の性質・範囲、秘密の価値、労働者の退職前の地位に照らして、当該義務は合理的な範囲内に制限されると解される[*13]。

　この点、ダイオーズサービシーズ事件・東京地判平14.8.30労判838号32頁は、クリーンケアサービスの営業担当従業員が入社5年経過後に、業務に関わる重要な機密事項（「顧客の名簿及び取引内容に関わる重要な事項」「製品の製造過程、価格等に関わる事項」）について一切他に漏らさないという誓約書を提出した事案において、「労働契約終了後も一定の範囲で秘密保持義務を負担させる旨の合意は、その秘密の性質・範囲、価値、労働者の退職前の地位に照らし、合理性が認められるときは、公序良俗に反しない」として、誓約書の合理性を肯定した。

［3］ 違反した場合の効果

　退職後の労働者については、既に労働契約が終了しているので、遡及的に懲戒処分が下されることはない。

　しかし、労働者の債務不履行に当たるとして、使用者から損害賠償請求が定期されたり、就業規則等に具体的に定めがある場合には、使用者による差止請求が認められる可能性は残る。

［4］ 不正競争防止法における営業秘密の保護

　企業の秘密保持については、不正競争防止法が、営業秘密を保護する規定が設けており、労働者が営業秘密を漏えいする行

---

*13　［4］で述べるように、不正競争防止法における営業秘密の保護が図られているが、その対象は未だ限定的であるから、実務上、退職後の労働者につき営業秘密の漏洩が問題となるケースのほとんどは特約による場合である（水町986頁）。

為は同法による禁止対象となる。

　同法による規制は、労働契約の存続中だけでなく、退職後にも及ぶと解されるので注意が必要である。

　不正競争防止法は、「営業秘密」を「秘密として管理されている生産方法、販売方法その他の事業活動に有用な技術上又は営業上の情報であって、公然と知られていないものをいう」（同法2条6項）と定義する。要するに、保護される対象となる情報を、①秘密管理性、②有用性、③非公知性の3要件をみたすものに限定している。

　その上で、同法は、禁止される「不正競争」の1つとして、事業者から示された営業秘密を、不正の利益を得る目的や保有者に損害を加える目的（図利加害目的）で使用し又は開示する行為を挙げる（同法2条1項7号）。

　当該行為を労働者が労働契約の存続中又は退職後に行った場合には、営業秘密の保有者である使用者から、差止め（同法3条）、損害賠償（同法4条）、信用回復の措置（同法14条）などの救済措置も定めている。また、一定の態様の使用・開示等には罰則もある（同法21条）。

　なお、2018年に「営業秘密」とまではいえない「限定提供データ」についての取得、使用、開示を「不正競争」の類型に加える改正がなされた。この限定提供データとは、「業として特定の者に提供する情報として電磁的方法により相当量蓄積され、及び管理されている技術上又は営業上の情報（秘密として管理されているものを除く。）」と定義され（同法2条7項）、例えば自動走行用地図データ、POSシステムで収集した商品毎の売上げデータなどを指す。その要件は、①限定提供性、②電磁的管理性、③相当蓄積性であり、不正取得・不正使用等が禁止され、差止めや損害賠償が定められた。

第5章 ● 退職後に使用者から労働者が責任追及される場面　189

4——名誉毀損

4-1 トラブルになる場合

　本来、労働者が使用者の行動・体質を批判することは、労働者の表現の自由や団結権の行使として許される[14]。しかし、退職の前後、労使関係での対立が顕在化した場面で、労働者が使用者を批判する表現行為が使用者の名誉を毀損するとして、使用者から差し止めや損害賠償請求がなされ円満退職が妨げられる。

　伝統的には、労働者が労働組合に加入して集団的な労使関係に基づく対立が生じた場面で生じるトラブルの類型であったが、現在は、SNS・ブログなどインターネットを活用して気軽に情報発信ができるため、労働者が労働組合のかかわらない形態で、使用者から名誉毀損に紛争に巻き込まれる事もある。

　使用者からの請求としては、損害賠償請求だけでなく、人格権侵害による差し止め請求がなされることもある。なお、在職中であれば、労働者が負う信義則上の義務違反として懲戒事由ともなる（日本経済新聞社事件・東京地判平14.9.24労判844号87頁など）。

4-2 名誉毀損表現の特定

　名誉毀損が成立するには、他者の名誉を毀損した[15]といえることが必要で、「人の社会的評価を傷つけること」（最二小判昭31.7.20民集10巻8号1059頁）、つまり外部的名誉の侵害が必要とされる。

　実務上、使用者から労働者に対して、問題となる表現行為を具体的に特定せず、漠然とした名誉毀損等の指摘をうけること

---

*14　西谷219頁。

*15　当該行為の対象が曖昧な場合は、使用者（またはその関係者）と特定されるのか、同定可能性も争点となり得る。

があるが、まず問題となる表現行為を具体的に特定させることが重要である。

そして、問題となり得る表現行為が特定されたとして、人の社会的な評価を害するものでなければならない。

また、問題のある表現行為であっても、他者の外部的な名誉は害さないもので名誉感情（主観的名誉）が侵害されたにとどまるのかという区別も重要となる。

なお、名誉感情が侵害された場合であれば、表現行為が人格的利益を侵害したとして違法性を帯びるのは、社会通念上許される限度を超える侮辱行為であると認められる場合に限られる（最三小判平22.4.13民集64巻3号758頁）。

4-3 名誉毀損の違法性阻却の判断枠組み

［1］類型化

名誉毀損となる表現があった場合、違法性阻却の段階が中心的争点となることが多い。

その際、表現行為が、事実の摘示による場合か、意見論評による場合か、いずれかで違法性阻却事由の要件が異なるので、まずはいずれの類型なのかを区分けることが重要となる。

［2］事実の摘示による場合の違法性阻却

この場合、以下の3要件を充足すれば、違法性阻却される。

① 公共の利害に関する事実に係ること（事実の公共性）、
② 専ら公益を図る目的に出たこと（目的の公益性）
③－Ⅰ 摘示された事実が真実であると証明すること（真実性の証明）
または
③－Ⅱ 労働者（表現者）において摘示した事実が真実である

第5章 ● 退職後に使用者から労働者が責任追及される場面 | 191

と信ずるについて相当の理由があること（真実相当性の証明）

［3］意見・論評による場合の違法性阻却

この場合、以下の4要件を充足すれば、違法性阻却される。事実の摘示の場合との大きな相違は、③について、「意見ないし論評の前提としている事実」について判断され、しかも「重要な部分」においてのみ真実性が問われる点である。

① 公共の利害に関する事実に係ること（事実の公共性）
② 専ら公益を図る目的に出たこと（目的の公益目的）
③−Ⅰ 意見・論評の前提としている事実が重要な部分において真実であることの証明があること（真実性の証明）
または
③−Ⅱ 意見・論評の前提としている事実が真実であると信ずるについて相当の理由があること（真実相当性）
④ 表現内容が人身攻撃に及ぶなど意見・論評としての域を逸脱したものでないこと

4-4 労働組合活動に関係する表現の場合

［1］労働組合の関与

退職に際し使用者との間で労働者の表現行為がトラブルになるケースの多くは、労働組合に加入したうえでの表現行為である。この場合、組合員個人の行為が問題となる場合と、組合自体の表現行為が問題になる場合とがある。使用者から訴訟提起される場合は、共同不法行為として、組合と組合代表者など組合員個人とが被告とされることもある。

［2］関与していない当事者が対象になっていないか

組合名義での発信（機関誌・街頭宣伝・ブログ・SNSなど）

の場合、誰に基づく行為なのか、まったく関与していない組合員が巻き込まれていないかは、確認が必要である。争議対象者であっても、当該表現行為と何ら関係の無い労働者に対する請求などがなされることもある（当該街宣活動に不参加、ブログ執筆などに関与せず、等）。

ただし、組合自体や組合代表者個人は、組合名義の情報発信について、直接の関与の有無を問わず、表現行為が組織決定に反し行われたような特殊な理由でも無い限り、当事者として関与していないことを理由に責任を逃れることは現実的ではないだろう（理論的にも、現実的な組織の対応としても）。

［3］組合活動による民事免責

当該表現行為が、労働組合の活動として行われた場合、憲法28条で保障される団結権や団体行動権の保障を受けることになるので、正当と評価される場合には、民事免責がなされる（労組法8条参照）。

そして、労働組合の情報宣伝活動として会社の経営方針などを批判する表現活動についての正当性の判断であるが、労働組合が、労働条件・労働環境等の改善、使用者の経営方針等の改善糸求める目的で、関連する問題点を指摘し批判をすることは、正当な組合活動の範囲内に含まれる。

また、たとえ表現行為が使用者への批判的な内容で、労使関係外の第三者に対して行われる表現行為でも、組合活動に対する社会の理解と支援を得るため行われるものであれば、労働組合の重要な活動手段であって、基本的に正当な組合活動である。

また、労働組合の表現行為は、記載表現が厳しかったり、多少の誇張が含まれたりしていても、性質上やむを得ないというべきであり、そのような表現行為によって、使用者の運営に一定の支障が生じたり、使用者の社会的評価が低下したりすることがあっても、使用者としては受忍すべきものであると考える

（受忍義務説）。

　裁判例には、使用者の受忍義務として捉えるもの、違法性阻却として捉えるものがあり、組合活動をどの位置づけで検討するのかも、定まっていない。

　実務的には、理論的な位置づけをどのように考えるにせよ、表現行為の主体、表現行為の目的・内容（組合活動との関連、当該労使関係の状況、表現内容の名誉毀損の程度）、表現行為の態様（街頭でのビラ配布か、取引先など特定人への配布か、SNSなど広く社会に公開されたものか）などについて、主張立証をすることになる。

（組合活動による刑事免責が肯定されたもの）

①全日本建設運輸連帯労働組合関西地区生コン支部（和歌山）刑事事件 大阪高判令5.3.6労判1296号74頁

　産業別労働組合Xの組合員Yらが、和歌山県広域生コンクリート協同組合（Z）の実質的経営者であるBらにより、元暴力団員を使ってXの支部の調査・ビデオカメラの撮影・組合員の監視等が行われたとして、Zの業務を妨害することを厭わず謝罪などさせようとBらに対して抗議に行き4時間半面談を継続してしたこと等が、威力業務妨害罪・強要未遂罪に該当するとして有罪とされた刑事事件・一審判決（和歌山地判令4.3.10労判1296号89頁）の控訴審判決であり、一審判決を破棄し被告人らを無罪とした。

　判決は、憲法28条の団結権等の保障は、労働関係の当事者に当たることが前提で労組法1条2項の刑事免責も同様の前提が必要とし、産業別労働組合であるXは、業界企業の経営者・使用者あるいはその団体と、労働関係上の当事者に当たり憲法28条の団結権等の保障を受け、これを守るための正当な行為は違法性が阻却される（労組法1条2項）とした。また、組合員Yらによる抗議態様は、Bの名誉を毀損する街宣活動として若干

行き過ぎといえる部分も含むとはいえ、暴力を伴うものではなく、Ｙらの行為は社会的相当性を明らかに逸脱するとまでは言いがたいとして、労組法１条２項の適用又は類推適用により正当行為として違法性が阻却される合理的な疑いが残るといわざるを得ないとした。

（組合活動による民事免責が肯定されたもの）
②プレカリアートユニオンほか（粟野興産）事件
東京高判令4.5.17労判1295号53頁

　個人加盟ユニオンである原審被告Ｙ₁ユニオン及びその代表者Ｙ₂に対し、Ｘ社の本社前でＸ社トラックの過積載及び産業廃棄物免許の名義貸し行為を行っている等を内容として行ったＹ₁ユニオンの街頭宣伝行為や、顧客取引先及び取引先銀行等に対して同様の記載のある要望書を送付した行為について、Ｙらの共同不法行為等の不法行為に基づく損害賠償請求をした事件である。判決は、Ｘの社会的評価が低下されると信用毀損性等などを肯定しつつ、違法性阻却を認め請求を棄却した。なお、原審は、トラックの過積載及び産業廃棄物免許の名義貸し行為の真実性または真実相当性を認めて請求を棄却したが、本判決は「労働組合の活動については、その内容が使用者の信用を毀損するものであるとしても、行為により摘示された事実が真実であるか否か、または真実と信じるについて相当な理由が存在するか否かに加え、本件行為の目的、必要性、態様及びその行為が及ぼす影響など、一切の事情を総合考慮し、その活動が正当な組合活動として社会通念上許容される範囲内のものであると判断される場合には、違法性が阻却される」として、正当な組合活動として違法性が阻却されることを独立した検討項目として取り上げ（真実性等はその枠内の判断事由として取り上げる）、違法性阻却事由として検討している。

第5章 ● 退職後に使用者から労働者が責任追及される場面　195

③首都圏青年ユニオン執行委員長ほか事件
東京地判令2.11.13労判1246号64頁

　労働組合と団体交渉をしていた会社の執行役員であった特定社会保険労務士（X）が、団体交渉時の組合員の言動、SNSへの投稿で名誉を毀損された等として、労働組合やその役員らに対して損害賠償請求した事案である。判決は、「ブラック企業」「平気で嘘をつくブラック社労士」「なりすまし社労士」などの表現がXの社会的評価を低下させる表現であるとしつつ、労働問題という公共的・公益的な目的があること、Xの具体的な氏名を公表せず団体交渉での対応に問題のある点を指摘したにすぎないこと等から真実性・相当性があるとして、Yらの責任を否定した。

　また、原告訴訟提起後に、組合役員が雑誌で事実経緯や本件訴訟提起が組合つぶしのスラップ訴訟である等の内容を含む記事を執筆した点が名誉毀損にあたり、被告らの言動・投稿などと共同不法行為を構成するとして本件訴訟の請求原因に追加された。この点は、記事執筆が共同不法行為を構成するとしつつ、記事は専ら公益目的であるとし、記事内容も真実であるとか、スラップ訴訟であるとの意見論評もまたその域を逸脱したといえいない等として、不法行為責任を否定した。

④コード事件　京都地判令4.9.21労判1289号38頁

　被告Y社から雇止めされた労働者Xが、雇止め訴訟提起後に行った記者会見やインタビュー上の発言について、Y社に対する名誉信用毀損に該当するか争われたが、労働者が自らの主張を行ったに過ぎず、使用者が訴外で反論すれば足りるとして、不法行為該当性を否定している。

⑤連合ユニオン東京V社ユニオンほか事件
東京高判平30.10.4判例集未掲載（東京地判平30.3.29労判1183号5頁）

　組合のホームページ上に「O営業本部長のセクハラ発覚」「会社隠ぺい」という見出しを掲載し、株主総会で「ハワイツアー中に目撃者が何人もいる中で某代理店にセクハラ行為」等と発言した行為について、会社見解を併記していること、名前をイニシャル表記していること、具体的行為を特定し発言する必要性があったこと等などを考慮し正当な組合活動として社会通念上許容される範囲内のものであるとして、違法性が阻却されるとした。

⑥京阪バス会（京阪バス）事件　　京都地判令4.3.30労判1273号25頁
　京阪バス株式会社（X社）と営業所長（X_1所長）が原告となり、被告労働組合が発行し、複数の組合掲示板に掲載された壁新聞の掲載内容により、Xらの名誉・信用が毀損されたと主張し慰謝料等を請求した事案である。ある運転手が禁じられた携帯電話持込で勤務しているとの疑いがもたれたことから、X_1所長が、運転手のロッカーを空けると携帯電話は入っていた。これを受けYは「窃盗に値する行為！」との見出しや、「窃盗の可能性もある署長に対する賞罰委員会を開催するのか回答ください」などの記載がある壁新聞を掲示した。判決は、意見・論評の表明による名誉毀損にあたるとし、意見としての域を逸脱したものとはいえないとして違法性を阻却し、請求を棄却した。

⑦JMITU愛知支部ほか（オハラ樹脂工業・仮処分）事件
名古屋地決令4.11.10労判1277号37頁

　組合作成の「最早、人道的配慮の無い職場環境！！」などと記載されたウェブサイト記事の抹消を求めた仮処分事件である。名誉・信用毀損の判断枠組みで判断し、「仮処分手続において労働組合の表現行為を直接的に規制するものであり、表現及び労

第5章 ● 退職後に使用者から労働者が責任追及される場面　197

働組合活動への制約が大きいことを考慮するべき」とした。そして、真実または真実相当性があると認められない記事でも、一応の根拠をもって表現したものであること、摘示した事実の具体性が高くなく名誉・信用毀損の程度が高いとは言えないこと、労働組合として団体交渉の実現、組合員の労働条件の向上という目的、表現の態様に照らし、なお正当な組合活動として社会通念上許容される範囲内のものであり、仮処分手続において削除を認めるべき違法性を有するとはいえないとして申立を却下した。

5──労働契約終了後の権利義務

5-1 トラブルが生じる場面

　労働契約が終了した後にも、使用者から労働者に対して、就労を命じられたり（退職前に果たすべきだった引き継ぎの不十分さを理由とする場合が多い）、当事者が退職後も一定の労務提供をする合意をしており賃金額・労務提供の内容等についてトラブルになる場合が多い。

　そこで、労働契約が終了した後にも、労働契約の一部が存続するなどして、労働者が労務提供をしなければならない場合などがあるのかが問題となる。

5-2 原則

　労働契約の終了によって、労働契約上の権利義務が消滅するのが原則である。既に契約が存在しない以上、契約により生じた権利義務が消滅し、契約に伴う義務から当事者は解放される。

　したがって、使用者が労働契約終了後にも労働者に労働契約上の義務の履行（例：引き継ぎ義務）を求めても、原則として、労働契約上の法的な義務が生じることはない。

5-3 労働契約の定めによる場合（例外1）

　当事者の合意で、労働契約終了後も、労働者が一部業務を果たすことが禁じられるわけではないので、労使合意により、退職後に一定の業務を労働者が行うことはある（例：特約による労働者の競業避止義務）。

　とはいえ、弱い立場の労働者の退職の事由・職業選択の自由を過度に制約しない範囲でのみ合意は認められ（例外的な労働者の負担であり、労働者の自由な意思による合意があることが必要と考えられる）、労働契約終了後にもこれら義務が生じることが明示的に合意されていなければならない。

　なお、労働契約に付随する契約（例：社宅契約など）について、労働契約終了後も権利が存続することを明確に定められていない限り、労働契約の終了によって、付随する契約も当然に終了するものと解される。裁判例には、社宅契約が労働契約の終了によって終了するとして、使用者から退職者への社宅明け渡し請求を認容したものがある（開成交通事件・東京地判平23.3.30労経速2109号26頁）。社宅について詳細は本章8「社宅などの明渡し」を参照されたい。

5-4 法律上の定めによる場合（例外2）

　法律上、労働契約終了後にも例外的に権利義務が残ることを定める場合として、①不正競争防止法における秘密保持義務、②労働者が退職する場合に、使用期間、業務の種類、その事業における地位、賃金又は退職の事由等について証明書を請求した場合に使用者は遅滞なくこれを交付しなければならない義務（労基法22条1項）、③使用者が、退職する労働者の権利に属する金品を返還する義務（労基法23条1項）がある。

5-5 新たな当事者の合意による場合

［1］新たに契約を締結すること

当事者の合意で、退職後、再度同一当事者間で新たな労働契約を締結して就労をすることも許される[16]。

法的には、従前の労働契約が存続している訳ではなく、退職後に新たな労働契約を締結したもので、新たな労働契約締結の場面として、使用者は労働者に対して、厳格な労働条件の明示が義務づけられる（労基法15条1項、労規則5条第1項）。

直前まで働いていた当事者間であることで、使用者において労働条件明示の義務を怠るケースも少なくないが、事後の労働条件に関するトラブルは珍しくない。まさに労働条件の内容をめぐる事後の紛争防止という労基法15条1項の趣旨が妥当する場面で事後の紛争が生じやすい場面であることを強く意識し、書面による労働条件明示を求め、慎重にその内容も確認してから合意するべきである。

具体的な労働条件を明示しておけば、労働者からは、明示された労働条件が事実と相違する場合であるとして、即時に労働契約を解除することも可能となる（労基法15条2項）。

［2］業務量・業務内容や労働時間

退職するには何らかの事情があるはずで、退職前と同じ業務をこなせないのが通常だろうが、人手不足もあって使用者は従前通りの労務提供を期待しがちであり、明確に業務量・業務内容が定まっていないと、トラブルになりやすい。

いったん退職した後に新たな契約で就労する場合、たとえ慣

---

[16]　ただし、離職後1年以内の労働者を元の勤務先企業が派遣労働者として受け入れることは禁止されている（派遣法40条の9第1項）。派遣元も、派遣労働者の就業先が離職して1年以内の企業とわかったときには、労働者派遣をおこなってはならないとされている（派遣法35条の5）。

れた職場の仕事であっても、再就職先での慣れない環境で働き疲れた状態で働くのは肉体的・心理的負荷もかかるし、職場を離れ以前のような効率で仕事ができない場合も多い。

したがって、労働契約締結時に、労働時間と就労日について明確に定め労働者側において過重な業務を拒否できるような規定を置くように求めるとか、業務量の予測が可能な業務内容に限定しておくことが必要である。

なお、退職後の新たな労働契約が兼業副業となる場合は、再就職先の兼業副業が禁止や許可制となっている場合があるので、その確認も必要となる。また、事業場を異にする場合に労働時間が通算されること（労基法38条1項）から、本業とも労働時間が通算されるので、時間労働時間の罰則付き上限規制（労基法36条）や、割増賃金（労基法37条）の支払い等についても、意識して契約内容を定める必要がある[17]。

［3］賃金について

賃金の決定、計算及び支払いの方法は、労働条件の明示事項であり、使用者が労働者に対して書面で明示すべき事項である（労基法15条1項）。この点が、曖昧であれば、きちんと書面により明示を求め、再度の労働契約締結時に、労働者側としても納得してから合意をすべきである。

このように具体的な特段の合意があればそれに従うのが当然であるが、使用者が労働条件明示義務を果たさない場合もある。その場合には、少なくとも従前労働契約関係があったことを前提にして、新たにその延長線上で生じる労働契約関係であることから、賃金水準は、少なくとも従前の賃金単価（月例賃金であれば、その時給ベースの金額）の支払いがなされるとの

---

[17] 副業・兼業の場合の労働時間管理の在り方については、厚労省が令和2年9月1日に「副業・兼業の促進に関するガイドライン」をだし、労働時間の申告等や通算管理における労使双方の手続上の負担を軽減し、労基法に定める最低労働条件が遵守されやすくなる簡便な労働時間管理の方法（「管理モデル」）が示されている。

推認がなされうる。

　使用者が明示義務を果たさなかったとして、賃金額について書面で明示がなされていないからと言って、たとえば、最低賃金の支払で足りるなどという、義務を果たさなかった使用者を利するような判断は許されない。

［4］業務委託等の雇用によらない形式での就労

　退職後に使用者から、業務委託など雇用によらない形式での労務提供の申し出がある場合もある。

　上記の通り、再就職先がある場合には新たな就職先との兼業副業となって、兼業副業の禁止・許可や、労働時間の通算の問題などで煩雑となることを避けるために、労使双方にとってメリットがあると考えられる場合もあろう。

　しかし、労働者か否かの判断は当事者が締結した契約の形式では決定されず、労働実態で決定される（使用従属性や報酬の対価性などで判断される）。

　したがって、退職後も従前通りの指揮命令関係が残る働き方であれば、たとえ、業務委託・請負などの形で働くと合意があっても、労働契約であると認められ、労基法等の保護が及ぶことになる。

　業務委託など雇用によらない形式で契約締結を提案された場合、労働者としても退職後に、なじみのある場所で気軽に兼業副業ができる等と安易に考えるべきではない。

6──私物の引き渡し・会社所有物の返還

6-1　トラブルが生じる場面

　労働者が会社を退職した後や、既に退職が決まっていて有休消化などで出社する予定が無い段階などに、私物や会社所有物の返還などを巡るトラブルにより、円満退職が妨げられること

202

がある。

　会社から労働者に対して、労働者が会社に残した私物の引き取るよう求めてきたり、労働者から会社に対して私物の取り戻しを求め拒否されたりして、トラブルになる場合がある。

　また、退職後の労働者が会社所有物を保管している場合に、会社から労働者に対して請求がなされる場合もある。

　とくに、離職理由や離職自体（解雇など）についてトラブルが生じている場合には、トラブルが生じやすい。会社と労働者との間で感情的な対立が激しく、物の返還についても冷静にやり取りができない状態に至っている場合もあり、当事者に任せることで物の返還に関してさらに紛争が拡大することもある。

　返還を求める物自体に経済的・主観的な価値がある場合はもちろんだが、価値のないもの（労働者が残してきた文具・衣類など）でも、感情的な対立から返還・受け取りについて強い要求があることも珍しくないので、煩雑であろうと、弁護士が代理人として関与している場合、安易に当事者任せにしないことは重要である。

6-2　対処法

［1］会社所有物の返還

　退職した後に労働者が会社所有物を保管している場合、返還を求められないとして保管し続けていると、さらなるトラブルになることもある。一般論でいえば、なるべく早めに会社に返還するのが無難であろう。

　会社側が返還を求めてくるもので多いのは、退職後に返還が必要となる保険証、悪用されると問題が生じる社員証・入館証・ユニホームなど、財産的価値があったり機密情報が含まれるパソコン・スマートフォンなど、が多い。

　労働者側が解雇の効力を争う場合、会社所有物の返還に強い

第5章 ● 退職後に使用者から労働者が責任追及される場面　203

抵抗感を示す場合があるが、解雇自体を争う意思は別途示せば足り、会社所有物自体の返還を拒絶し続ける必要はないだろう（紛争を無益に拡大する）。

ただし、返還する場合であっても、労働者側において会社との事後的なやり取りにおいて必要な情報（解雇理由に対する反証の材料や労働時間を立証するのに必要な、パソコン、スマートフォン内部の情報）はきちんと手元に確保したうえで返還するように注意したい。とくに、過労死・過労自死の事案では、使用者側が、遺族から長時間労働の実態を裏付けるパソコン・スマートフォンなどを回収しようと試みることが多いので、労災申請などの準備のためにも証拠の確保が必要だ。

［2］私物の返還

労働者が会社に放置してしまった私物の返還について、労働者から会社に返還を求めたい場合がある[18]。

労働者が取りに行く場合は、立ち入りの可否・時間帯などで揉めないように、明確に合意をすべきだろう。退職の申し出をして出勤予定のない労働者（退職後の労働者も同じ）が、使用者の承諾なく私物を取りに行き、機密漏洩などの疑念を欠けられてトラブルが拡大することもある。

また、使用者側から、労使関係が破綻し労働者が足り入れないことを理解しつつ、嫌がらせのように「職場に取りに来るように」などと求めてくる場合もある。このような場合、郵送料などの費用負担を申し出たうえで、指定した場所に送付するように依頼すれば足りるだろう。

私物の返還に際して使用者側に関与させる場合には、返還を求める対象物と、置かれている場所などをできる限り具体的に特定することが大切だ。対象物の有無・範囲などで、さらにト

---

*18　外国人労働者の使用者によるパスポート取り上げ等の問題は、は第6章7「退職時の金品返還義務（労基法23条関係）」で取り上げたので参照されたい。

ラブルが発展する場合も多い。

　なお、返還を求める意向がない私物でも、会社に残置されているものがあれば、労働者側において処分するのが好ましいのはもちろんだし、それが難しくても、明示的な所有権放棄の意思を示すほうが、無用な事後のトラブルは避けられる。

［3］返還時などを会社と交渉するときの注意

　会社所有物や私物の返還に際し、送付先や送料負担者をどちらにするのかは、あらかじめ会社側としっかりと協議をしておくべきである（相手方の同意なく、いきなり着払いで相手方に送りつけるようなやり方は、トラブルを生む）。

　些末なようだが、こういった点はトラブルになりがちで、代理人がついた交渉段階なのに当事者同士に委ねてしまうと、無益に紛争が拡大し、紛争の全体の解決にも悪影響が起きかねないので、きちんとコントロールすることが重要だろう。

　送付費用の問題などを具体的に検討する過程で、客観的な価値のない私物や会社所有物については、所有権放棄で解決がすることもある。

　なお、労基法23条の保護対象は、労働者が使用者に預入れや保管を依頼したものに限定されるので、ロッカーや自席で保管している労働者の私物はこれに該当しない（詳細は第6章7「退職時の金品返還義務（労基法23条関係）」を参照されたい）。

7──退職後も掲載されている写真動画の削除

7-1　トラブルになる場面

　会社が運営するホームページ上に、労働者の在職中に撮った写真などが掲載されていたり、会社の投稿した会社の動画に労働者が出演している場合がある。近時は、営業目的や採用活動を意図して、会社のSNS等に労働者の写真や動画を掲載してい

るケースがある。

　そこで、労働者が退職に際し、使用者にこういった写真や動画の削除を求めたいと希望する場合もあり、円満退職に向けてトラブルとなることがある。

　労働者としては、動画等が残され人目に触れることで、今後の社会生活や就職活動でも影響することを危惧することもある。

　また、職場でハラスメント被害にあったなど使用者に対して強い忌避感があったり、職場のことを思い出すとトラウマが呼び起こされる労働者の場合、過去に在籍していた痕跡がインターネット上に将来にわたって残り続ける（デジタルタトゥー）というのは心理的に受け入れ難く、これらを消したいという切実な希望がある場合もある。

7-2　同意等がない場合

　労働契約では、労働者が使用者に対して負担する義務は、基本的には労働に従事すること（使用者は、労働者に対してその労働の対価として報酬を支払う）に尽きる。俳優業・モデル業など特殊な業務でもない限り、一般的な労働者の業務では、動画出演や写真撮影は、労働契約において労働者が使用者に対して提供するべき業務であるとはいえない。

　したがって、このような動画撮影などについて特段の同意がない限り、労働契約から動画等を撮影される義務を導くことはできず、労働者の肖像権・プライバシー権を侵害して、使用者は（労働契約解消の前後を問わず）これを利用し続けられる法的根拠は存在しないのであり、動画などの削除を求める権利がある。

　また、少なくとも労働者が求めてもなお削除等がなされない場合には、使用者の対応は不法行為上の違法性を帯び、損害賠償請求の対象ともなり得るとも指摘できる。

7-3 同意等のある場合

［1］同意等があっても削除を求められる場合がある

　写真撮影や動画の撮影やその使用に対して、労働者が使用者との間で、誓約書などを取り交わしている場合がある。とくに、使用に対して、通常の給与とは別に、労働者に対して一定の対価が支払われている場合など、対応が難しくなる。

　そのような場合であっても、まず、①その様な合意自体の効力が有効なのか、仮に合意が有効であるとしても、②その合意において労働契約解消後までの使用許諾まで含まれていると解釈できないか（合意内容の射程の問題）、が問題となる。

［2］合意の効力

　仮に形式的には合意が存在しても、労働契約の特質から、合意の効力が否定される場合がある。

　労働者が本来の労務提供に含まれないのに、肖像権やプライバシー権を犠牲にしてまで、写真・動画の利用を許諾するメリットなど何一つないのが通例だろう。そういった合意は、就労を継続し続けるためや、関係悪化をさけるという、労働者が労使の力関係などからなされたもので、合意自体の効力がないと考えられる場合が多いといえよう。

　とりわけ、合意に際して一切賃金とは別の対価も支払われず、書面で内容（利用期間・利用方法など）も明示されていない場合は、その合意の効力自体が否定され得るだろう。

［3］合意内容の射程外であること

　書面で内容（利用期間・利用方法など）も明示され、動画撮影などに一定の対価が支払われている場合であっても、その合意の内容を限定解釈し、労働契約終了後は射程外であるとして、

第5章 ● 退職後に使用者から労働者が責任追及される場面　207

削除など求めることが可能と考えられる。

このような合意は、労働契約に付随する合意であるという特質から、基本的には、本体である労働契約自体の解消後まで、契約が効力を有することが射程に含まれているとは言えないだろう。

また、一般的な理解として、労働契約解消後も、既に退職した労働者が第三者に対して未だ労使関係があると推知させるかのような写真動画が利用され続けることまで念頭において合意がなされたとは考えがたい。

したがって、合意自体の文言や、写真や動画の内容（プライバシー侵害の程度と合意内容との関係、使用者側の利用目的との関連性）、対価支払いの有無やその金額の多寡（将来にわたって、退職後の労働者が使用者と労使関係があると第三者に推知させるような写真動画を利用させ続けるに値する対価であるか）等が、考慮され、合意内容は、相当程度限定的な解釈がなされるはずで、合意の射程外であるとして、動画等の削除を求められるだろう。

8——社宅などの明け渡し

8-1 トラブルが生じる場合

労働者が社宅に居住していた場合、労働契約の解消に伴って、住居であった社宅からも退去しなければならなくなることがある。予期せぬタイミングで退去を求められても退去時期の調整が難しい場合（特に、労働者のみならず家族も同居して生活の根拠としている場合など事態は深刻である）、退去自体に異存はなくても離職により収入が途絶えることもあり、退去費用が捻出できないので退去ができない場合（転居先の確保のため仲介手数料・敷金・礼金・保証金などが必要となる）、再就職先が決まらなければ、転居先の賃貸借契約の審査が通らず退去先が確

保できず事実上退去が困難である場合など、円満退職の実現に向けて大きな妨げとなる。

8-2 社宅などの類型（パターンと法的性質）

［1］法律関係の整理

社宅を巡るトラブルの場合、社宅を伴う法律関係を整理して正確に把握する事がまず必要となる。

具体的には、ⅰ）労使関係上の位置づけと、ⅱ）賃貸借契約の性質（借地借家法の適用関係）について、法律関係を整理し把握する必要がある。

社宅の関係は、通常は社宅の利用規程などで何らかの労使合意が定められていたり、雇用契約書に明記されていたりするので、これを確認することが重要である。規程などが何ら存在しない場合、社宅借入の際の当事者間のやり取りなど具体的な状況から、労使合意の内容を確定してことになる。

［2］労使関係上の位置づけ

ア　借り上げ社宅の場合

問題が生じやすいのは、使用者が賃貸借契約の当事者となって法人契約で物件を借りて、労働者に利用させる場合（いわゆる「借上社宅」の場合）である[19]。社宅費用の支払い方法は、契約により様々であるが、家賃全額を労働者負担とする場合は少なく、一定額を使用者が負担する場合が多いだろう[20]。税務上の経費処理の都合などから、使用者が借り上げることを希望することもあり、このような形態がとられることがある。

---

[19]　使用者が自己保有物件を社宅とする場合もある。その場合は、借地借家法の適用関係があると推定されやすいだろう。

[20]　労基法24条1項ただし書の労使協定により、賃金から控除されている場合が多い。労働者が社宅規定など保持していない場合であれば、給与明細の控除項目を確認することで、社宅の法律関係がある程度把握できることもある。

第5章 ◉ 退職後に使用者から労働者が責任追及される場面　209

この場合、使用者と労働者との間で何らかの形で契約が締結され居住していることになる。契約に際して、物件所有者から連帯保証人が求められる場合（契約当事者である法人に対する信用度が高ければ、連帯保証人は要求されない場合もある）、使用者が連帯保証人となる場合もあれば、物件を使用する労働者が連帯保証人となる場合もある。

　通常、労働契約の解消により、退去を求められることになるが、後述する借地借家法の適用関係がない場合でも、労働者が退去せず継続して居住を続けたいという場合がある。

　裁判にまでトラブルが発展するケースの多くは、労働者が解雇の無効を争うなど、労働契約終了原因自体について争いがあり、解雇後にも労働者が社宅から退去しない場合である。解雇や合意退職の無効など、労働者が労働契約の解消自体を争う場合に、自主的に社宅から退去するか否かは悩ましい。勝訴すれば家賃負担を免れることがある反面（後掲・バークレイズ証券事件・東京地判令3.12.13労判1290号91頁）、労働契約が解消したとされてしまうと、建物からの明け渡しのみならず、家賃相当額の支払いを命じられることになることを想定して、対処法について方針を立てる必要がある（後掲・みずほ銀行事件・東京地判令2.1.29判時2483号99頁、ヒタチ事件・東京地判平25.3.6労経速2186号11頁）。

　まず検討するべきは、後述する借地借家法の適用関係である（詳細は、［3］で述べる）。

　借地借家法が適用されず、居住継続を要求する法的な権利がない場合であっても、物件所有者（賃貸人）と使用者の双方がこれに合意すれば、契約の切り替え（賃借人を使用者から当該労働者へ切り替え）ることも理論的には可能なので、交渉する余地はある。

　とはいえ、物件所有者（賃貸人）が安定的な賃貸借契約の関係を希望して法人との契約を行っているような場合や、使用者

も他の労働者に居住させる意向がある場合には、契約の切り替えを希望しても難しいだろう。

代理人が労働契約の解消の交渉などする際、借り上げ社宅を使用している場合は、その処理（退去する時期、上記の契約承継の可能性など）について、使用者と交渉すべきだろう。合意退職の場合であれば、労働契約解消の時期よりも、社宅契約解消の時期を遅らせたり、一定期間の社宅費用相当額を使用者に負担させるとか、退去費用相当額を使用者に負担させる等の解決がなされる。

特に、労働者が転居費用を準備できず転居が事実上困難である場合、そういった事情を使用者側に丁寧に説明して、退去時の費用負担額を求めて解決する場合がある。使用者が転居費用として渡した金銭が浪費され転居が実現しないことを気にする場合があるので、引っ越し業者への支払いや、転居先の初期費用（敷金礼金、初回家賃など）の明細をとり、使用者が直接業者に支払うような形態での合意を締結することも、使用者側を説得する際に用いる選択肢となる。

なお、何らかの理由で生活保護受給中であれば、退職等により社宅から転居する場合、「住宅扶助」として転居先の敷金、礼金、引っ越し費用などが支出される場合もあるので、ケースワーカーに相談すべきだろう。

イ 社宅補助がなされている場合

「社宅」といっても、物件所有者との直接の契約当事者が労働者であり、使用者が一定額の社宅費用を補助している場合もある。

この場合は、労働者が家賃補助消滅後も居住継続を希望すれば、それが可能な場合が多い。

ただし、当該賃貸物件を使用者が紹介するなど強く関与しており、使用者が賃貸借契約の連帯保証人になっている場合もあ

第5章 ● 退職後に使用者から労働者が責任追及される場面　211

る。その場合は、労働者が労働契約解消後も同じ物件に居住し続けたいのであれば、賃貸借契約の連帯保証等をどうするのか解決しないと、物件所有者との間で契約継続において支障が生じる。労働者の側から、積極的に代替の保証人を提案したり、機関保証の利用（保証料の負担が居住継続のために必要となる）などへの切り替えを提案するなどして、物件所有者との間で交渉をするのがよいだろう[21]。

［3］借地借家法の適用関係

借地借家法では、賃貸借契約は正当な事由があると認められなければ明け渡しは認められず、使用者による契約解除は適法とは認めらないことになる（借地借家法28条）。また、当該契約は、解約申し入れから6か月を経過しなければ終了しないとされ（同法27条、26条）、これら借地借家法の規定に反する労使間の社宅利用規程は無効と解されよう[22]。

したがって、社宅の利用関係に強行法規である借地借家法の適用があれば、労働契約が解消しても、社宅利用規定等で労働契約終了により社宅の転貸借契約が解消する等と規定があっても、借地借家法の規定が優先すると考えられる。

この点、最高裁は、「会社と従業員との有料社宅の使用関係が賃貸借であるか、その他の契約関係であるかは、画一的に決定し得るものではなく、各場合における契約の趣旨いかんによって定まるのであって、画一的に決定できず、各場合の契約の趣旨いかんによって定まる」とした（最三小判昭29.11.16民集8巻11号2047頁）。

そして、借地借家法（当時は旧借家法）の適用を肯定できるのは、その使用料が世間並の家賃相当額であるなどの事実があ

---

[21]　ただし、労働契約の解消後も、使用者が連帯保証人を解消できる根拠規定が社宅規定等に存在しなければ、使用者がそのまま連帯保証人を継続するのが筋であろう。

[22]　菅野和夫・野川忍・安西愈編『論点体系　判例労働法1』（第一法規、2015年）535頁（櫻庭涼子）。

れば賃貸借契約に基づく場合であるとした（最二小判昭
31.11.16民集10巻11号1453頁）。

　他方で、徴収されている社宅料が、維持費にも足らない低額
である場合は、社宅の利用関係は従業員の身分の存続を前提と
する特殊な契約であるとして、借地借家法（旧借家法）の適用
はないとした（最二小判昭30.5.13民集9巻6号711頁、建物の
利用関係は賃貸借ではなく鉱員たる資格の存在をその使用関係
存続の前提とする社宅に関する特殊な契約関係であって借家法
の適用はないとしたものとして最三小判昭44.4.15民集95号
105頁（判時558号55頁））。

　近時の裁判例は、下記のとおりいずれも借地借家法の適用関
係は前提にしていないが、借地借家法の成立が正面から争われ
たものはないことは注意が必要である。

　上記最高裁判決は、一律に社宅から借地借家法の適用関係を
排除した訳ではないので、社宅利用料が家賃と比較して大きく
低額であるとは言えない場合は、借地借家法の適用関係から主
張立証できないか、検討が必要だろう。

（借地借家法の適用が肯定されたもの）
①バークレイズ証券事件　東京地判令3.12.13労判1290号91頁

　外資系証券会社（被告）で雇用され解雇された労働者が解雇
無効と主張し、労働契約上の地位確認・未払賃金支払（住宅費
用含め月額350万円）等を求めて提訴した（第1事件）。これに
対し、会社が解雇後の労働者の社宅占有を理由に賃料支払を求
め提訴した（第2事件）。会社と賃貸人間では、月額賃料66万
5000円・賃貸借期間3年間とする定期賃貸借契約が締結され
（借り上げ社宅）、解雇までの間、会社は原告に住宅手当（年額
882万円・月額73万2000円）から賃貸人に支払うべき上記賃料
を控除した残額を支給していた。被告は賃貸人に対し、解雇か
ら労働者が退去するまでの間も、2128万円（＝66万5000円×

第5章 ◉ 退職後に使用者から労働者が責任追及される場面 ｜ 213

32月）の賃料を支払っている。

　判決は、第1事件について解雇無効と判断され解雇後も住宅費用含む賃金全額の支払いを認めた上で、第2事件については社宅賃料債権に対し労働者の未払賃金債権の一部との相殺がなされたと判断され、第2事件の請求は全部棄却された。

②みずほ銀行事件
東京地判令2.1.29判時2483号99頁（東京高判令3.2.24判時2508号115頁）

　会社が行った労働者に対する懲戒解雇が有効であると判断された。また、会社が労働者に対し、懲戒解雇によって借り上げ社宅の利用資格が喪失し、解雇後の占有は不法行為に当たるとして社宅の明渡し及び解雇時以降の賃料相当額の損害賠償を求める反訴を提起した訴訟で、会社の労働者に対する反訴請求が全部認容された。

③ヒタチ事件　東京地判平25.3.6労経速2186号11頁
　建物賃借人たる会社と、その「同居人」として建物に居住する労働者の間には、契約書がなくても転貸借契約が成立していると認定されたうえで、会社の労働者に対する解雇が有効である以上、転貸借契約の前提である労働契約が終了し、解雇後の労働者は建物居住の法的根拠を失ったとされ、建物明渡しと解雇日の翌日から明渡しまでの賃料相当額支払（不当利得返還）請求が認容された。

④開成交通事件　東京地判平23.3.30労経速2109号26頁
　タクシー会社と労働者間の社宅利用関係について、利用料が低額でその損失を会社が負担していたこと、敷金及び礼金の徴収がなかったこと、貸室賃貸借契約書において退職により同契約が無効となり即退去することが規定されていたこと等から、社宅契約は、その法的性質が賃貸借であるか否かを問わず、雇

用契約の終了（従業員の定年）と同時に終了したとされ、定年
退職した後の社宅を明け渡しと、雇用契約終了の翌日から明渡
済みまで利用料相当損害金を支払う義務を負うとされた。

⑤X社事件　宇都宮地判平18.8.28労経速1947号19頁

　会社が社宅として使用させる目的で賃借し労働者に転貸した
建物の転貸借契約について、転借人である労働者が解雇により
社員たる地位を失った場合は、社員たる地位を失ったときは社
宅を明け渡すことを定める住宅提供細則に従い、会社（転貸人）
は当該転貸借契約を解除できるとした。

⑥ＪＲ東海（懲戒解雇）事件　大阪地判平12.3.29労判790号66頁

　解雇により会社の労働者たる地位を喪失した者は、会社の規
定により、会社に対して社宅の明渡義務があるとされ、明渡義
務がある日以降の占拠について会社が被った損害を賠償する義
務があるとされた。また、その損害は、相当賃料額の損害を被っ
たとする特段の事情について主張・立証がなされていなければ、
その社宅の使用料の限度となるとされた。

第5章 ◉ 退職後に使用者から労働者が責任追及される場面　215

6 退職時に労働者への支払い等を拒否するトラブル

POINT

- ▶ 退職金は根拠規定の確認が重要。

- ▶ 当該退職金制度の法的性格を押さえること。

- ▶ 解雇を争いたい場合、労働者から解雇予告手当を請求して、解雇の追認や就労の意思を失ったと認定されないように注意が必要。

- ▶ 退職後の賃金請求は、管轄にも注意が必要。

- ▶ 有給休暇の買取は、労使合意で行われることは否定されないが、労働者は買取を義務付けられない。

1——退職金をめぐるトラブル

1-1 トラブルの生じる場面

　退職時等に、使用者から労働者に対して、退職金不支給や一部不支給とするトラブルにより、円満退職が妨げられることがある。

日本の労使慣行の特徴の一つとして、長期雇用の慣行と相まって広く退職金の制度が普及していることが挙げられ、所得税法上の優遇措置（退職所得控除）もとられている。

　たしかに、近年は、日本型労使関係の特徴であったこの退職金制度を廃止する企業や、選択制とする企業も増えているし、従来多かった勤続年数と賃金（退職時や一定時期）に一定の係数を掛け合わせて退職金を算定する制度は減り、職能等級や勤続年数をポイントに置き換えて算定する企業が増えているが、現在も退職金制度は労働者の大きな関心事である。退職金は老後の本人や家族の生活設計に大きな役割を期待しているケースが多い。

　その様な労働者側の実情も相まって、使用者が労働者に対して、退職金の減額・不支給を脅し文句にして退職妨害がなされたり、逆に、退職を強いられる事案（「懲戒解雇になると退職金がでないので、自主退職をするほうがよい」など）も多い。

　なお、退職金以外の賃金請求の時効は当面3年[*1]とされているが、退職金請求権の消滅時効はそれよりも長い5年間である（労基法115条）。賃金債権が消滅時効となった場合でも、退職金は事後的に請求ができる場合があるので注意が必要である。

1-2　退職金の発生根拠

　退職金をめぐるトラブルを考えるとき重要なのは、退職金の支給根拠の確認である。

　退職金は、月例賃金とは異なり支給の有無・額について法律上の規定は存在せず、労使の当事者に制度創設から委ねられている。退職金が支給される場合は、労働協約、就業規則、個別労働契約、確立した労使慣行[*2]など、何らかの労働契約上の根

---

*1　退職手当以外の賃金の消滅時効は、従来は2年間だったが、民法改正に伴い5年に延長しつつ当分の間は3年間とされている（労基法115条、附則143条。2020年4月1日以降に支払日が到来する賃金に適用）。

*2　労使慣行の存在を認定して退職金請求権を認容した例として、日本段ボール研究所事件・

拠が求められる。

　したがって、退職金をめぐるトラブルは、まず当該支給根拠となる規定等を確認することが重要である。

　なお、一般的には、退職金は就業規則にその定めを置く場合が多いが（就業規則の本則とは別に、「退職金規程」等の形で定める場合も多い）、退職金の支払いに関する規定は、労基法89条3号の2の退職手当の決定及び計算の方法に関する事項に該当するので、就業規則に定めねばならない（相対的記載事項）。

　また、使用者は労働契約締結時に退職金の決定・計算・支払いの方法・支払い時期について労働条件の1つとして明示が求められている（労基法15条1項、労基則5条4号の2）。

1-3　法的性格

　退職金がどのような法的性格で制定されたのか、一般論では導くことはできず、当該制度ごとの事情により判断するほかない。

　当該規定等に、その法的性格が明記されていればそれが尊重されるが、そのような事案は希で過去の労使交渉時の労使の見解（制定時、制度改定時の労働組合と会社との交渉記録など）を踏まえつつ、支給額や支給方法の定めから、解釈されることが多い。

　具体的には、勤続年数に応じて金額が定まる点があれば賃金後払的な性格、勤続年数が同じであっても金額が変化するのであれば過去の功労報償的な性格が導かれるが、複数の法的な性格を含む場合も多い。

1-4　就業規則などの規定の確認

　退職金は、就業規則等で、懲戒解雇された場合の不支給や減

東京地判昭 51.12.22 判時 846 号 109 頁、吉野事件・東京地判平 7.6.12 労判 676 号 15 頁、学校法人石川学園事件・横浜地判平 9.11.14 労判 728 号 44 頁がある。

額について定めがある場合が多く、退職金の不支給・減額の可否は、まずはその規定を確認することが重要となる。

　上述の通り、退職金の支払いに関する規定を置く場合は就業規則に定めねばならないので（相対的記載事項、労基法89条3号の2）、就業規則に不支給などを想定する規定が存在しないのであれば、不支給額等はできないはずであるというのが、議論の出発点になる。就業規則以外の労働協約、個別労働契約などの場合でも、不支給などを定める規定がないのであれば、基本的に不支給等にはできない。

1-5 退職金の不支給・減額規定がある場合の規定の解釈

　退職金の不支給・減額規程が定められている場合でも、当該要件を充足しない限り、不支給・減額はできないのは基本である。

　他方で、これが定められている場合であっても、常にその規定の合理性（就業規則規定としての合理性）が肯定され、適用が認められるとは限らない。とくに、就業規則で「懲戒規定に反する行為が退職原因となった場合」などと、抽象的な不支給・減額規定を定めた場合に問題となる。

　この点、裁判例などでは、退職金が労働者の賃金の後払いの性格のみならず、功労報償的な性格を有する場合であれば、①功労の抹消に応じた不支給・減額条項にも合理性はないとはいえないとしつつも、②適用において、その趣旨・目的に照らし、背信性など過去の功労の抹消の程度に応じた限定解釈を行うものが多い。

　したがって、懲戒解雇が退職金不支給事由として定めら、実際に懲戒解雇された場合でも、常に退職金不支給の処理が適法となるとは限らず、不支給等の処分に見合う程度の事由が存在しないとして、不支給を争う余地があるので注意が必要である。

　また、退職金規定不支給を定める事由が恣意的なもので、不

第6章 ● 退職時に労働者への支払い等を拒否するトラブル | 219

支給を定める条項が、支払われるべき退職金を損害賠償に充当するものといえる場合であれば、その条項が賠償予定を禁じる労基法16条違反となり無効となる場合もある（後掲・栗山精麦事件判決）。

なお、自己都合で退職したり同業他社に就職する場合に退職金を減額又は不支給とする条項について、理論的には賃金請求権の発生レベルの問題であり、いったん発生し支給した賃金の返還を求めるものではないこと、実質的にも合理的と認められる一定限度の転職制限であれば労働者の職業選択の自由を不当に拘束するとはいえないことから、労基法16条に違反しないとも指摘されている[*3]（競業避止義務違反と退職金不支給等の問題は、第5章1「競業避止義務」の箇所を参照されたい）。

（懲戒解雇事案における退職金請求が肯定されたもの）
①トヨタ車体事件　名古屋地判平15.9.30労判871号168頁

退職金が功労報酬としての性格も有している点も考慮し、退職金請求の信義則違反成否等の判断に当たり、（1）当該懲戒解雇事由の内容・程度及び、これによって使用者の被る損害の性質・程度が相当重要であり、あるいは損害立証の困難性が認められるために（2）さらに、直接懲戒解雇事由とされなかった他の非違行為の存在その他の懲戒解雇の一般的な情状も考慮すれば、（3）被用者の勤続年数の長さや職務内容の重要性、給与額の相対的な低さなどのほか、過去の特別な功績の存在・内容等の被用者に有利な諸事情を勘案しても退職金全額の支払請求が信義に反するといえるものであるか否かを総合的に検討して決するのが妥当であるとした（結論として、労働者が別会社を設立し下請会社から多額のリベートを受け取っていたという懲戒解雇事案につき、退職金請求を信義則違反とした）。

＊3　水町278頁。

②アイ・ケイ・ビー事件　東京地判平6.6.21労判660号55頁

　懲戒解雇にともなう退職金の全部又は一部の不支給について、退職金規程等に明記してはじめて労働契約の内容になるとしたうえで、就業規則に懲戒解雇された者への退職金不支給規定があるが、本件では合意退職により雇用契約が終了している以上、退職金支給を拒むことはできないとした。

③ヤマト運輸（懲戒解雇）事件　東京地判平19.8.27労経速1985号3頁

　帰宅途中の酒気帯び運転での検挙を理由に懲戒解雇のうえ退職金全額不支給とされた従業員から、会社に対する退職金請求がされた事案につき、判決は、同社の退職金は功労報償的な性格と賃金の後払としての性格を有すると認められるため、同社の懲戒解雇に際し退職金を不支給とする就業規則の規定は長年の勤続の功労をまったく失わせる程度の著しい背信的な事由が存在する場合に限り退職金を不支給とする趣旨と解すべきとして、懲戒解雇でなければ受給しえたはずの退職金の約3分の1の範囲で認容した。

④小田急電鉄（退職金請求）事件　東京高判平15.12.11労判867号5頁

　私生活上の度重なる痴漢行為（正式起訴され執行猶予付き有罪判決、余罪も自白）による退職金の全額不支給がなされたところ、労働者が退職金の支払いを求めて提訴した事案につき、使用者は、痴漢撲滅運動にとり組む鉄道会社で懲戒解雇は有効としつつ、退職金は賃金の後払い的な意味合いが強いこと、退職金受給を見込み生活設計をしている場合も多くそれは不合理な期待とはいえないとして、本件では相当程度の背信性があったとはいえないことから、3割を支給すべきであるとした（原審は全額不支給を肯定したものを変更）。

⑤栗山精麦事件 岡山地玉島支判昭44.9.26判時592号93頁

円満退職者以外の者に退職金を支給しない旨の規定は、かかる条項の定められたゆえんが「従業員が会社の都合も考えずにやめるときは、仕事に支障を来すことになるからであることが認められる」としたうえで、この規定を有効とすることは「退職金をもって労働契約の債務不履行についての損害賠償にあてることに帰着する」として労基法16条（及び24条1項の賃金全額払原則）に違反するとした。

1-6 退職後に判明した不支給事由

懲戒解雇などによる退職金不支給・減額規定があっても、労働契約終了日までに不支給事由が判明していなければならないのが原則である。

例えば、懲戒解雇事由が不支給事由とされていても、退職後に懲戒解雇などが判明した場合には、退職金請求が権利濫用とは認められない場合が基本である。

ただし、著しい背信性が認められる事案で、退職後に在職中の懲戒解雇事由が判明した場合、退職金の不支給を認めたり、いったん支給した退職金の返還を認める事案もあるので、注意が必要である。

（退職金請求の権利濫用が否定されたもの）

①日本コンベンションサービス（退職金請求）事件

大阪高判平10.5.29労判745号42頁（上告審・最二小判平12.6.16労判784号16頁でも結論を維持）

使用者が、既に退職願を出している労働者への報復的意図で、退職金支払義務を免れるために行った懲戒解雇の際の退職金不支給規定の新設が、合理的な就業規則の変更といえず、また労働者への周知がなされておらず当該労働者との関係で効力をもたないとされた。また、就業規則及び誓約保証書に基づく競業

避止義務が、当該雇用契約終了後も効力を有するとは認められないとして、労働者が退職の意思表示をした後に競業会社設立に関与したことも、懲戒解雇により永年の功績を失わせるほどの重大な背信行為とはいえないとして、当該労働者の退職金請求が権利濫用に当たらないとした。

②エスエイピー・ジャパン事件　東京地判平14.9.3労判839号32頁

退職届提出後に懲戒解雇された労働者Xの退職金請求につき、会社の退職金規定が定める「懲戒解雇の場合」は、文言上「懲戒解雇手続が取られた場合」を意味すると解するとしたうえで、Xに懲戒解雇事由が存しても、本件懲戒解雇がXの辞職の効力発生後に本来懲戒解雇できないにもかかわらずなされたもので違法なものである等から、退職金請求が権利濫用となるとは認められないとした。

1-7　退職金の不支給・減額規定がなくても不支給などが認められる可能性

就業規則などに不支給などを定める規定がなくても、例外的に不支給が認められ得る場面は、民法の一般条項（信義則、権利濫用）などによる場合が考えられる。

とはいえ、就業規則の相対的記載事項でもあるのに、敢えて不支給などを定める条項を置かなかったのは例外を設けず支給するとの労使合意があると推定されるのであり、容易に一般条項や事実たる慣習による不支給などは認められないといえよう。

（退職金の不支給・減額規定がなくても不支給が肯定されたもの）

①大器事件　大阪地判平11.1.29労判760号61頁

自主退職後、使用者が懲戒解雇の意思表示をして退職金を不払いとした事案である。雇用契約終了後に使用者が懲戒権を行使することはあり得ないとしつつ、退職金不支給事由を懲戒解

雇と関係させて規定している場合、その不支給の規定の趣旨は、現に労働者を懲戒解雇した場合のみならず、雇用契約が終了した場合でも、退職金不支給を相当とするような懲戒事由が存在した場合には退職金を支給しない趣旨であると解することは可能であるとした。

そのうえで、見積価格の1割高の価格で商品を仕入れていたことが、会社の利益に反する背任行為で背信性の悪質性と重大性に鑑み、退職金全額の不支給を認めた。

②アイビ・プロテック事件　東京地判平12.12.18労判803号74頁

個別の労使合意で成立した退職金支払に関して、在職中の背信的な行状（顧客データの流失等、電子計算機損壊等業務妨害罪として有罪判決を受けている行為も含む）が退職後に発覚した。この場合、本件退職金の合意は退職に当たって使用者が特別かつ例外的にこれを支給する趣旨にあったものと認められ、労働者の行為は右合意の趣旨を無に帰せしめる性質を有するものであったというべきであることなどから、背信性次第で退職金請求権の行使が権利濫用に当たることもあるとして、退職金請求を権利の濫用とした。

（事実たる慣習に関するもの）
③東北ツアーズ協同組合事件　東京地判平11.2.23労判763号46頁

この判例は、懲戒解雇された労働者に対して退職金を支給しない事実たる慣習が成立していれば退職金を不支給とすることができる場合があり得るとの一般論を判示した。

ただし、同判決の判断としては、過去の懲戒解雇された従業員が退職金を支給されず異議を述べなかったとしても、懲戒解雇原因とされた行為により使用者に財産的損害が発生し、この財産的損害のてん補には被告から支給される退職金をもって充てるとすれば退職金の支給を求めるまでのことはないと考えた

ことによるものとも考えられるとして、退職金を支給しなかった例があるだけで事実たる慣習が成立していると認められないとして、退職金請求権を認めている。

同判決が、安易に事実たる慣習による退職金不支給が認められることを肯定したものではないことに注意を要する。

1-8 自己都合退職・会社都合退職

退職金の支給額について、退職の事由が自己都合退職か会社都合退職かによって差を設ける使用者が多い（自己都合退職のほうが退職金が少ないのが通例である）。

この点、自己都合で退職したり同業他社に就職する場合に退職金を減額又は不支給とする条項について、理論的には賃金請求権の発生レベルの問題でありいったん発生し支給した賃金の返還を求めるものではないこと、実質的にも合理的と認められる一定限度の転職制限であれば労働者の職業選択の自由を不当に拘束するとはいえないことから、労基法16条に違反しないと指摘されている[4]。

しかし、退職理由について、このような差異を設ける就業規則や退職金規定で、自己都合、会社都合について明確な基準を定めている場合はむしろ少なく、使用者の働きかけによって退職を強いられたのに、自己都合退職とされ、退職金の受領額が減ってしまうトラブルも多い。

とくに、退職を直接強いられる場合や、給与の減額を通告されたり遠隔地配転を命じられてやむを得ず退職に至った場合、労働者は、会社の都合によって退職を余儀なくされたと考えるのが通常であろう。しかし、退職に際して「一身上の都合」などと記載された退職届を提出させられて、トラブルになるケースも少なくない[5]。

---

*4　水町278頁。
*5　会社更生手続開始決定後に労働者が退職した場合の退職金の扱いは、会社都合であれ

このような場合に、退職金規定における自己都合退職と会社都合退職とをどのように区別すべきかが問題となる。

この点、当該退職金規定に具体的な判別基準を設けていない限り、当該退職金の法的性格（賃金後払いの性格が強ければ、自己都合と解する場面を厳しく判断する方向に作用する）、退職金規定で自己都合と会社都合とを区別して定めた趣旨、当該退職金の支給額における差異の程度などから、当該退職金規定の解釈をすべきであろう。

また、労働者が退職に至った事情、具体的には、労働者が勤務継続に障害がある事情の有無、その障害が使用者と労働者のいずれの要因であるか、労働者が就労継続について自由な判断を困難にする事情が使用者側に認められるか（ハラスメント、遠隔地配転、賃金切り下げ、職種変更など）、の諸要素を勘案して、総合的に判断することになるだろう。

なお、雇用保険の「特定受給資格者」は、非自発的な退職を余儀なくされた場合に、一般離職者よりも給付日数を多くするものであるが、退職金規定において、自己都合退職か会社都合かの判断をする際にも活用できる。

同様に、雇用保険法33条が定める2か月[*6]の受給制限が生じない、正当な理由のある自己都合退職の場合（「雇用保険の受給制限のない自己都合退職」）について通達が定める事由や、その判断基準も参考になる(https://www.mhlw.go.jp/file/06-Seisakujouhou-11600000-Shokugyouanteikyoku/0000147318.pdf)。

裁判例で退職金支給に関して会社都合か否かが争われた事案としては、芝電化事件・東京地判平22.6.25労判1016号46頁、ゴムノイナキ（損害賠償）事件・大阪地判平19.6.15労判957号

ば、全額が共益債権となるとされ（会社更生法127条2号または7号）、更生手続きに拘束されず随時弁済を受けられる。他方、自己都合である場合、優先的更生債権とされ更生手続きによらねば弁済を受けられず、会社都合か自己都合かで、退職金債権が保護される度合い異なる。

[*6] 令和2年10月1日以前は3か月だったが、同日以降に離職した場合、5年間のうち2回までは2か月へと変更された。

78頁、ペンション経営研究所事件・東京地判平9.8.26労判734号75頁などがある。

1-9 消滅時効

一般的な賃金請求（月例賃金・残業代など）とは異なり、退職金支払請求権の消滅時効は、5年間である（労基法115条）。

1-10 退職金請求の管轄

退職金の管轄については、本章3―2［2］で後述する、給与債権等とは異なり、対応が実務で確立している。

退職金に賃金後払いの性格があるとはいえ、すでに雇用関係の消滅が前提となっているとして、使用者の営業所等ではなく、民法の持参債務の原則で労働者の住所を義務履行地とするのが一般的な実務と理解される（東京高判昭60.3.20判決時報36巻3号40頁）。

したがって、少なくとも退職金請求時には、労働者が自身の住所地を管轄として請求できるので、管轄に関する問題は生じにくいといえよう。

2——解雇予告手当の支払い

2-1 解雇予告手当の制度

使用者が労働者を解雇しようとする場合、少なくとも30日前にその予告をしなければならない。30日前に予告をしない使用者は、30日分以上の平均賃金を支払わなければならない（労基法20条1項）。この予告日数は、1日について平均賃金を支払った場合は、その日数を短縮できる（同条2項）。

実務上は、即時解雇であるのにこの解雇予告手当が払われないトラブルも、解雇であるのに自主退職扱い等にされてしまい解雇予告手当が支払われないトラブルもある。

第6章 ● 退職時に労働者への支払い等を拒否するトラブル | 227

2-2　解雇予告手当の趣旨

　本条は、労働者を解雇しようとする使用者に対して、少なくとも解雇の30日前までに予告するか、または予告をしない使用者に30日分以上の平均賃金の支払いを義務づけることで、突然の解雇による労働者の生活上の打撃を緩和し、再就職準備のための経済的・精神的な余裕を付与することにある[7]。

2-3　解雇予告手当の支払い

［1］直接払・通貨払いの適用

　解雇予告手当について、賃金全額払いの原則（労基法24条）が適用されるのか、直接払い・通貨払いの原則が適用されるのかが問題になる。

　これは、解雇予告手当の性質が関連する問題であるが、「賃金」（労基法11条）ではなく、労基法20条によって創設された手当であるというのが行政解釈である（昭23.8.18基収2520号）[8]。

　このように考えるので、解雇予告手当は労基法24条1項本文の適用はないことになる。

　しかし、上記解雇予告手当の趣旨から、仮に賃金ではないにせよ、労働者に現実に支払われる必要はあるので、解雇予告手当についても、労基法24条1項本文に準じる扱いが要求され、直接払い・通貨払いをするように使用者に指導すべきとされている（昭23.8.18基収2520号）。

---

[7]　西谷敏・野田進・和田肇・奥田香子編『新基本法コンメンタール　労働基準法・労働契約法（第2版）』（日本評論社、2020年）70頁（石﨑由希子）。

[8]　支払われた解雇予告手当は、退職所得として課税処理される。

［2］相殺

解雇予告手当が「賃金」ではないと考えられているため、賃金であれば認められないとされている使用者側からの相殺が認められるのか問題となる。

行政解釈は、解雇予告手当は、その支払われた限度で使用者の予告義務を免除するにとどまり、労働者と使用者との間に債権債務関係は生じないと考える立場から、解雇予告手当について相殺の問題が生じない（昭24.1.8基収54号）とするので、使用者から労働者に対する債権が存在せず、相殺をする要件をみたさないことになる。

こう考えるので、労働者に対して、使用者側からの相殺は許されず、労基法24条1項本文の賃金全額払いの原則が適用されるのと同様の結論が導かれる。

（解雇予告手当を相殺することが否定されたもの）
関西フェルトファブリック事件　大阪地判平8.3.15労判692号30頁

労働者の真に自由な意思に反して使用者が解雇予告手当を労働者の行為に基づく損害賠償と相殺することは許されないとした。

2-4 対象

使用者が労働者を解雇しようとする場合に適用される。解雇であれば、普通解雇、整理解雇、懲戒解雇であるかを問わずすべてに適用がある（ただし、懲戒解雇の場合については、「労働者の責めに帰すべき事由」とされた場合は即時可能な場合もある）。

有期労働契約の期間途中解雇についても労基法21条の適用除外に該当しない限り、労基法20条1項の適用がある。

また、採用内定についても、解約権を留保した労働契約の成

立が認められ、同条の文言上も排除されていない以上、本条の適用がある[9]。行政解釈も、内定取消にも、同条の適用を認める。ただし、労基法21条が14日までの試用期間について本条の適用除外とすることの均衡や、就労と賃金支払いがなされていないので同条が補償しようとする経済的な打撃が存在しないとして、内定取消の場合には解雇予告手当は適用されないとする見解もある[10]。

2-5 支払い時期

　予告手当の支払時期は、解雇の効力が発生する日（即時解雇の場合は、解雇の意思表示をした日）である。予告手当を次の賃金支払日に支払うと通知する例がよくあるが、このような扱いは違法である。

2-6 除外事由

　ただし、天災事変その他やむを得ない事由のために事業の継続が不可能となった場合、または、労働者の責めに帰すべき事由に基づいて解雇する場合には、解雇予告または予告手当の支払いは要しない（労基法20条1項ただし書）が、その場合は「行政官庁」（つまり所轄の労働基準監督署）で認定（労基則7条の規定による認定）を受けなければならない（同条3項）。

2-7 平均賃金とは？

　算定しなければならない事由の発生した日以前3か月間にその労働者に対し支払われた賃金の総額（ただし、臨時に支払われた賃金及び3か月を超える期間ごとに支払われる賃金＝夏・冬の2回に分けて支給する賞与等は算入しない）を、その期間

---

[9]　東京大学労働法研究会編『注釈労働基準法（上巻）』（有斐閣、2003年）214頁（中窪裕也）、荒木尚志・岩村正彦・村中孝史・山川隆一編『注釈　労働基準法・労働契約法（第1巻）総論・労働基準法（1）』（有斐閣、2023年）296頁（皆川宏之）。

[10]　菅野＝山川 268-269頁、水町 498頁。

の総日数で除した金額をいう（労基法12条1項本文、4項）。

2-8 注意すること

　解雇自体を争いたい場合、積極的に労働者側から請求してしまうと、解雇自体を認めたとか、就労の意思（未払い賃金請求する上で必要）を失った等の主張をされる事もある。

　他方で、相手方が支払ってきたのであれば、解雇等を争う場合であっても敢えて返金などせず、使用者に対して「未払い賃金として受領する」ことを明確に表明し、解雇後の未払い賃金等として受領することも可能である。その場合は、後に解雇を自認した等と認定されないように、口頭のやり取りではなく、受領が確認できる書面など証拠に残すことが重要である。

2-9 解雇予告手当が適用されない労働者

　解雇予告義務の規定は、以下の労働者には適用がない（労基法21条）。

　本来は違うのに、下記の例に当たるとして、解雇予告手当を免れようとする使用者がいるので、使用者側の言い分を盲信しないように注意したい。

ア　日日雇い入れられる者（1か月を超えて引き続き使用されている場合を除く）

イ　2か月以内の期間を定めて使用される者（所定期間を超えて引き続き使用されている場合を除く）

ウ　季節的業務に4か月以内の期間を定めて使用される者（所定期間を超えて引き続き使用されている場合を除く）

エ　試用期間中の者（14日を超えて引き続き使用されている場合を除く）

第6章 ● 退職時に労働者への支払い等を拒否するトラブル　231

2-10 効果

　使用者が解雇予告制度に違反した場合は、6月以下の懲役または30万円以下の罰金の法定刑が定められている（労基法119条1号）。

　また、裁判で予告手当を請求する場合、付加金の請求もできる（労基法114条）。

2-11 違反した場合の解雇の効力

　除外認定事由がないのに、解雇の予告をせず、予告手当も支払わないで解雇した場合の解雇の効力については、各説ある。

　最高裁は、「即時解雇としては効力が生じないが、使用者が即時解雇に固執する趣旨でないかぎり、通知後30日の期間を経過するか、または通知の後に予告手当の支払をしたときは、そのいずれかのときから解雇の効力が生ずる」とし、相対的無効説を採用している（細谷服装事件・最二小判昭35.3.11民集14巻3号403頁）。

　なお、使用者が即時解雇に固執する趣旨でなかったことが明らかでなかったとして解雇を無効した例として、阪神観光事件・大阪地決平7.9.12労判688号53頁がある。

　除外認定事由があるのに除外認定を受けないで行った即時解雇の効力については、除外認定は除外事由の有無を確認する確認処分にすぎず、除外事由に該当する事実が客観的に存在すれば、即時解雇も有効とするのが多くの判例の立場である（日本通信社事件・最三小決昭29.9.28集刑98号847頁、四国電気工事事件・高松高判昭49.3.5労判198号51頁、西日本鉄道（懲戒解雇）事件・福岡高判平20.3.12判例秘書L06320121）。

　予告手当についても、大半の裁判例は、除外事由に該当する事実が客観的に存在すれば、除外認定を受けていなくても支払い義務を負わないとする（青梅建設事件・東京高判昭47.6.29判

タ285号311頁、グラバス事件・東京地判平16.12.17労判889号52頁、旭運輸事件・大阪地判平20.8.28労判975号21頁等）。

3──退職後の賃金支払に関するトラブル

3-1 トラブルが生じる場面

退職後に支払期限がくる賃金について、使用者が支払を拒否するトラブルがある。支給時在籍要件の関係で賞与支給が問題になることも多いし、退職金が問題になることもある。

また、支給すると言いながら、使用者が嫌がらせ的な支給方法（「現金で渡すので取りにこないと支払わない」という対応）をされたりするトラブルがある。

特に、アルバイトなど弱い立場でのトラブルで顕著に見られ、泣き寝入りを強いられやすく深刻である。

3-2 使用者が労働者に退職後の賃金を受領しに職場へ来るよう求めるケース

[1] 賃金の義務履行地の考え方（原則）

このような使用者の対応は、人手不足を背景に、退職を好ましく思わない使用者によって、嫌がらせ的に行われることが頻発する（従前は振込であったのに、最後の賃金だけ手渡しを求めることもある）。このような使用者側の要求が正当かは、賃金支払いの義務履行地をどのように考えるのかという問題に帰結する。

この点、この義務履行地について、民法484条は、「特定物の引渡し」以外の債権について、「別段の意思表示」がないときは、「債権者の現在の住所」が弁済の場所となるものと定める。

一般に金銭債権は「特定物の引渡し」を内容とする債権ではないので、当事者間にとくに合意がない限り、「債権者の現在の

住所」が弁済の場所、すなわち「義務履行地」になる。

　この民法の原則にしたがえば、金銭の支払いについては、債務者側（会社）が支払いを受ける債権者（労働者）まで持っていかねばならないというのが原則である（持参債務：民法484条後段）。

[2] 給与債権の管轄

ア　使用者の営業所住所という考え方（多くの実務運用）

　しかし、「給与債権は、従業員が営業所において労務に従事し、その代価として給料を請求するものであるから、暗黙の合意がなされたと認められる別段の事情又は合意のない限り」「支払場所は双方に好都合である使用者の営業所である」と判断した裁判例がある（東京高決昭38.1.24下級裁判所民事裁判例集14巻1号58頁）。東京地裁労働部の実務運用でも、「労働債権の場合の義務履行地というのは、普通は会社から給料をもらうという発想から、営業所の所在地が義務履行地」とされている（「特集　東京地裁書記官に訊く　労働部編」LIBRA2012年11月号）。

　これは、会社で労務提供して給料をもらっているから、賃金債権の義務履行地は会社の営業所住所地、という説明であろうが、給与の現金支給が一般的であった半世紀以上も前の労働実態における説明にしかならない。

イ　現代的な解釈

　現在は口座振り込みがむしろ一般化している労使関係の実態がある実状とは相容れないといえよう。とりわけ、退職後に一方的に使用者が変更することを認め嫌がらせで最終の賃金を受領に来させるようなケースで悪用される実態が何ら考慮しておらず、そのまま一般化できる判断ではないと考える。

　特に、賃金支払いの運用が口座振込みであった事案では、従前から賃金支払いがなされているのは使用者の営業所などでは

ないのだから、民法の解釈としても例外的な、使用者の営業所が義務履行地であるとの合意等を認定できないはずだ。少なくとも口座振り込みで賃金が支払われてきた実態がある場合は、民法の原則通り持参債務と考え、労働者居住地にあると考えるべきである（後掲・パールシステムズ事件・大阪高決平10.4.30判タ998号259頁）。

　特に、退職後に支払期限が来る給与債権については、既に述べた退職金請求（持参債務の原則どおり、労働者の住所を義務履行地とされる[*11]）との均衡からも、持参債務と考えるのが素直であろう。退職後に支払期限がくる賃金については、既に雇用関係が消滅している点で退職金と同じ状況にある。

（給料支払義務の履行地が労働者の所在地とされたもの）
パールシステムズ事件　大阪高決平10.4.30判タ998号259頁

　給料支払義務の履行地が、債権者（労働者）の所在地かが争点になった事件である。給与管轄給与支払いが口座振り込みであった事案で、会社の本社所在地等に労働者が出向いて取立ての方法で給料を支払うことは予定されておらず、民法の原則どおり労働者の住所地へ持参の方法で支払うことを予定しているとし、口座振込の方法による支払は、右持参の方法による支払のためにとられているとした。そして、給料支払義務の履行地は、抗告人の住所地であるとした。

　なお、会社は、銀行振込の方法をとった場合、債務者が払込手続をとれば支払手続の確実性に欠けるところはないから、送金手続をした時点で義務の履行が終了したものと解すべきで、送金手続を行う場所が義務履行地であると主張した。これに対しては、万一銀行の送金手続の過誤等で債権者の指定口座に入金されなかった場合には、債務者の義務が終了したことになら

---

*11　詳細は、本章1—10「退職金請求の管轄」の箇所を参照されたい。

ないので、債権者の指定口座に入金されて初めて債務者の義務が終了するというべきであるとして、会社の主張を排斥している。

3-3 賞与をめぐるトラブル

　使用者は、法令上当然に賞与（一時金・ボーナスと同義）の支払い義務は負わないが、賞与を制度として支給している場合は、賞与に関する定めは就業規則の必要記載事項となり（労基法89条4号）、基本的に就業規則等の定めによって支給の有無・額などが決定する。

　退職に際しては、使用者が労働者の退職後に支払期限がくる賞与の支払いを拒否するなどにより、円満退職が妨げられる。

　賞与は、労働者の側でも算定時の査定期間と支給時期について月例賃金ほど自覚がない場合もあるが、他方で退職により就業規則などが手元にない場合もあり、まずは賞与支給の要件などの開示を使用者に求め内容を確認することが必要な場合も多い。

　賞与の性質については、一般的には、月例賃金とは別に支給される金銭給付であり、労務対価の後払いや、功労報償、生活費の補助、労働者の意欲向上等といった多様な趣旨を含み得るものであると解されている（長澤運輸事件・最二小判平30.6.1労判1179号34頁参照）が、最終的には当該労働契約において個別的に決せられるものである。

　賞与に関して退職時にトラブルが多いのは、就業規則等で、支給日在籍要件（賞与支給日に在籍していないと、賞与算定期間に就労していても、賞与は支給されない）の定めがある場合である。また、就業規則等の規定がない場合に、確立した慣行であるとして支給日在籍要件をみとめる裁判例（京都新聞社事件・最一小判昭60.11.28労判469号6頁）もある。

　裁判例をみると、賞与が将来の勤務への期待・奨励という意

味も含まれていることを理由に、退職した労働者には支給しないとする支給日在籍要件の有効性を肯定するものが多い（自発的退職者に関するものとして大和銀行事件・最一小判昭57.10.7労判409号15頁。定年退職者については、カツデン事件・東京地判平8.10.29労経速1639号3頁、JR東日本〔退職年度期末手当〕事件・東京高判平29.12.13労判1200号86頁）。

　しかし、賞与は、過去の労務提供の対価で賃金後払い的な性格もあるので、支給日に退職している事実だけで、賞与を不支給とすることは、当該賞与を定める労働契約の実態からは不合理といえる場合も多い。退職することで賃金収入を絶たれる労働者は、賞与を生活資金としてあてにしている場合も多く、支給されなかった影響も通常の賞与支給時よりも重大な場合も珍しくない。

　また、定年退職など、労働者側は自発的に退職を求めてもおらず、不可避的に退職を強いられたような場合に、退職日が賞与の支給日より前で偶然在籍していなかったというだけの理由で、賞与が一切不支給とされることの不合理性は大きい。

　そのため、裁判例では、賞与の在籍要件の規定があっても、賞与支給を認めるものもある。

（賞与の支給額の差異が争われたケース）

①ベネッセコーポレーション事件　東京地判平8.6.28労判696号17頁

　就業規則において、退職予定者には非退職者の17％しか支給しない規定を定め、賞与を一部しか支給しなかった事案である。判決は、一般論として非退職者より低額にする条項を定めること自体は適法としつつ、退職予定者の賞与における将来への期待部分は賞与額の2割とするのが相当であるとして、基準日以前に退職した労働者は、非退職者の賞与額の8割の支払を命じた。

（賞与の支給日在職要件の適用が争われたケース）

②医療法人佐藤循環器内科事件　松山地判令4.11.2労判1294号53頁

　賞与の支給日在職要件について、賞与の考課対象期間満了日を経過して勤務していた労働者が、賞与の査定前に死亡退職となった事案で、支給日在職要件の適用を民法90条により排除して、賞与の発生を認めた。本判決は、事例判断ではあるが、労働者の死亡退職事案で、査定がない事案でも賞与額が確定できることを判断し、公序良俗違反という一般条項によって支給日在職要件の適用が排除される場合があり得ることを示したものである。

3-4 遅延損害金

［1］在職中の場合

　民法改正[*12]により、民事法定利率は市場金利に連動した変動制とされ、改正施行当初は年3％とされた（民法404条2項）。商事法定利率は廃止された。これにより、2020年4月1日以降に支払日が到来する賃金の遅延損害金は、年3％となる。

［2］退職労働者の賃金に係る遅延損害金

　退職した労働者の賃金（退職手当を除く）について、労働者は、退職の翌日から支払われる日までの期間につき、年14.6％の遅延損害金を請求できる（賃金の支払の確保等に関する法律6条1項、同法律施行令1条）ので注意を要する。

　ただし、遅延が天災地変その他のやむを得ない事由（企業倒産等）の場合は、その事由が存在する間は14.6％の利率は適用されない（同法6条2項）。

[*12]　改正民法施行前の2020年3月31日以前に支払日が到来した賃金の遅延損害金は、使用者が営利企業など「商人」の場合は商事法定利率年6％（旧商法514条）、それ以外の場合は年5％であった（旧民法404条）。

238

3-5 実務的な対処

一般的な残業代請求の場面はともかく、最後の給与債権だけの未払いの場合など、通常の労使関係であれば最大で1か月分の給与であり（給与の締め日・支払日との関係で少なくなることも多い）、金額は少額となる。

特に、非正規雇用の労働者、労働時間が少ないアルバイトの学生などで、嫌がらせ・報復的に頻発する紛争形態でもある。そういった場合、使用者の明白な嫌がらせではあっても、これを回収するコストとは見合わないことも多いので悩ましい問題である。

とはいえ、こういった悪質な対応をする事案では、労働者が自覚していない残業代不払（固定残業代）、ハラスメント行為に基づく損害賠償の請求など、同時に請求できる権利が存在する可能性があるので、労働者からの聴取では、そういった点も意識して、何か同時に請求できる問題がないかを意識して聴取することになる。

また、元金が少額ではあっても、上記の通り遅延損害金が14.6%であり（賃金の支払いの確保等に関する法律第6条）、その点も活用して、訴訟提起等に至らない交渉での解決を試みることも有益である。

4──使用者からの相殺や権利放棄

4-1 トラブルが生じる場面

労働者が退職に際して賃金（月例賃金、退職金）などを請求したとき、または使用者が労働者に対して損害賠償請求権等の債権を有するとして、労働者に対する債権と賃金との相殺を主張され賃金支払を拒否されたり、賃金請求権を放棄させられることで、円満退職が妨げられることがある。

第6章 ● 退職時に労働者への支払い等を拒否するトラブル　239

4-2 賃金全額払い原則との関係（天引き）

　労働基法24条1項本文が賃金全額払いの原則が定められており、使用が賃金と労働者に対する債権とを相殺することはできないのが原則である（関西精機事件・最二小判昭31.11.2民集10巻11号1413頁）。

　ただし、例外として法令で定められたもの（健康保険料、介護保険料、厚生年金保険料、雇用保険料、所得税、住民税など）は、賃金から天引きが可能である（同条1項但書）。

　使用者が、このような例外に該当しない債権との相殺によって賃金の支払いを拒否していれば違法となる。

4-3 労働者が賃金債権を放棄した場合

　使用者が労働者に対して賃金債権を放棄させる合意をして、賃金請求を行使できないようにされてしまうトラブルがある。

　賃金請求権について、賃金全額払いの原則との関係から権利放棄自体の可否が問題となり得るが、最高裁は、一律に賃金債権が権利放棄できないとはせず、その権利放棄が労働者の自由な意思に基づくものであると認めるに足りる合理的な理由が客観的に存在したといえる場合には、賃金債権であっても労働者の権利放棄を認めている（シンガー・ソーイング・メシーン事件・最二小判昭48.1.19民集27巻1号27頁（判時695号107頁））。

4-4 労働者が賃金債権を相殺合意した場合

　賃金が相殺により天引きが禁じられる場合であっても、労使の合意によって相殺をすることは理論的に可能である。そのため、労働者が退職に際して、意思に反して使用者からの損害培養請求などとの相殺合意を強いられて、実質的に賃金の支払いを実質的に拒否されてしまうこともある。

　この点、労使の合意で賃金を相殺できる場合とは、その同意

が労働者の自由な意思に基づいてされたものであると認めるに足りる合理的な理由が客観的に存在する場合に限られる（日新製鋼事件・最二小判平2.11.26民集44巻8号1085頁（労判584号6頁））。

4-5 実務上の対応

実務上、労働者が、労使の力関係の非対称さ、一刻も早く劣悪な関係から離脱したいという思いから、退職に際して、到底真意とは言えないような権利放棄や相殺合意をしてしまうケースは珍しくない。

こういった場合、通常は、使用者側に有利な形式的な証拠（権利放棄や相殺を約束した書面）が作成されているが（合意の存在が使用者側から主張されていても、合意を証明する書証が存在しなければ、労働者側に有利な事情となる）、そのような書証が存在しても、その作成経過、労働者の認識、当該書面を作成した動機、当時の労働者の置かれた状況など実状を把握して、労働者の自由な意思に基づいてされたものであると認めるに足りる合理的な理由が客観的に存在する場合であるかを、慎重に吟味する必要がある。

その際の視点として、労働法・労使関係の特殊性において指摘した視点（第4章4「労働法的な修正の場面」参照）が活用できる。

5——退職時等における証明（労基法22条）

5-1 在職証明

［1］在籍証明書

在職証明書とは、会社に在籍していることや勤務の状況を証明する書類のことをさす。就労証明書・就業証明書などと呼ば

れることもある。

　記載事項が法定されているわけでもなく、書類の名称の相違にも大きな意味はないと考えて良い。

［2］法的根拠と記載内容

　後述する退職時の証明書（労基法22条1項）と異なり、在籍証明書は使用者が法的な作成義務を課された書類ではなく、法定の記載事項も存在しない。

　一般的には、使用者名、氏名・住所・生年月日、入社年月日、雇用形態、勤務地、職種、役職、業務内容、給与額、発行年月日などが記載される例が多い。

　転職先への提出用（特に外資系企業で求められる傾向がある）として、これを準備しないと再就職活動に事実上大きな支障がでる場合もあり、円満退職の妨げとなる。

　また、許可保育園・認定こども園の入園等の資料、賃貸物件への入居・更新、住宅ローンなど借入時の審査、外国人労働者の在留資格の更新時、専門職の登録時（税理士登録等で実務経験を証明するため必要）などに必要となる場合があり、労働者側の不発行の影響は大きい。

［3］実務上の対応

　ある程度の規模の会社であれば、在籍先が発行した経験もあるだろうが、経験がなければどのような書類を準備するのかよく分からない場合もある。用途に応じて在籍先に相談し、記載事項などを在籍先に具体的に伝えて求めると、発行に際してトラブルになりにくい。

　実務上、労使関係が悪化した場合などに、使用者が報復的にこれを拒否することがあるが、業界慣行などを踏まえつつ、労働契約に付随する信義則上の義務であると訴え、使用者を説得することになる。

242

5-2 退職時の証明書（労基法22条1項）

［1］概要

　労働者が退職する場合に、使用者に対して、使用期間、業務の種類、その事業における地位、賃金又は退職の事由（退職の事由が解雇の場合にあっては、解雇理由も含まれる）について証明書を請求した場合、使用者は遅滞なくこれを交付しなければならないとされている（労基法22条1項）。

［2］趣旨

　この規定の趣旨・沿革であるが、退職後に労働者が次の仕事を探す際に職歴の証明書が必要となる場合があり、労働者の再就職に資することを目的に、工場法施行令27条の3を引き継ぐ形で定められたものである[13]。

［3］就業妨害目的の通信および秘密記号の記入の禁止

　もっとも、使用者による使用者証明書は、労働者の就職（さらには、退職妨害による労働者の不当な足止めを意図）するため乱用される恐れもあることから、使用者による就業妨害目的の通信および秘密記号の記入も禁止している（同条4項）。

　具体的には、使用者はこの証明書において、労働者の請求しない事項を記入してはならないとされる（同条3項）。

　また、使用者は、あらかじめ第三者と謀り、労働者の就業を妨げることを目的として、労働者の国籍、信条、社会的身分若しくは労働組合運動に関する通信をしたり、退職時の証明書には、「秘密の記号」を記入してはならないとされている（同条項4項）。

　ここで、通信が禁じられる事項は限定列挙とされており（昭

---

[13]　荒木・岩村・村中・山川編・前掲注[9]・297頁（皆川）。

第6章 ● 退職時に労働者への支払い等を拒否するトラブル　243

22.12.15基発502号）、「労働者の国籍、信条、社会的身分若しくは労働組合運動に関する」通信に限られ、その列挙事由以外の通信であれば、労働者の就業を妨害する意図があっても、本庄には反しないとされる[14]。ただし、労基法22条に反しないとしても、就業を妨害する意図で行ったことまで立証された場合に、使用者の行為が民事損害賠償の対象となる可能性を排除するものではない。

　他方、この「秘密の記号」は、事項が限定されていないので、予め第三者と謀り、かつ、労働者の就業を妨げることを目的とするものであれば、いかなる事項についても記入は禁じられる。

［4］請求時の注意点

　労働者が解雇による労働者の意思に反する労働契約解消について争いたいと考えている場合がある。その場合、請求書に、労働者側が自主退職・合意退職であると労働者側が受け入れている可能様な文言を入れぬように注意が必要である[15]。

　また、請求できる回数に制限はないとされているので、紛失した、請求項目などに漏れがあった等の場合であっても、再度請求すれば足りる。

　ただし、退職から2年で消滅時効にかかるので（労基法115条）、退職から時間を経過している場合には早めに請求し取得しておくのが望ましい。

5-3　解雇予告中の解雇理由の証明書（労基法22条2項）

［1］解雇理由の証明書とは

　労働者が、解雇予告（労基法20条1項）された日から退職の

---

[14]　厚生労働省労働基準局編『改訂新版　労働基準法（上）』（労務行政、2005年）345-346頁。

[15]　通知書などに、労働者が解雇などを受け入れる趣旨ではないことを明示すると丁寧である。

日までの間に、当該解雇の理由について証明書を請求した場合は、使用者は、遅滞なくこれを交付しなければならないとされている（労基法22条2項）。

ただし、解雇予告された日以後に、労働者が当該解雇以外の事由により退職した場合では、使用者は、当該退職の日以後、これを交付することを要しない（同条項ただし書き）。

この労基法22条2項は、2003年労基法改正で、使用者による恣意的な解雇を防止するとともに、労働者が解雇を受忍するか争うかを迅速に判断する機会を提供する等の狙いで追加された規定である。

［2］退職時の証明書との相違

解雇理由の証明書（労基法22条2項）は、退職時の証明書（同条1項）を利用しても交付を受けることが可能である[16]が、解雇理由の証明書は、解雇の予告期間中に限り請求できる点が異なる。

また、解雇予告がない即時解雇の場合も、退職時の退職理由の証明書の規定（同条1項）を用いることになる[17]。

【労基法22条の構造】

> 【解雇予告後・退職前の段階】：解雇理由の証明書（労基法22条2項）
>
> 【退職後の段階（即時解雇含む）】：退職理由の証明書（労基法22条1項）
>
> ＊退職から2年の消滅時効時効（115条）

（筆者作成）

＊16　労基法22条1項は、「退職の事由（退職の事由が解雇の場合にあつては、その理由を含む。）」の証明を要求しており、22条2項とは異なり「退職の日までの間」という制限がない。ただし、2年の消滅時効期間がある。

＊17　菅野＝山川769頁。

［3］解雇理由の追加

ア　解雇理由の追加を認めない立場

　解雇理由証明書を求めたのに、事後に解雇理由を追加できるのかについては争いがあるが、学説上は、追加できないとするの立場が有力である。

　その理由は、解雇理由証明書は、労働者が解雇の効力を争うか否かを判断するための重要な判断資料であるから事故後的に解雇理由の追加を認めると、解雇理由証明書を交付させる意義・趣旨が失われるからである[18]。

イ　追加自体は認める立場（実務）

　しかし、実務上は、証明書に記載された解雇理由は、解雇権濫用法理の適用にあたって重要な要因となるにとどまり、他の理由を訴訟上主張できないとまでは解されないという運用がなされている。

　その理由であるが、解雇理由証明書の交付は労働者の請求による場合に限られ、法律上も証明書にどの程度の解雇理由を記述しなければならないのか一義的にしているわけでもないこと等[19]が指摘されている[20]。

---

[18]　荒木 350 頁。原則として解雇理由の事後的追加は認めないとしつつ、解雇理由となる別個の重大な理由が新たに判明または発生した場合には、それを理由に予備的な解雇をすることは妨げられないとする（水町 1032-1033 頁）。

[19]　この点、厚生労働省が示したモデル様式があるに過ぎないこと、裁判実務で接していても解雇理由証明書の記載が訴訟に耐えるものは少なく、将来の訴訟での主張制限を想定した記述ではなく、不十分な記載になっている例が圧倒的に多いことが指摘されている（渡辺弘『労働関係訴訟 9』（青林書院、2010 年）11-12 頁）。

　しかしこのような、実務的な運用を踏まえるのであれば、交渉当時から解雇すれば訴訟に至ることが想定されている事案（例えば、双方に代理人弁護士がついて、使用者側においても解雇理由証明書が事後に生じるであろう訴訟提起後における審理の中心として据え得ることを念頭に作成しているような事案）であれば、追加された解雇理由は、訴訟上考慮するべきではないだろう。

[20]　渡辺・前掲注 [19]・11-12 頁、山口幸雄・三代川三千代・難波孝一編『労働事件審理ノート（第 3 版）』（判例タイムズ社、2016 年）26 頁。

ウ　追加を認める場合の訴訟上の運用

とはいえ、解雇理由の追加を許容する立場からも、解雇理由の追加が許されるにせよ、事案によっては解雇当時使用者が重視していなかったと認定し、そのことのみを理由に解雇することは権利の濫用である旨判断することもあり得ると指摘されている[21]。

したがって、解雇理由の追加が許されるといっても、あくまでも、訴訟における主張制限という法的効果が生じないとか、直ちに解雇の有効性に影響を与えないといった意味にとどまり、追加された解雇理由であること自体は、訴訟上大きく影響することは訴訟上も指摘すべきだろう。とりわけ、解雇当時に示されていなかった解雇理由が追加された場合は、その追加された理由が解雇の効力には影響を与えないことが多い[22]。

したがって、実務上、解雇理由の追加が主張された場合は、①追加された解雇理由について当初から使用者が把握していた事情であること、②使用者が敢えて解雇理由書に記載されず、解雇理由として重視されていないこと、③解雇理由証明書の作成状況（事後の訴訟提起を想定して作成されたか否か）を考慮して、少なくとも解雇権濫用法理の判断で、重視される事情とはならないことは指摘する必要があろう。

6──年次有給休暇の扱い

6-1　退職時に残った年次有給休暇の消化

［1］トラブルになる場面

労働者が退職する際、これまで消化しきれなかった年次有給休暇を消化しようとして、使用者とトラブルになるケースがあ

＊21　山口・三代川・難波編・前掲注＊20・26頁。

＊22　菅野＝山川 769頁。

る。

　退職しようとする労働者が、退職日と年次有給休暇の消化を同時に伝えると、結果として、残りの就労日数は少なくなる。そのため、使用者が引き続き業務や代替人員の確保の観点で年次有給休暇の行使にも異を唱えるなど、円満退職が妨げられることもある。

　労働者としても、年次有給休暇の未消化日数と退職日を想定し、早めに退職を告げることが紛争予防としては望ましいのは間違いない。しかし、職場でハラスメントに遭ったり、精神的不調を抱えている労働者は、退職を告げた後の気まずさや人間関係の悪化に耐えられず、自己防衛としても、できる限り退職を告げてからの就労日数を減らしたいと考える実情もある。

［2］年次有給休暇の構造

　年次有給休暇は、労基法39条1項が定める2要件（①6か月以上の継続勤務と②全労働日の8割以上の出勤）を充足することで、法律上当然に発生する権利である（白石営林署事件・最二小判昭48.3.2民集27巻2号191頁）。この権利の性質は形成権であり使用者の承認も不要である。

　したがって、労働者が退職を告げるとき、同時に年次有給休暇を前提に告げることに法的な問題はないし、基本的に要件を充足した残りの年次有給休暇の消化は認められる。

［3］時季指定権の要件など

　ただし、使用者は労働者が請求した時季に年休を付与することが事業の正常な運営を妨げる場合に、時季指定権（労基法39条5項但書）が認められているにとどまる。

　この使用者の時季指定権行使は、代替日を指定する必要までは無く、「承認しない」と告げるだけで足りると解されている（電電公社此花電報電話局事件・最一小判昭57.3.18民集36巻3

号366頁）。

とはいえ、他の時季に年次有給休暇を付与する可能性が存在することを当然の前提とするので、退職する労働者が残った年次有給休暇を消化しようとするような場合で、他の時季に付与する余地がない場合には、使用者は時季指定権を行使することはできないとの指摘がなされている[23]。

また、使用者は労働者が請求した時季に年休を付与することが「事業の正常な運営を妨げる場合」にしか時季変更権を行使できない。

この「正常な運営を妨げる」とは、時季変更権を行使する時点で、客観的にみてそのような事態が生じる蓋然性があることを意味し、①当該労働者の属する部署等で必要な人員を欠くなど業務上の支障が生じるおそれがあること（業務上の支障）に加え、②人員配置の適切さや代替要員確保の努力など労働者が指定した時期に年次有給休暇が取得できるように使用者が状況に応じた配慮を行っていること（使用者の状況に応じた配慮）を考慮して決定される。

特に、②は、年次有給休暇を取得する時季を労働者が決定できるようにした年次有給休暇制度の建て付けからも、要請されるものである。

したがって、他の時季に年次有給休暇を付与する可能性が存在することを前提としたうえで（上記の通り、他の時季に付与する余地がない場合には、使用者は時季指定権を行使することはできない）、たとえ①具体的な業務上の支障が認められるにせよ、②代替要員の確保などにより使用者の状況に応じた配慮をせずに時季指定を行使することはできない。退職しようとする労働者の年次有給休暇の行使に対する時季変更権が有効となるケースは、容易には想定されないといえるだろう。

---

[23] 菅野＝山川 566頁、水町 789頁。

（退職時に残った年次有給休暇の消化が否定されたもの）

ライドウェーブコンサルティングほか事件

東京地判平21.1.19判時2049号135頁（控訴審・東京高判平21.10.21労判995号
39頁も結論を維持しているが労働者が控訴審で争っておらず争点となっていない）

　競業避止義務違反による懲戒解雇を受けた労働者（被告）が、
解雇を告げられる前の1か月間年次有給休暇をとっていたと主
張して行った未払賃金請求（反訴請求）について時季変更権を
行使したとして争われた事案で、結論として時季変更権を認め
た。この事案は、労働者がプロジェクトの最高責任者であるプ
ロジェクトリーダーとして責任を負っていたこと、指定した有
給休暇期間が34日間と長期であったこと等の事実を総合し、時
季変更権の行使を適法としている。しかし、労働者の地位が高
くとも、代替要員確保の努力など労働者が指定した時期に年次
有給休暇が取得できるように使用者が状況に応じた配慮の有無
を考慮せずに結論を導いており、妥当ではない。

6-2　有給休暇の買取

［1］使用者から請求はできない

　退職時までに年次有給休暇を消化する代わりに、使用者がそ
の年次有給休暇取得分に相当する賃金相当額を支払うことが、
「有給休暇の買取」として、実務慣行上行われている。

　かかる有給休暇の買取は、労使合意で行われるのことは否定
されないが、使用者がこれを労働者に求める権利はない。これ
では結論として、年次有給休暇の行使を否定するに等しく、強
行法規である年次有給休暇の制度趣旨（労働者の心身の疲労回
復を図る等）も実現できないからである。

　したがって、使用者から労働者に対してこのような要求が
あった場合、労働者はこれに応じる義務はなく拒否できる。

　仮に、使用者が年休取得を認めずに買取を強行すれば、年休

取得の妨害として違法となり、場合によっては労働者から使用者に対する損害賠償請求の対象となり得るだろう。裁判例にも、取得理由を限定して年次有給休暇の行使を妨害したことが労働契約上の債務不履行にあたると認定して慰謝料50万円の支払いを認めたものがある（甲商事事件・東京地判平27.2.18労経速2245号3頁）。

［2］労働者からの請求

他方で、労働者としても、仕事への責任感やからできるだけ引継ぎをしておきたい等の気持ちと、退職後の生活資金等を確保したいという経済的な動機から、有給休暇の買い取りを希望するケースも多い。

しかし、労働者から使用者に対して、就労するから退職日までに残ってしまう年次有給休暇を買い取るように要求する権利もない。使用者に対して、業務引継ぎの必要性など説明し、有給休暇の買取について合意を得られるように求めていくほかないことになる。

［3］労使合意で行う場合の注意

労使の合意で有給買取をすることは違法ではないものの、労働者が有給休暇の買取に応じる義務がないことを理解しての自由な意思に基づく同意がなければ、この合意が無効となり得ると考えられる。

また、仮に労使で合意したとしても、年次有給休暇取得の促進を意図して、2018年の働き方改革関連法による労基法改正で新たに年5日間は罰則付きで取得義務が課されたこと（労基法39条7項本文、同法120条1号）を考慮すれば、その5日分まで有給の買取をすることは失当である。

労働者側も、使用者側が事後的に労基法違反を問われ、その結果として労働者が受領した年次有給休暇に相当分の賃金返還

を求められるなど、事後的なトラブルが生じるリスクは想定しておく必要があるだろう。

7 ── 退職時の金品返還義務（労基法23条関係）

7-1 使用者の金品の返還義務

［1］労基法23条の内容

　使用者は、労働者が死亡または退職した場合に、権利者（労働者本人、相続人）の請求があったときは、7日以内に賃金を支払い、積立金・保証金・貯蓄金その他名称の如何を問わず、労働者の権利に属する金品を返還しなければならないとされている（労基法23条1項）。

　また、使用者は、返還すべき賃金又は金品に関する争いがある場合にも、異議のない部分を、同項の期間中に支払い又は返還しなければならないとされている（同条2項）。そのため、使用者は、権利者からの請求に対して同条項の異議を通知することで、異議の対象となる部分は、7日以内の支払い・返還義務を免れる。

［2］労基法23条の趣旨・沿革

　労働者の退職に際して、使用者に賃金や積立金等の労働者の権利に属する金品を迅速に返還させないと、労働者の足留めに利用されることがある。本条は、そのような足止め策の防止や、退職する労働者や遺族の生活困窮の防止、退職後の時間の経過による賃金支払いや金品返還の不便・棄権の防止などを目的に、退職労働者等の権利者の請求により、使用者に金品などの早期返還を義務づけた規定である。工場法施行令23条に、職工について同様の規定があり、本条はこれを一般化する形で規定されたものである。

252

同条2項では、返還すべき金品などに争いがある場合でも、異議のない範囲での7日以内の支払い・返還を義務づけるので、賃金算定等において労使で対立が生じても、両者の一致している範囲では迅速な支払い・返還が行われるようにしている[24]。

7-2 労基法23条で返還を請求できる者

同条が定める退職時に賃金や金品等の支払い・返還を求められる「権利者」とは、労働者本人と、労働者が死亡した場合の遺産相続人を指す。一般債権者はこれに含まれない（昭22.9.13基発17号）。

なお、労働者死亡を請求権発生の要件とする死亡退職金は、労働者本人が一旦請求権を取得し相続財産になるとは考えられず、労働者の遺産相続人が当然に受給権者となるとは言えないので、就業規則や労働協約などで定められる受給権者の範囲や順位が定められている場合には、当該受給権者が本条の権利者となると解されている（昭25.7.7基収1786号）。

この点、日本貿易振興会事件（最一小判昭55.11.27民集34巻6号815頁）は、死亡退職金の法的性質は、相続財産に属するか受給権者の固有の権利であり相続財産でないかは一律に決することはできず、当該企業の労働協約、就業規則あるいは本件におけるような規程の内容からこれを考えるべきとし、当該規程の中心的機能は遺族自体の扶養であり遺族がこの規程に基づき直接死亡退職金を受給できるとみられるとして、死亡退職金は相続財産に属せず受給権者である遺族の固有の権利と解するとした。

---

[24]　荒木・岩村・村中・山川編・前掲注[9]・302頁（皆川）。

7-3 労基法23条が定める「賃金」

労基法23条が定める賃金は、労基法11条が定める賃金と同義であり、一般に労働者が請求しうる賃金は全て含まれると解されている。

使用者は、賃金支払日まで賃金の支払い義務を負わないが、労基法23条は、労働者の死亡または退職の場合に賃金支払日が未到来であっても、労働者の請求があれば、使用者に7日以内に支払いを義務づけている[25]。

この点、平和運送事件（大阪地判昭58.11.22労経速1183号3頁）は、「退職金の支給は退職後すみやかにその金額を支払う」旨の退職金規定の定は、退職金の支払に関する確定期限を定めたものとはいえないとして、労基法23条によって使用者は退職金請求の訴状送達の日の7日後から遅滞の責任を負うべきであるとしている。

7-4 労基法23条の対象となる「労働者の権利に属する金品」

労基法23条の「労働者の権利に属する金品」とは、名称の如何を問わず労働関係に付随して労働者が使用者に預入れや保管を依頼した全ての金品や物品が含まれるとされる。「名称の如何を問わず、労働者の権利に属する金品」が含まれるので、同条に掲げられた「積立金、保証金、貯蓄金」は例示列挙であり、対象はこれらに限られない。裁判例でも、労基法23条の法意より「看護婦免許証」がこれに該当するとしたもの（後掲・医療法人北錦会事件）もある。労働者が持ち込んだ衣類や布団は、対象に含まれる（昭41.2.2基発8818号）。

ただし、返還させないと労働者の足留めに利用されることを

＊25　異議のある部分についても、本来は権利者に支払い・返還すべきものであった場合には、その履行期限の到来以降、使用者は履行遅滞に伴う民事上の責任を負う（厚生労働省労働基準局・前掲注＊14・351-352頁）。

防ぐという趣旨からも、同条の保護の対象は、労働者が使用者に預入れや保管を依頼したものに限定されてしまうので、労働者が職場に持ち込んで放置したまま退職した私物等は、これに含まれないと解される可能性が高い。

7-5　返還時期

労基法23条1項の規定は、「7日以内」の支払期限が「賃金を支払い」の部分のみにかかり、後段の「労働者の権利に属する金品」の部分にはかからない（支払期限が定められていない）ようにも読める。

しかし、本条の趣旨である足止め策の防止の趣旨は等しく妥当するので、労働契約終了後金品の返還にもかかると解されている[26]。

7-6　労基法23条の効果

労基法23条に違反する使用者は、30万円以下の罰金が科せられる（労基法120条1号）。使用者に異議がある場合についても、異議がない部分については同様である（労基法23条2項）。

（労基法23条の「金品」に該当するとされたもの）
①医療法人北錦会事件

大阪地判平6.4.18労判646号40頁

使用者が退職後の看護師に対し看護婦免許証を返還しないことについて、労基法23条に違反するとして返還を命じた事案である。労基法23条は、労働者が退職した場合、雇用主により労働者の足留策に利用されないことなどを図るため、雇用主に足留めに利用する意図があると否とを問わず賃金その他労働者の権利に属する金品の早期返還を義務付ける趣旨の規定であると

---

*26　厚生労働省労働基準局『労働基準法　上』（労務行政研究所、2000年）309頁。

第6章 ◉ 退職時に労働者への支払い等を拒否するトラブル | 255

し、免許証は原告の所有に属することは明らかであり、労基法の法意に照らし同条の「金品」に該当するものとした。

（労基法23条の「金品」に該当しないとされたもの）
②新協運送事件　大阪地判平11.2.17労判754号17頁

　従業員親睦のための「新和会費」名目の賃金控除に関連して、労基法23条1項の該当性が問題になった。判決は、新和会費が労働関係に関連して使用者に預け入れ又は保管を依頼したものであるか否かを検討し、親睦会費は従業員の親睦を図る目的で設立された任意団体維持のため行われていたもので労働関係に関連して使用者に預け入れ又は保管を依頼したものとはいえないので、労基法23条1項にいう「積立金」には該当しないとした。

7-7　労基法23条が適用されない事案の対処

　上記の通り、労基法23条の保護対象は、労働者が使用者に預入れや保管を依頼したものに限定されると解されている。

　そのため、たとえば、労働者が職場に持ち込んで労働者自身が保管・管理をしていた労働者の使用していた個人机や個人ロッカー内に残された私物などは、これに含まれず、労基法23条に基づく返還義務には含まれないと解される場合が多いだろう（この論点については、第5章6「私物の引き渡し・会社所有物の返還」を参照）。

　しかし、私物について使用者に返還をさせる義務を認めないと、私物が労働者の足留めに利用されることになる。

　とりわけ、外国人労働者は、従属的地位に置かれやすいうえ、パスポートと使用者に取り上げられる事案（パスポートを保持しなければ、実質的に国内での移動の自由が制限される）が多くみられるが、裁判例でも使用者が外国人労働者のパスポートを管理し続けたことを不法行為と認定するものも多い（なお、本

256

シリーズ第11巻『外国人労働者の法律実務』も参照されたい）。

（外国人労働者のパスポート管理が不法行為と認定されたもの）

①パスポート不返還損害賠償請求事件

横浜地判令6.4.25労旬2063号47頁

外国人労働者と事業主とで締結したパスポート管理契約が、保管期限は事業主が決定するとしていること、退職後も被告が管理し原告から請求があった場合にのみその7日以内に返還するとし、それ以外は事業主の許可無く返還しないとしていること等から、外国人労働者の移動の自由を制限するもので公序良俗に反するとした。また、パスポートを預かる目的が労働契約等の履行を確保することを目的とすることは、強制労働を禁じる労基法5条の法意から正当化されないとして、事業主がパスワード管理契約に基づいてパスポートの返還を拒むことはできず不法行為に該当するとして、事業主に対して、パスポート再発行費用と慰謝料の支払いを認めた。

②プラスパアパレル協同組合ほか事件

熊本地判平22.1.29労判1002号34頁（控訴審・福岡高判平22.9.13労判1013号6頁でも維持）

外国人研修・技能実習制度によって来日した研修生らに対し、第2次受入機関である縫製会社が、①旅券を預かり管理し続けた行為、②各自について複数の預金口座を開設し無断で預金を払戻したり、預金通帳・印鑑を管理した行為、及び③研修を実施せずに低賃金による長時間労働に従事させた行為につき、これらの行為相互に密接に関連しており、全体としてみた場合に研修生らの人格権を侵害するものとして不法行為を構成するとした。

③東栄衣料・県南繊維協同組合事件

福島地白河支判平24.2.14労判1049号37頁

　外国人研修生第二次受入機関が、ベトナム人研修生らに、研修期間中に実態としては指揮監督命令下の労働を行わせたこと、支給すべき手当から天引きをして渡し、また、低賃金での労働を余儀なくさせたこと、旅券を預かり保管していたなどの行為は、研修生らの人格権を侵害し、不法行為上違法であるとされた。

④北日本電子ほか（外国人研修生）事件

金沢地小松支判平26.3.7労判1094号32頁

　外国人研修生の受入会社が自らの意思で帰国することを望んでいたとはいえないのに強制帰国手続をとったこと、依頼なくパスポートを取り上げていたこと、違法に預金通帳を管理していたことなど研修生の行動の自由を過度に制約していた違法があり、その他一切の事情を考慮すると精神的苦痛を慰謝するのに100万円が相当であるとされた。

8──帰郷旅費の問題（労基法15条3項、同64条）

8-1　労働条件の相違による即時解除の場合の帰郷旅費 （労基法15条3項）

［1］制度概要

　労基法は、明示された労働条件の相違により労働者が労働契約を即時解除する場合（労基法15条2項）に、就業のために住居を変更した労働者が契約解除の日から14日以内に帰郷する場合[27]は、使用者は、必要な旅費を負担しなければならないと

───────────────

＊27　労働条件の相違による即時解除（労基法15条2項）の制度の詳細は、第2章4「退職妨害に対する実務的な対処法」で述べた。

されている（労基法15条3項）。

　同条項の趣旨は、従属性を生じさせる労働契約、とくに転居を伴うことで生活の拠点をも移動しており一般的な労働契約以上に従属性の強い関係におかれた労働者に対して、自己決定によって労働契約から離脱することができるようにすることで、労働契約の拘束下から解消できるようにすることにあると考える。

　この制度は、労働条件明示義務の一環として、明示された労働条件が事実と異なる場合の即時解除（労基法15条2項）と併せて、労働者に対して私法的救済を認めるものであり、同条項の意味は特に損害の立証をしなくても、罰則を伴う制裁を科しつつ、帰郷費用を請求することを認めている点にあるとの指摘もある[28]。

［2］適用場面（現代的な問題意識）

　この規定により使用者に対して帰郷費用の請求ができる場面は、労働条件の相違による即時解除の場面が行われた場合で、しかも、就業のために住居を変更した労働者が契約解除の日から14日以内に帰郷する場合限られる。したがって、適用される場面はさほど多くないのは実情である。

　とはいえ、海外から日本に移住してくる外国人労働者（＝不可避的に住居の変更を伴う）の労働問題において、予め知らされていた労働条件が実際の労働条件と相違していることによるトラブルは珍しくないうえ、旅費も高額となっている。

　たしかに、海外から入国しているため、出国にも時間がかかり、「契約解除の日から14日以内」に居住していた国へ「帰郷する」場合はあまり想定されない。しかし、転居を伴うことで日本に入国して生活拠点を移動し、在留資格の関係もあって日

---

[28]　東京大学労働法研究会編・前掲注[9]・283頁（大内伸哉）。

本人ほど転職も自由にできずより従属性の強い関係におかれた労働者に対して、自己決定によって労働契約から離脱することができるようにして労働契約の拘束下から解消できるようにするという労基法15条3項の趣旨は、より一層外国人労働者には妥当するので、同条項の類推適用等で保護されるべき事案もあると考える（少なくとも、労働者から使用者への損害賠償請求時、同条項の趣旨が考慮されるべきである）。

［3］要件など

ここで「住所」（労基法15条3項）とは、「住所」[29]のみならず、「居所」[30]をも含む[31]と、労働者保護のために広く解されている。

また、「帰郷」とは、就業前（労働契約締結前）に労働者が居住していた場所に帰ることをいう。ただし、父母その他の親族の保護を受ける場合には、その者の住所に帰る場合も含むとする通達がある（昭和23.7.20基収2483号）。

さらに、「契約解除の日から14日以内に帰郷する場合」について、「14日以内」は、契約解除の当日は含まずその翌日からカウントされる（民法138条、140条、初日不算入）。また、「4日以内に帰郷する」とは、労働者が14日以内に目的地に到着していなくてもよく、目的地に向けて現在の住所を離れていれば足りる。

使用者は、請求を受けたら直ちにこれを支払う義務を負う（使用者が、14日以内に支払えば足りるというわけではない）。こ

＊29　民法22条「各人の生活の本拠」、実質的にみて各人の生活の中心となっている場所のことをいう（実質主義）。

＊30　民法23条の「居所」は、生活の本拠ではないが、人が多少の期間継続して居住する場所をいう（田島信威『法律用語ハンドブック《三訂版》』（ぎょうせい、2009年）281頁以下）。例えば、工事のために工事現場の宿舎に長期にわたって居住するような場合等の寄宿舎や、住込労働者となった場合、借家・借間に単独で移転した場合も居所に含まれるとされており（労働省労働基準局編『新訂版　労働基準法上』（労務行政研究所、1958年）174頁）、現在であれば、ウィークリーマンションやシェアハウスもこれに含まれるだろう。

＊31　荒木・岩村・村中・山川編・前掲注＊9・248頁（三井正信）。

260

れは、自ら帰郷費用を準備できない労働者が、労働条件が相違する契約に不当に拘束され続けることを防ぐ趣旨であるから、即時に支払われるようにしないとその趣旨を果たせないためである。

また、労働者が14日以内に帰郷する予定で請求をした場合は、使用者の都合により帰郷旅費を支出されないために14日以内に出発ができない場合には、契約解除の日から14日経過後に出発をした場合であっても、労働者は帰郷旅費請求権を失わないと解されている[32]。

［4］「必要な旅費」

「必要な旅費」とは、帰郷にするまでに通常必要とする一切の費用をいい、「旅費」の一般的な用語に従って、食費、宿泊を要する場合の宿泊費用も含むとされ、就業のため住居移転にあたり家財道具等を移転したため、これをも送還する必要が認められる場合には、その運送費も含まれると解される。

また、労働者のみならず、労働者により生計を維持されている内縁の配偶者を含む同居の親族の分の交通費、食費、宿泊費、移転した家財道具の運送費なども含まれるとされている（昭22.9.13基発17号、昭23.7.20基収2483号）。

［5］支払い方法

使用者が支払う方法は、必ずしも現金に限定されず、切符・食事の支給、交通手段の提供など、いずれも現物の支給でもよい[33]とされている。

金銭で支払われる場合、使用者は最低実費を支払う必要があ

---

[32] 労働省労働基準局編・前掲注[30]・174頁。

[33] 切符の現物支給はよいが、弁当等粗悪品を支給するおそれがあるものについては現金支給を要するとする見解もある（松岡三郎『条解労働基準法（上）（新版）』（弘文堂、1964年）200頁）。現在、同条制定時のように食糧確保が困難な食糧事情はないのであるから、食事については現物支給を認める実利は乏しいだろう。

るとされ、実費に不足するのに、予め定めた定額を支払っても本条項に違反する。

［6］罰則と消滅時効

この規定に違反する使用者に対して刑事罰が定められており、30万円以下の罰金に処せられる（労基法120条1号）。なお、労基法15条1項の労働条件明示義務及び同2項の労働条件の相違による即時解除についても同じ罰則規定が定められている。

また、この帰郷旅費請求権の消滅時効期間は2年である（労基法115条）。

8-2 18歳未満の労働者の帰郷費用の特例（労基法64条）

［1］趣旨など

労基法64条は、18歳未満の者が解雇された日から14日以内に帰郷する場合、使用者が帰郷に必要な費用を定めている。

解雇された年少者や女子労働者が解雇された場合、帰郷旅費がないことで身売りされるなどした生活をたどっていくことが『女工哀史』（細井和喜蔵著、1925年）にも記されており、工場法施行令27条でもその帰郷旅費を使用者が負担するべきことが定められていた。

本条は、こういった労働者保護のため（18歳以上の女性労働者を除外して）設けられたとされており、労基法15条3項が定める一般の労働者の場合の帰郷費用の規定について、18歳未満の年少者のための特別規定（労働条件の相違による即時解除の場合に限らず、使用者による「解雇」の場合に拡大した）である。

本条が適用されるのは、「18歳未満の者」が解雇された場合であり、しかも帰郷しなければならない場面であるので、対象に含まれる労働者はかなり限定的といえよう。しかし、学業を

継続するために就労をする必要に迫られてアルバイトをする学生の増加を背景に、いわゆる「ブラックバイト」（学生であることを尊重しないアルバイト[34]）が大きな社会問題となる中で、労基法64条の趣旨を現代的に捉え直し、「帰郷に必要な費用」以外のアルバイトを辞める場合に生じる損害についても使用者に対して請求する途が検討されるべきであろう（少なくとも損害賠償の場面で同条の趣旨が考慮されるべきである）。

［2］要件

本条が適用され、使用者が未成年者の帰郷旅費を負担することになるのは、年少者が解雇され、解雇から14日以内に帰郷しなければならない場合である。

本条の適用される場面が、解雇に限られるのかは、争いがある。

この点、本条の趣旨を「旅費がないため寄宿舎に残っていて身売りされたり、また使用者にずるずると使用されることを防ぐ趣旨」であると解して、「一方的に契約を解除された場合たると当事者の合意によって契約を解除されたるとを問わない」とする説もある[35]。

しかし、使用者により一方的な労働契約が解消された「解雇」の場合に限られるというのが現在の通説である[36]。通説は、同条の「解雇」という文言、罰則の存在等を根拠とする。

［3］類推適用の可能性

しかし、同条の制定時に「解雇」に限定された趣旨は、「紡績

---

*34　大内裕和の造語である（大内裕和『ブラックバイトに騙されるな！』（集英社、2016年）。

*35　松岡三郎『条解労働基準法（新版）（下）』（弘文堂、1962年）。

*36　荒木尚志・岩村正彦・村中孝史・山川隆一編『注釈　労働基準法・労働契約法（第2巻）労働基準法（2）・労働契約法』（有斐閣、2023年）60頁（鈴木俊晴）、東京大学労働法研究会編『注釈労働基準法下巻』（有斐閣、2003年）809頁（森戸英幸）、労働省労働基準局編・前掲注＊30・174頁など。

工場、製糸工場等における労働者の稼働率は極めて高く、かかる際の全ての帰郷旅費を支給させるのは実情に添い難い」[*37]からであり、現在このような前提は妥当しない。

むしろ、現在は、退職を強要され労働者の自発的な退職を装われる場合や、有期労働契約の濫用的な利用が広がり不本意型の有期労働契約と意に沿わぬ労働契約の満了による労使紛争が増加している実情がある。帰郷費用負担について、解雇の場合とそれ以外の離職の場合とを明確に峻別して取り扱うのは、労働者保護の観点から、実情に沿わない。

したがって、解雇以外の場合でも労基法64条の類推適用や法意により同条の適用が検討され、年少者のすべての離職の場合は、使用者が帰郷旅費を支払うと解釈されるべきである。

なお、同条の類推適用等ができないとしても、労働者が使用者に対して帰郷旅費を損害賠償請求する場面で、同条の法意などから、個別の帰郷旅費に関する損害の立証などの負担が軽減されるという実益があるだろう。

［4］適用除外

使用者が、18歳に満たない者がその責めに帰すべき事由に基づいて解雇された、その事由について所轄の労働基準監督署で認定（年少者労働基準則10条1項）をうけたときは、その帰郷旅費を使用者は負担しなくてよいとされている(本条ただし書)。

この「責めに帰すべき事由」とは、解雇予告手当に関する労基法20条1項ただし書が定める「責めに帰すべき事由」と同義とされている。

既に労基法20条1項で所轄の労働基準監督署で認定をうけている場合（労働基準法施行規則7条の規定による認定）、重ねて本条ただし書での認定を要しないとされる（年少者労働基準

[*37] 寺本広作『労働基準法解説』（時事通信社、1948年）308頁。

則10条2項)。

【コラム】職場復帰意思を欠く労働者の争い方

　職場でのトラブル、とりわけハラスメントの被害などにあった労働者が、職場での雇用契約の存続自体が争点となるトラブル（解雇・雇止め・休職期間満了）に遭遇する場合に、労働者が現時点では職場復帰するのは怖いと考えている場合もあります。こういった場合に、どのような形で解雇無効などを争うのかは、実務上、とても悩ましいところです。

　典型的な労使紛争である解雇事案の場合、労働者が、解雇前後の使用者とのやり取り、とりわけ退職強要などの被害を受けた場合に、職場復帰の意思を欠いている場面は少なくありません。

　そのような場合に取り得る労働者側の典型的な手段は、解雇自体が不法行為上の違法性を帯びるとして、損害賠償請求をすることです。とはいえ、損害賠償の場合は、解決額の相場が低くなりがちで、選択されるケースは少ないのが実状です。実務上は、再就職が既に決まっている場合などの場合を除いて、損害賠償請求という選択はせず、地位確認・就労意思を前提とする賃金請求をすることが多いでしょう。

　このように、職場復帰の意思が弱まっているのにこういった争い方をすることは不自然な感じもするかもしれませんが、必ずしもそのようには言えないでしょう。

　解雇の事案は、労働者に対して解雇前から違法な退職強要などが行われていることも多いし、最終的に違法無効な解雇が行われることで、使用者側の帰責性のある対応によって労働者が強く職場から排除された状況にあります。労働者が、現状の労使関係（使用者が違法無効な解雇を行い、それが撤回もされていない状況）で、何の躊躇いもなく職場に戻って働けるという労働者の方が、ある意味普通ではないのです。

第6章 ● 退職時に労働者への支払い等を拒否するトラブル　265

ですから、私は、少なくとも違法無効な解雇がなされたことが確認され、解雇の意思表示が使用者から撤回されるのは当然として、心理的にも労働者が職場復帰する意思を妨げる状況が除去された場合（ハラスメントについても違法性を認め謝罪を受けたうえで、納得できる再発防止策がとらえる等）を仮定して、それであれば労働者が職場に戻って働く意思があるのかを確認するようにしています。解雇が違法無効であることが確認されたのであれば、そのような解雇を行った使用者は、信義則上も、解雇がなされる前の労働者が就労しやすい環境をできる限り整える義務があると考えられます。

　それでもなお労働者が職場復帰する意思がなく、他の職場で働くこと等を選択したいというのであれば、上記のよう解雇による損害賠償請求などの争い方を選択するほかないのでしょう。

　ただし、実務上そういったケースは意外と少ないというのが実感です。解雇したのは使用者であって労働者ではなく、今より良い条件の職場が見つかるとも限らないのですから、違法無効な解雇が撤回されたのであれば、自分なりの筋を通して職場で戻って働きたいという労働者は意外と多いのです。

　これは、いわゆる「解雇の金銭解決制度」の創設と関連しても議論されるテーマです。違法無効な解雇後に、被害者である労働者が希望すれば職場復帰できるようにするための立法政策上の課題としては、より厳格なハラスメント法制の整備・就労請求権の明文化などが考えられますが、これは本題から外れるのでまた別の機会に。

7 退職時の雇用保険・税金・労災保険など

POINT

▶ 離職理由によって失業保険の給付内容が変化するので注意（特定受給資格者・一部の特定理由離職者・就職困難者は給付日数等が手厚い）。

▶ 退職後に、住居確保給付金や生活保護制度が活用できる場合がある。

▶ 退職後に支払う税金も念頭に事件を処理すること。

▶ 使用者が協力しなくても、労災申請はできる。

▶ 退職後でも、傷病手当金の受給を継続できる場合がある。

▶ 傷病手当金を先行し受給しつつ、労災申請することも多い。

1──失業等給付

1-1 雇用保険制度における位置づけ（雇用保険制度の概要）

雇用保険は、大別すると、失業等給付・育児休業給付・雇用

保険二事業の3つからなる[*1]。

このうち、本章で取り上げる失業等給付については、さらに、求職者給付、就職促進給付、教育訓練給付、雇用継続給付の4種類からなる（雇用保険法10条1項）。そして、失業状態にある被保険者に対して支給される求職者給付（一般被保険者の場合は基本手当、技能習得手当など。高年齢被保険者の場合は一時金である高年齢求職者給付金など）のほか、失業状態にない

雇用保険制度の概要

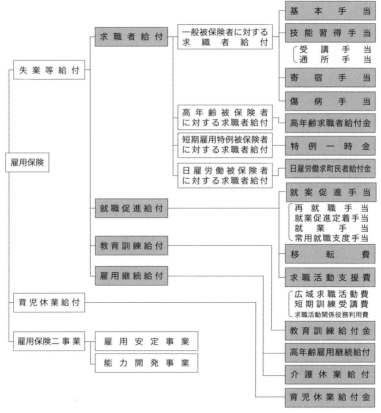

（出所）厚労省ホームページより（https://www.hellowork.mhlw.go.jp/insurance/insurance_summary.html）。

---

*1 育児休業給付は、令和2年改正により、失業等給付の雇用継続給付から独立して位置づけられた。

補保険者に対する給付（就職促進給付、教育訓練給付、雇用継続給付）も含むものとして、「失業給付等」と呼ばれ、公共職業安定所（ハローワーク）で認定・支給がなされる。

1-2 雇用保険の適用事業

　雇用保険は、労働者を1人でも雇用すれば、全ての事業者に適用されるのが原則である（ただし、5人未満を雇用する農林水産業は任意適用：雇用保険法5条1項、法附則2条、施行令附則2条）。

　また、雇用保険の保険関係は、事業主の届出などを要件とせず、事業が開始された日に成立する（同法5条2項、労働保険の保険料の徴収等に関する法律4条）ので、労働者は、雇用されると同時に雇用保険の被保険者としての資格を取得し、事業主が届出や保険料納付の手続を怠っている場合でも、雇用保険給付を受けられる。

　使用者が労働者を雇用保険に加入させなかったことにより、労働者から使用者に対する損害賠償請求を認める裁判例もある）[2]。

1-3 被保険者の種類

　被保険者には以下の4種類があり、保険料や給付内容に差異がある。

①一般被保険者（②③④以外で、31日以上の雇用見込みがあり、

---

[2]　雇用保険に加入できなかった場合に、使用者に私法上の義務違反を肯定して、債務不履行または不法行為に基づく損害賠償請求を認めた裁判例として、グローバルアイ事件・東京地判平18.11.1労判926号93頁（事業主の届出義務違反を雇用契約に付随する義務違反とした）、大真実実業事件・大阪地判平18.1.26労判912号51頁（使用者の雇用契約における付随義務として、信義則により、雇用保険の被保険者資格を届け出て、労働者が失業等給付を受給できるように配慮する義務を負うとした）、ガイア事件・東京地判平25.10.8労判1088号82頁（雇用保険、社会保険給付を受けるために手続上必要な協力をすることは、労働契約上の付随的義務であるとし、事業主の証明拒絶により受給できなくなった育児休業給付金相当額の損害賠償を認容）等がある。

270

週所定労働時間が20時間以上である者）

　31日以上の雇用見込みがないと適用されないので、注意が必要である。ただし、契約更新規定があって31日未満での雇止めの明示がないとき、契約更新規定はなくても同一契約の労働者が31日以上雇用された実績があるときは、31日以上の雇用見込みがあると認められる。

②高年齢被保険者（65歳以上の被保険者。③④に該当する者を除く）（法37条の2第1項）。

③短期雇用特例被保険者（季節的に雇用されるもののうち、ⅰ）4か月以内の期間を定めて雇用される者、ⅱ）1週間の所定労働時間が20時間以上30時間未満である者のいずれにも該当しない者）（同法38条1項）

④日雇労働被保険者（日々雇用される者又は30日以内の期間を定めて雇用される者で、適用区域に居住又は雇用される者及び厚生労働大臣が指定したものに雇用される者。前2か月の各月において18日以上同一の事業主の適用事業に雇用された者及び同一の事業主の適用事業に継続して31日以上雇用された者を除く）（同法42条、43条1項）

1-4　適用除外

　ただし、以下に該当する場合は適用除外（同法6条、同法施行規則3条の2及び4条）となるので、注意が必要である。

（同法6条各号、同法施行規則3条の2によるもの）

◆週所定労働時間が20時間未満である者（日雇労働被保険者を除く）

◆日雇労働被保険者に該当しない日雇労働者

◆4か月以内の期間を予定して行われる季節的事業に雇用される者（日雇労働被保険者を除く）

◆学校教育法第1条、124条、134条1項の学生又は生徒であっ

て、厚生労働省令で定める者（ただし、休学中の者、定時制
の課程に在学する者等は被保険者となる）

◆船員法1条に規定する船員であって、漁船に乗り組むため雇
用される者（1年を通じて船員として適用事業に雇用される
場合を除く）

（同法6条6号、同法施行規則4条によるもの）

◆官公署及びこれに準ずるものの事業に雇用される者のうち、
離職した場合に、他の法令、条例などに基づき支給を受ける
べき諸給与の内容が、雇用保険の求職者給付及び就職促進給
付の内容を超えると認められる者であって、厚生労働省令で
定める者

　国家公務員や地方公務員は、雇用保険法6条6号・同法施行
規則4条によって適用除外となっているため、公務員を退職し
ても失業給付を受けることはできない。

　なお、日本郵政株式会社や国立大学法人等の雇用保険法の適
用事業所に勤務していた場合には、失業給付を受けることがで
きる。

1-5　被保険者か否かがトラブルとなり得るケース

［1］会社役員

　代表取締役、監査役（名目的な監査役を除く）は被保険者に
ならないが、兼務役員として労働者性が強い場合には被保険者
となるので注意が必要であり、勤務実態・待遇などから判断さ
れる。

［2］生命保険会社の外務員等

　生命保険会社や損害保険会社において、もっぱら保険契約の
募集に従事する外務員は、その法律関係が会社と雇用関係がな

いとして被保険者性を否定されることが多い。

しかし、外務員についても、勤務の実態などから、使用者の指揮監督下に稼働している場合であれば、労働者性が認められる場合もある（日本インシュアランスサービス事件・福岡高判平25.2.28判時2214号111頁）。

［3］国外勤務者

適用事業主に雇用され、国外で出張等により就労している者は被保険者となるが、現地での採用者は国籍問わず被保険者とならないので注意が必要である。

1-6 基本手当（雇用保険）の受給資格

［1］原則

雇用保険の受給資格であるが、原則として、離職前2年間に被保険者期間[*3]が12か月[*4]以上必要となる（雇用保険法13条1項）。

ただし、疾病、負傷、事業所の休業、出産等により、引き続き30日以上賃金の支払を受けることができなかったときは、その期間に2年を加算した期間（最高4年）について被保険者期間が通算して12ヵ月以上あればよい（雇用保険法13条1項、14条1項）。

［2］特定受給資格者及び特定理由離職者

倒産・解雇等の理由により離職した場合（＝特定受給資格者）、期間の定めのある労働契約が更新されなかったことその他やむ

[*3]　過去に基本手当（再就職手当等を含む）または特例一時金の支給を受けたことがある場合は、その支給を受けた後の被保険者であった期間のみが算定される。

[*4]　離職日から1か月ごとに区切った期間に賃金が支払われた日数が11日以上ある月を1か月とする。このように区切ることにより1か月未満の期間が生ずる場合、その1か月未満の期間の日数が15日以上あり、かつ、その期間内に賃金が支払われた日数が11日以上あるときは、その期間を2分の1か月として計算する。

第7章 ● 退職時の雇用保険・税金・労災保険など｜273

を得ない理由により離職した場合（＝特定理由離職者）は、離職前1年間に被保険者期間が通算して6か月以上で足りる。

　この特定受給資格者及び特定理由離職者の範囲については「特定受給資格者及び特定理由離職者の範囲の判断基準」（後掲資料参照）に記載されている。

［3］受給要件の緩和

　離職前2年間（特定受給資格者及び特定理由離職者の場合は1年間）に疾病、負傷、出産、育児などの理由により引き続き30日以上賃金の支払を受けることができなかった場合は、賃金の支払を受けることができなかった日数を加えた期間（加算後の期間は4年間が最長）により受給に必要な被保険者期間があるか判断する。

［4］基本手当の支給時期（待機期間）

　ハローワークで求職申込みを行った後、失業している期間が7日に満たない場合には、基本手当が支給されない（同法21条）。たとえば、1月1日に求職の申込みをした場合、1月7日が期間満了日となり、1月8日から支給される。

［5］給付制限

　正当な理由のない自己都合退職や自己の責に帰すべき重大な理由によって解雇された場合（重責解雇の場合）、上記の待機期間（7日間）に加え、基本手当の支給開始はさらに2か月から3か月の給付制限がある（同法33条1項）。

　しかし、令和2年10月1日以降に離職した場合、正当な理由がない自己都合により退職した場合でも、5年間のうち2回までは給付制限期間が2か月となる（3回目以降の自己都合の離職は、過去5年間に2回の自己都合の離職があると、3か月後になる。ただし、令和2年9月30日以前の離職は、上記の離職回数

にはカウントされない）。

　ただし、自己都合退職の場合でも、正当な理由（下記①〜⑥）があれば給付制限は受けない（同法33条）。

【正当な理由のある自己都合による離職】

①　体力の不足、心身の障害、疾病、負傷、視力の減退、聴力の減退、触覚の減退等により離職した者

②　妊娠、出産、育児等により離職し、雇用保険法第20条第1項の受給期間延長措置を受けた者

③　父若しくは母の死亡、疾病、負傷等のため、父若しくは母を扶養するために離職を余儀なくされた場合又は常時本人の看護を必要とする親族の疾病、負傷等のために離職を余儀なくされた場合のように、家庭の事情が急変したことにより離職した者

④　配偶者又は扶養すべき親族と別居生活を続けることが困難となったことにより離職した者

⑤　次の理由により、通勤不可能又は困難となったことにより離職した者

　ⅰ）結婚に伴う住所の変更

　ⅱ）育児に伴う保育所その他これに準ずる施設の利用又は親族等への保育の依頼

　ⅲ）事業所の通勤困難な地への移転

　ⅳ）自己の意思に反しての住所又は居所の移転を余儀なくされたこと

　ⅴ）鉄道、軌道、バスその他運輸機関の廃止又は運行時間の変更等

　ⅵ）事業主の命による転勤又は出向に伴う別居の回避

　ⅶ）配偶者の事業主の命による転勤若しくは出向又は配偶者の再就職に伴う別居の回避

⑥　その他、上記「特定受給資格者の範囲」のⅡの⑩に該当

第7章 ● 退職時の雇用保険・税金・労災保険など　275

しない企業整備による人員整理等で希望退職者の募集に応じて離職した者等

1-7　離職理由と給付日数

［1］決定方法

　給付日数は、離職理由のみならず、労働者の年齢、被保険者であった期間、就職困難者に該当するのか等で変わってくる。

　具体的には、退職時の年齢が65歳未満の場合、―特定受給資格者・一部の特定理由離職者か等により、給付日数が変わる。

　なお、年齢が65歳以上の場合も、一切給付が得られないわけではない。高齢者継続被保険者として、被保険者であった期間に応じて、30日分【被保険者であった期間1年未満】又は50日分【被保険者であった期間1年以上】の一時金を受けられる（雇用保険法37条の4第1項）ので、注意が必要だ。

基本手当の給付日数【所定給付日数】

⑦ **基本手当の給付日数【所定給付日数】**

◆ 定年、契約期間満了や自己都合退職の方

離職時の満年齢＼被保険者であった期間	10年未満	10年以上20年未満	20年以上
65歳未満	90日	120日	150日

◆ 障害者等の就職困難者

離職時の満年齢＼被保険者であった期間	1年未満	1年以上
45歳未満	150日	300日
45歳以上65歳未満	150日	360日

◆ 特定受給資格者・一部の特定理由離職者

離職時の満年齢＼被保険者であった期間	1年未満	1年以上5年未満	5年以上10年未満	10年以上20年未満	20年以上
30歳未満	90日	90日	120日	180日	－
30歳以上35歳未満	90日	120日	180日	210日	240日
35歳以上45歳未満	90日	150日	180日	240日	270日
45歳以上60歳未満	90日	180日	240日	270日	330日
60歳以上65歳未満	90日	150日	180日	210日	240日

（出所）厚生労働省「離職されたみなさまへ」3頁より（https://www.mhlw.go.jp/content/11600000/000951119.pdf）。

［2］特定受給資格と特定理由離職者の範囲と判断基準

　特定受給資格者は倒産・解雇等の理由により離職した場合、特定理由離職者は期間の定めのある労働契約が更新されなかったことその他やむを得ない理由により離職した場合である。

　両者の範囲は、「特定受給資格者及び特定理由離職者の範囲の

判断基準」（後掲資料）で確認できる。

［3］就職困難者

　就職困難者に該当すると、失業手当の所定給付日数の優遇等がなされる。対象者は、以下の者である。

①身体障害者
②知的障害者
③精神障害者
④刑法等の規定により保護観察に付された方
⑤社会的事情により就職が著しく阻害されている方

　①②③については、原則として、身体障害者手帳、療育手帳、精神障害者保健福祉手帳を所持している場合が対象である。ただし、例外として、統合失調症、そう病、うつ病、躁うつ病（双極性障害）、てんかんは手帳を所持していなくても、主治医が作成する意見書によって認定される場合があるので、疾病名について注意が必要である。

　また、一般の離職者は失業手当を受けるため、前回の認定日から次の認定日の前日までに2回以上の求職活動実績（下記）が必要となるが、就職困難者は1回で足りるとされている。

（求職活動実績）
　・求人への応募
　・ハローワーク等（民間事業者、公的機関含む）が行う職業
　　相談、職業紹介、各種講習・セミナーの受講等
　・再就職に資する各種国家試験、検定等の資格試験の受験等
　さらに、常用就職支度手当が支給される。失業手当受給中に安定した職業（1年以上の雇用）に就いた場合に支給される就職促進給付の一つである。

1-8 受給手続

　事業主は、その雇用する被保険者が離職するとき、離職証明書及び離職票に離職理由や賃金支払状況などを記載し離職者に確認の署名押印を求めたうえ、被保険者資格喪失届に添付して、10日以内に管轄のハローワークに提出しなければならない（雇用保険法7条、同規則7条）。

　ハローワークは、離職票に所定事項を記入した上で事業主に交付する。

　離職者は、事業主から離職票を受領し、自己の居住地を管轄するハローワークに出頭して求職の申込みをし、離職票を提出して受給資格の決定を受けることになる（同法15条）。

　事業主から離職票を受領した時点でも内容を点検し、誤りを発見したら事業主に訂正を求めることが必要である。

1-9 事業主が離職票を交付しない場合の対応

　事業主が離職者に対して離職票を交付しないトラブルが起こる。

　この場合、離職者は、被保険者となった労働者と同様に、被保険者であったことの確認を請求することができ、確認がされた場合、ハローワークは、離職者の請求により離職票を交付しなければならない（同規則17条）。

1-10 離職票の「離職理由」の記載について

　離職理由によって、給付日数が減少し、給付制限がなされてしまうので、離職者としては、事業者に離職理由を正確に記載させることが重要である。主たる離職理由を離職証明書ないし離職票の所定欄に記載された離職理由から選んで事業主、離職者それぞれが丸を記入し、具体的事情も記載する。

　他方で、離職者は、自ら記載した離職理由に間違いがないことを認めて署名押印し、事業主が付けた離職理由に対し異議を

述べることができる。

事実と異なる離職理由が記載されている場合、記載を改めるよう事業主に要求するが、事業主が記載を改めない場合もある。その場合は、「離職者記入欄」と「具体的事情記載欄（離職者用）」に実際の離職理由を記載し、「離職者本人の判断」の欄の「異議有り」に○を付けて理由を付記してハローワークに提出する。

ハローワークに対して、事業主の記載内容が事実とは異なることを示す資料を準備することが必要であるが、「特定受給資格者及び特定理由離職者の範囲の判断基準」（後掲資料）にある【持参いただく資料】として掲げられているものが参考になる。詳しくは、ハローワークに相談するのが良いだろう。

1-11 離職票が入手できない場合

離職票が届かなくても、ハローワークの受付は可能なので（受給資格の仮決定）、事業主が離職手続きを行わない場合には、ハローワークから事業主に対して連絡をしてもらい、事業主の離職手続きを求める必要がある（事業主は離職年月日の翌々日から10日以内にハローワークに届け出義務がある・同法7条、同法施行規則7条）。

それでも事業主が対応しない場合、離職者は、被保険者となった労働者と同様に、被保険者であったことの確認を請求することができ、確認がされた場合、公共職業安定所長は、離職者の請求により離職票を交付しなければならない（同規則17条）。

2──退職後に利用できる社会保障制度

2-1 住居確保給付金

［1］概要

住居確保給付金は、主たる生計維持者が離職・廃業後2年以

住居確保給付金支給額について

支給額について

支給額はお住まいの市区町村や世帯の人数によって異なります。

＜支給イメージ＞

○世帯収入額が基準額以下の場合
→ 家賃額を支給（ただし、住宅扶助額が上限）

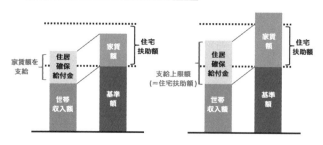

○世帯収入額が基準額を超える場合
→ 基準額＋家賃額－世帯収入額 を支給（ただし、住宅扶助額が上限）

住居確保給付金はこれまでは離職・廃業した方が対象であったところ、新型コロナウイルス感染症の影響を踏まえ、休業により収入低下した方等も支給対象としたことに鑑み、令和2年7月分の住居確保給付金から（※）、以下の②の算定方法で支給されます。

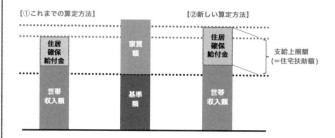

※令和2年4月分の住居確保給付金から受給されている方は、4月分に遡って、②の算定方法で支給されます。

東京都特別区の場合、支給上限額は下記の通りです。

―― 支給上限額（東京都特別区の場合）――

世帯の人数	1人	2人	3人
支給上限額（月額）	53,700円	64,000円	69,800円

（出所）厚生労働省ホームページより（https://corona-support.mhlw.go.jp/jukyokakuhokyu fukin/index.html）。

内である場合、もしくは個人の責任・都合によらず給与等を得る機会が、離職・廃業と同程度まで減少している場合において、一定の要件を満たした場合に支給される制度である。

支給額は、生活保護制度の住宅扶助額が上限でありで、支給された給付金は賃貸住宅の賃貸人や不動産媒介事業者等へ、自治体から直接支払われる。

支給期間は、実際の家賃額を原則3か月間（延長は2回まで最大9か月間）支給するとされている。

意に沿わぬ離職にとどまらず、離職時に住居確保にも困る場合に有益な制度であり、最寄りの生活困窮者自立支援機関（自治体が運営・委託するもの）に相談・申請する。詳しい申請方法等は厚生労働省の特設ホームページで確認できる（https://corona-support.mhlw.go.jp/jukyokakuhokyufukin/counter.html）。

［2］対象要件

対象要件は、以下の（1）〜（4）をいずれも充足することが必要である。

（1）主たる生計維持者が
　①離職・廃業後2年以内である場合
もしくは
　②個人の責任・都合によらず給与等を得る機会が、離職・廃業と同程度まで減少している場合
（2）直近の月の世帯収入合計額が、市町村民税の均等割が非課税となる額の1/12（以下「基準額」という。）と、家賃（但し、上限あり）の合計額を超えていないこと
（3）現在の世帯の預貯金合計額が、各市町村で定める額（基準額の6月分。ただし、100万円を超えない額）を超えていないこと

（4）求職活動要件として、ハローワーク等に求職の申込をし、誠実かつ熱心に求職活動を行うこと（※）

具体的には

- ハローワークへの求職申込、職業相談（月2回以上）
- 企業等への応募（週1回以上）

※自営業者の場合は、ハローワーク等への求職の申込に代えて、事業再生のための活動ができる場合もある。

［3］支給額及び支給期間

　例えば、東京都で単身者の場合の収入と資産の要件は、収入は8万4000円に家賃額（上限あり）を足した額、資産は50万4000円を下回ることとされている。

　生活保護の住宅扶助の特別基準額を上限として、家賃相当額が原則3か月間（最長9か月まで延長が可）にわたって支給される。

2-2 傷病手当金（退職後の請求）

　私傷病による休職（一定期間以上の欠勤）の場合、傷病手当金（健康保険法99条）の支給を受けられる。

　具体的には、療養のため労務に服することができないときは、その労務に服することができなくなった日から起算して3日を経過した日から労務に服することができない期間、傷病手当金として、1日につき、標準報酬日額（標準報酬月額（健康保険法40条）の30分の1に相当する額）の3分の2に相当する金額が支給される。

　退職後であっても、①被保険者の資格喪失をした日の前日（退職日）までに継続して1年以上の被保険者期間（健康保険任意継続の被保険者期間を除く）があること、②退職時（資格喪失時）に傷病手当金を受けているか、または受ける条件を満たし

ていれば、支給開始から1年6か月を限度として傷病手当金を
受給することができる。

退職日までに傷病手当金の請求をしている必要はないが、退
職日までは労務提供しており欠勤日がない場合、②の受ける条
件を満たしていないことになる。傷病手当金の請求を念頭に退
職する場合、退職日の設定には注意が必要である。

2-3 生活保護制度

生活保護制度[*5]とは、資産や能力等すべてを活用してもなお
生活に困窮する方に対し、困窮の程度に応じて必要な保護を行
い、健康で文化的な最低限度の生活を保障し、その自立を助長
する制度である。

具体的な支給額は地域や世帯の状況によって異なるが、世帯
人数や年齢などによって計算される最低生活費に対して資産や
収入が足りない場合に、金銭や医療・介護サービスなどを給付
する。

資産が最低生活費の1か月を下回る程度になった場合に、生
活保護が開始されるが、退職して収入が途絶えた場合、性別・
年齢・国籍問わず、生活保護を受けることができる。

生活保護の受給については、強い罪悪感・抵抗感をもつ方も
多いが（とりわけ、稼働能力があるという自覚がある方）、稼働
能力の活用については「当該生活困窮者が申請時において真に
その稼働能力を活用する意思を有している限り、生活保護の開
始に必要な稼働能力の活用要件を充足しているということを妨
げない」とする判決がある（新宿ホームレス生活保護訴訟・東
京高判平24.7.18賃金と社会保障1570号422頁）。

また、雇用保険や傷病手当金、労災の休業補償給付が将来的

[*5] 生活保護申請などをサポートする際の実務対応については、「必携　法律家・支援者のた
めの生活保護活用マニュアル」（2024年改訂版生活保護問題対策全国会議）、詳細な行政運
用を把握するには『生活保護手帳』（中央法規出版、各年度版）、『生活保護手帳　別冊問答集』
（中央法規出版、各年度版）が参考になる。

第7章 ● 退職時の雇用保険・税金・労災保険など | 283

に受けられるのであれば、給付が受けられるまでの間だけ一時的に、生活保護を受けることも可能である。本人が高齢者・障害者・ホームレス状態などのために自力で申請することが困難な場合は、弁護士が生活保護申請をサポートする場合、日弁連が日本司法支援センターに委託して実施する法律援助事業を活用することもできる。

　相談者によっては、生活保護を受給することの罪悪感等から、金融機関や親族・親しい知人などからの借入で一時的にその場をしのごうとする方も多いが、後から返済に追われ、返済が滞れば大切な人間関係まで失うことになるので、その点は留意して対処をアドバイスすべきだろう。

　なお、生活保護費は非課税である。

3──退職と税金

3-1　トラブルになるケース

　労働者が退職する際に支払われる金銭の税金の処理をめぐり、使用者と労働者がトラブルになるケースも多い。

　一般的には、退職に基因して使用者から労働者に対して支払われる金員は退職所得（所得税法30条）に該当することになり、勤務期間に対応した退職所得控除がある。しかし、退職時に賃金が支払われる場合や、合意退職などに際して会社から労働者に損害賠償が支払われるなど場合など、税金の処理に労使で見解の相違が生じやすく、円満退職の妨げとなる。

　また、退職に際して、公的給付等を得ることもあり、その税金をどうすればよいのかなど、労働者が悩むこともある。

3-2　退職金と税金の問題

［1］ 基本的な運用

　退職金について、使用者とのあいだで所定の手続をすれば、所得税及び復興特別所得税や住民税が源泉徴収又は特別徴収されて課税関係は終了するので、確定申告をする必要がないのが原則である。

　ただし、例外として、医療費控除や寄附金控除の適用を受けるなどの理由で確定申告書を提出する場合は、確定申告書に退職所得の金額を記載する必要がある。

　退職金については、勤続年数に応じ以下のような退職所得控除を設けられているので、他の所得と分離して課税され、税負担が軽くなるよう配慮されている。

　退職所得については源泉徴収票が交付されるので、税金の処理はこれで確認ができるので、源泉徴収額の計算などに疑問点があれば使用者に確認をすべきだろう。

［2］ 退職所得とは

ア　退職所得とは

　国税庁ホームページでは、「退職所得とは、退職により勤務先から受ける退職手当などの所得をいい、社会保険制度などにより退職に基因して支給される一時金、確定拠出年金法に規定する企業型年金規約または個人型年金規約に基づいて老齢給付金として支給される一時金なども退職所得とみなされます。」とされている。

　また、労基法20条の規定により支払われる解雇予告手当も、給与所得では無く退職所得に該当する。

　さらに、賃確法（賃金の支払の確保等に関する法律）7条が定める、事業主が倒産等した場合の未払賃金の立替払いの制度

第7章 ● 退職時の雇用保険・税金・労災保険など　285

によって退職した労働者が弁済を受ける未払賃金も退職所得に該当するとされ、給与所得の扱いとはならない。

トラブルになりやすいのは、退職後に未払い賃金が支払われるケースだ。

イ　裁判における和解時などの注意

国税庁は、「社会保険制度などにより退職に基因して支給される一時金」を退職所得としており、当事者の合意でどのような名目を設定するのかにより、画一的に退職所得ではないとして課税を逃れられるとは限らない。

したがって、労使紛争などにおいて使用者から労働者に対していわゆる「解決金」が支払われた場合、その名目が退職金ではないという形式的な理由によって退職所得に該当しないというのが税法の解釈上通用するのかは、大いに疑問がある。

退職金の問題に限らず、未払い賃金などに関する解決についても、実務上、顧問税理士などのアドバイスなどに基づいて源泉徴収義務があると考える使用者側と、課税対象から外したい労働者側とで見解が対立してトラブルになることは珍しくない。少なくとも、和解成立時に源泉徴収の有無・所得の区分（給与所得か、退職一時金なのか等）について確認しておかないと、事後的にトラブルになるので注意すべきだ。

なお、労働者側の立場から、課税対象を減らしたいという意向は十分理解はできるが、退職所得であれば使用者は源泉徴収義務を負うのだし（所得税法6条、30条など）、源泉徴収した部分は使用者が利益を享受する訳ではなく納税されるのだから、使用者を利する訳でもない。弁護士等が事件処理する際も、その当たり前の事実を確認して、労働者と対応を確認すべきだろう。

3-3 退職所得の計算方法

退職所得の金額は、以下のように計算するのが基本である。

退職金の額から退職所得が控除された後、さらにその2分の1が、課税対象となる退職所得である。

なお、確定給付企業年金規約に基づいて支給される退職一時金などで、労働者自身が負担した保険料または掛金がある場合は、その支給額から労働者が負担した保険料または掛金の金額を差し引いた残額を退職所得の収入金額とすることになるので注意が必要である。

《計算式》
【収入金額（源泉徴収される前の金額）−退職所得控除額】×1／2＝退職所得の金額

具体的な所得税及び復興特別所得税の源泉徴収額の計算方法は、以下の通りである（令和5年分）。

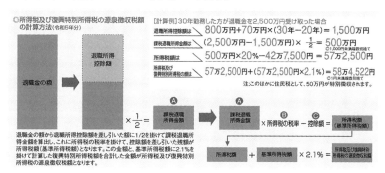

（出所）国税庁ホームページより（https://www.nta.go.jp/publication/pamph/koho/kurashi/html/02_3.htm）。

上記で退職金から控除される退職所得控除額は、勤続年数に応じて以下の通り算定される。

退職所得控除額

勤続年数	退職所得控除額
20年以下	40万円×勤続年数
20年超	800万円+70万円×（勤続年数－20年）

注1：勤続年数に1年未満の端数があるときは、たとえ1日でも1年として計算します。
注2：上記の算式によって計算した金額が80万円未満の場合は、退職所得控除額は80万円になります。
注3：障害者となったことに直接基因して退職した場合は、上記により計算した金額に、100万円を加算した金額が退職所得控除額です。

（出所）同上。

3-4 役員となっている場合

　労働者が、退職時に会社役員等として退職手当等が支払われる場合、退職手当等が「特定役員退職手当等」に該当すると、労働者の場合の上記計算式が変わってくるので注意が必要である。

　まず、役員等勤続年数（退職金等に係る勤続期間のうち、役員等として勤務した期間の年数〔1年未満の端数がある場合はその端数を1年に切り上げたもの〕）としての勤続年数が5年以下である場合に支払を受ける退職金のうち、その役員等勤続年数に対応する退職金として支払を受けるものは、退職金の額から退職所得控除額を差し引いた残額が課税退職所得金額となる。

　また、役員等以外の勤続年数が5年以下である場合に支払を受ける退職金のうち、その役員等以外の勤続年数に対応する退職金として支払を受けるものは、①150万円と②退職金の額から300万円に退職所得控除額を加算した金額を差し引いた残額との合計額が課税退職所得金額となる（退職金の額から退職所得控除額を差し引いた残額が300万円以下の場合は、その残額に1/2を掛けた金額が課税退職所得金額となる）。

3-5 賃金・付加金

　退職後に、過去分の賃金が支払われる場合がある（典型は、未払いの残業代が裁判等を通じて事後に支払われるケース）。その場合、所得税の課税は、原則として、受給する年分の所得として課税されることになる。

判決で認容される等して支払われる場合は、本来支払われるべき支給日を基準に課税されることになる（年末調整してあれば再調整、給与支払者が年末調整をしない場合であれば確定申告での修正申告）。

交渉などにより残業代が支払われる場合は、総額で支払い額を決定するだけでなく、その支払われるべき残業代の対象時期をも明確にして、事後に課税期間でトラブルにならないように注意が必要だろう。

なお、付加金（労基法114条）の支払いがなされた場合は、給与所得ではなく、一時所得として課税されることになる（退職所得のような分離課税ではなく、給与所得など他の所得と合算して課税される）。

3-6 損害賠償など

労働者が使用者からうけた不法行為により、心身に加えられた損害について、治療費、慰謝料、損害賠償金などを受け取ったときは、これらの損害賠償金等は非課税となる（所得税法9条1項18号）。

ただし、治療費として受け取った金額は医療費を補てんするものであるため、医療費控除を受ける場合は、支払った医療費の金額から差し引くことになる（その医療費を補てんし、なお余りがあっても他の医療費から差し引く必要はない）。

3-7 労働者が死亡し相続人が退職金を受け取る場合

労働者であった被相続人の死亡し、死亡後3年以内に支払が確定した退職金が相続人などに支払われた場合は、その退職金は相続税の課税対象となる。相続税の課税対象となった場合、所得税及び復興特別所得税の課税対象にはならない。

相続人が取得した退職金のうち相続税の課税対象となる金額は、【500万円×法定相続人の数】を超えた部分となる。

第7章 ● 退職時の雇用保険・税金・労災保険など　289

4──労災保険に関するトラブル

4-1 退職しても労災保険給付の請求ができる

労災保険は、①「業務上の事由」または「通勤」による労働者の負傷、疾病、障害または死亡について、被災労働者や遺族に対して所要の保険給付を行うほか、②社会復帰促進等事業として、一定の事業サービスを行うための制度である（労災保険法1条、2条の2、29条）。

なお、公務員については、別の法制の下にある（国家公務員災害補償法、地方公務員災害補償法）が、制度の概要は労災保険法の枠組みと同様と考えよい[6]。

労災が認められるうえで、労働契約が継続していることは要件ではないので、退職している労働者であっても、労災は認められ得る[7]。

制度に精通しない労働者は、労災と在職とがセットのように理解するケースもあるので、そのような誤解をとき、労災を受給したい希望があっても、それを理由に退職するか否かを決定する必要はないことを伝える必要がある。

4-2 使用者の協力は不要

使用者が労災申請に協力的ではないケースもあるが、労災保険の主体は労働者であり、労災申請に使用者の同意は不要であるし、使用者が拒否的な対応でも労災申請を断念する必要も無いのは当然である（事業主の助力義務に労災保険法施行規則23条）。

とはいえ、使用者の協力がなく労災が認めら得ることはないとか、使用者が労災の判定権限があるかのような誤解をしてい

＊6　労災保険制度の活用の詳細は本シリーズ第13巻『労災におけるメンタル疾患の法律実務』も参照されたい。

＊7　ただし消滅時効はあるので退職から長期間経過している場合は注意が必要だ。なお、療養補償給付や休業補償給付の消滅時効期間は2年である（労災保険法42条1項）

る労働者は少なくないので（労災隠しを意図した使用者が、そのような説明をすることもある）、この点についても丁寧な説明が必要だ。

4-3 傷病手当金の請求との関係

　労災申請をしても直ちに受給できる場合ばかりではなく（事故系労災以外は、認定までに一定の時間がかかる）、その間の収入断絶で労働者が困窮するケースも多い。

　そこで、労災申請をしつつも、いったんは労災保険の受給ができるまでは、傷病手当金の申請をして受給することも珍しくない。当面の生活費の確保は、被災した労働者にとって至上命題であるから、貯蓄が無い・他の収入源のない労働者に対しては、本人が想定していなくても、選択肢としても傷病手当の請求を指摘してもよいだろう（逆に、傷病手当金を既に受給している労働者に対して、労災申請の選択肢があることも指摘すべきだろう）。

　ただし、事後に労災認定され、労災保険を受給した場合には、受給した傷病手当金相当額を健保組合に対して返金する義務が生じ（健康保険法55条1項）、二重取りができるわけではないので、注意が必要である。

4-4 労災申請・受給と解雇

［1］解雇制限についての定め

　労働者が業務上負傷するなどして就労できない状態に陥って退職するケースは多い。

　しかし、労働者が業務上負傷し、または疾病にかかり療養のために休業している期間とその後30日間は、解雇できない（労基法19条1項本文）。したがって、労災受給中で休業中であるのに解雇された場合、原則として解雇は無効となる。

ただし、この解雇制限の規定は、通勤災害の場合には適用がないので、注意が必要である。

例外として、この解雇制限は、労基法81条に基づいて打切補償が支払われた場合、天災事変その他やむを得ない事由のために事業の継続が不可能となった場合は、適用されない（同項但書、ただし、労働基準監督署長の除外認定を受けなければならない【同条2項】）。

実務上、精神的な不調を抱えた労働者などが、休職期間の満了が近づくなどして、職場復帰を断念して、使用者側の働きかけによって合意退職をしてしまうケースも見られるが、労災認定される可能性がある事案であれば、解雇制限があるので、自主退職をするメリットは少ない（後掲の打切補償を得られる機会を逸することにもなる）。安易に退職届を出さないように注意すべきだし、退職者を出しても労働者の自由な意思を欠く場合も多いだろう。

［2］打切補償がなされた場合

使用者は、療養補償を受けている労働者が療養開始後3年を経過しても、負傷又は疾病がなおらない場合は、平均賃金の1200日分の打切補償を行うことによって、その後の労基法上の補償義務を免れ（労基法81条）、解雇制限も受けなくなる（労基法19条1項但書）。

この解雇制限の解除は、現に労働者に、労災保険法に基づく療養補償給付が行われている場合にも適用される（学校法人専修大学事件・最二小判平27.6.8労判1118号18頁）。

また、被災労働者が療養開始後3年を経過した日において傷病補償年金を受けている場合、またはその日以後同年金を受けることになった場合は、3年を経過した日または同年金を受ける日において、打切補償が支払われたものとみなされる（労災保険法19条）。

もっとも、解雇制限が解除されても、当然に解雇が有効になるものではなく、解雇権濫用法理（労契法16条）に基づいて、別途解雇の有効性が争われる余地はあるので注意が必要である（前掲・学校法人専修大学事件の最高裁判決も、解雇権濫用の成否について審理させるために、事件を高裁に差し戻している）。

4-5 労災保険給付の支給決定に対して事業主が争う場合

［１］事業主による労災認定に対する異議申し立てを認める運用変更

　従前、労働者に労災保険支給決定がなされた場合、事業主からは労災認定に対して異議申し立ては認められないとされてきたのが実務運用であった。

　しかし、近時、メリット制[8]が適用される事業主に対して、労災保険料認定処分に対する不服申し立てを認められるように実務が変更された通達がだされ（「メリット制の対象となる特定事業主の保険料に関する労働保険料に関する訴訟における今後の対応について」令5.1.31基発0131第2号）、実務運用が変更されている[9]。

　これにより、労災を引き起こしたメリット制適用の事業主については、労災認定の結論について、労働保険料に関する不服申立てを通じて、争う道が開かれてしまった。

　ただし、労災保険料認定決定を取り消す等の異議申立や判決によって、事業主の不服が認められた場合においても、メリット制による事業主の労災保険料の増額を見直すことにして、他

---

*8　労働保険の保険料の徴収等に関する法律12条3項で規定され、労働者に対し支給された業務災害に関する保険給付の額によりその事業主が納付すべき労働保険の保険料の額が増減し得る制度である（保険給付の額が大きくなると、保険料が増額する可能性がある）。適用されるのは、一定規模以上の継続事業等である。

*9　2022年10月26日、厚生労働省はメリット制適用事業主（特定事業主）の業務災害認定処分の不服申し立てに関する厚労省の検討会を開催し、同年12月13日にはその検討結果について報告書（「労働保険徴収法第12条第3項の適用事業主の不服の取扱いに関する検討会報告書」）が公表されて、これに基づき実務運用が変更されている。

方で、労災保険料認定決定を取り消す判決が確定しても、労基署は労災保険給付決定を取り消すことはしない、とされている（要するに、被災者は休業補償給付の返還などを求められることはないということ）。

［2］事業主による労災支給決定の原告適格の否定

あんしん財団事件最高裁判決（最一小判令6.7.4裁判所ウェブサイト掲載判例）は、労災保険法に基づいて被災者（補助参加人）に労災支給決定をしたところ、事業主が国を相手に労災支給決定の取消しを求めた事案である。

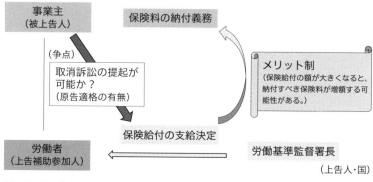

（出所）最高裁判所広報課資料「療養補償給付支給処分（不支給決定の変更決定）の取消、休業補償給付支給処分の取消請求事件について」より。

最高裁は原判決[*10]を破棄し、結論として、特定事業の事業主の労災支給処分の取消訴訟における原告適格を有しないとした（自判）。

最高裁は、特定事業について支給された労災保険給付のうち客観的に支給要件を満たさないものの額は、当該特定事業の事業主の納付すべき労働保険料の額を決定する際の基礎とはならず、労災支給処分に基づく労災保険給付の額は労災支給決定に

[*10] 原判決（東京高判令4.11.29労判1285号30頁）は、メリット制の適用をうける事業主は、業務災害支給処分がされた場合、その処分の法的効果により労働保険料の納付義務の範囲が増大して直接具体的な不利益を被るおそれのある者であるとして、処分の取消訴訟の原告適格を有するとした（原告適格を否定した原判決を取消し、差し戻し）。

294

影響を及ぼさず、特定事業の事業主は、労災支給処分により自
己の権利若しくは法律上保護された利益を侵害され又は必然的
に侵害されるおそれのある者に当たるということはできないと
して、労災支給処分の取消訴訟の原告適格を否定した。

　この最高裁判決により、今後は、労災認定をされた使用者は、
その労災支給決定自体を争う当事者適格はなく、被災者が労災
を受給している地位自体覆すような争い方はできないことにな
る。

4-6　実務への影響と被災者側の対応[*11]

［1］実務への影響

　あんしん財団最高裁判決を踏まえても、メリット制適用の特
定事業主は、令和5年1月31日基発によって、労災保険料認定
処分に対する不服申し立てを通じて労災認定について争う余地
が開かれている。

　現状、たとえ労災保険料認定処分に対する不服申立が認めら
れても、被災者は休業補償給付の返還などを求められることは
ないとされているので、被災者が受給した給付額の返還を求め
られるという、不利益は免れるであろう。

　しかし、事業主に対して労災保険料認定処分の不服申し立て
が認められる限り、事業主は、被災者との関係において、労災
認定の結論を認めることはなく、職場からは労災ではないとさ
れ解雇されたり（労基法19条の解雇規制は及ばない事案である
との主張を誘発するであろう）、解雇を通じて、事業主との労働
契約の存否自体を争わねばならない危険も起きる。

　また、労災保険料認定処分で誤った判断をされ業務起因性な

---

*11　メリット制によって、労災認定後の被災者に生じ得る実害、早急なメリット制廃止の必要性
については、嶋﨑量「事業主による労災取消訴訟の原告適格―あんしん財団事件をふまえて」
労旬2030号（2023年）6頁を参照。

第7章 ● 退職時の雇用保険・税金・労災保険など　｜　295

どの労災認定の事情が覆されたら、使用者に対する労災認定を踏まえた民事の損害賠償請求においても、支障が生じる。

［2］被災者側の実務対応

こういった不利益を回避するため、被災者は、事業主により労災保険料認定処分を争う行政訴訟が提起されたら、補助参加により訴訟にも関与し続けるほかないであろう。

現在の実務運用として、事業主により労災保険料認定処分を争う行政訴訟が提起されても、直ちに被災者に連絡がなされる訳ではないようだが、訴訟告知なされた場合はもちろん、そのような事実を把握した場合は、被災者側は積極的に補助参加して、積極的に行政訴訟にも関与すべきである。

また、労災認定された後にも、事業主により労災認定の結果を争われ続け、使用者のその過程の対応による二次被害の可能性がある。こういった点を恐れ、（これまで以上に）労災申請自体をためらう被災者も増えてくる可能性があるので、弁護士はよりいっそう被災者等が労災申請を決断するには、サポートが必要となろう。

なお、こういった深刻な自体の根本的な解決には、メリット制の廃止が必要である。

【コラム】どこまでを弁護士が対応？

退職に伴うトラブルに代理人として弁護士が関与して交渉をする場合、どこまでを代理人が対応するのか、どこからは労働者本人に対応して貰うのがよいのかで、対応に悩むことがあります。

使用者側にも代理人がついていれば、些細なことでも代理人を通じてやり取りをする他なくなるので代理人間で個別に協議をして決定することになりますが、とくに使用者側に代理人がついていない場合に、その区別で悩むことがありま

す。

　具体的には、対使用者とにおいては、離職票交付・私物の引き渡しなどの連絡まですべて代理人が引き受けるのか、退職金などの事務的な対応も代理人として関与するのか（かえって迂遠になるので）などです。当事者が労働組合に加入しており、退職に関するトラブルに関与しており、代理人との情報共有も密にできている場合は、どこまでを労働組合と会社とのやり取りに任せるのかという点も、同様に検討事項となります。

　使用者側としても、代理人が就任して、「今後のやり取りは代理人を通してほしい」という連絡をうけた以上、些末な点でも本人への連絡はしにくいこともあるでしょう。労働者自身においても、代理人の弁護士を差し置いて会社と対応してはいけないと指示を受けていれば、自分自身でどこまで対応してしまって良いのかよく分からずに困ることも多いはずです。

　ハローワークや年金事務所や社会保険事務所、協会けんぽ、中退共等とのやり取りなど、使用者以外の機関との退職に伴うやり取りについても、労働者の代わりに代理人が対応したほうが良い場合もあります。

　とくに、本人や家族の生活維持のために速やかな処理が必要となる失業保険給付や保険証の切り替えに関わる離職票の交付、傷病手当金の支給、退職金の支給手続きなどは、事案によっては、本人に委ねず代理人が関与して処理してしまう方が良い場合もあります。

　代理人がどこまで対応するのかについて、画一的な正解はないだろうと思います。紛争の性質（何がトラブルになっているのか）、労働者側・使用者間の関係性（強い感情的な対立があり使用者側の妨害で手続きが遅延する可能性があるか、労働者側の不必要な攻撃的対応で紛争が拡大する可能性

第 7 章 ◉ 退職時の雇用保険・税金・労災保険など　297

があるか、労働者が精神的不調を抱えるなどして対応に心理的負荷がどの程度かかるのか、労働組合がある程度対応ができる関係があるのか）、労働者自身の事務処理能力や健康状態（精神的不調から事務的な対応が困難な状態の労働者も多い）、時間的切迫度（給付を急ぐ事情があるか、本人に任せると時間がかかりそうか、いったん代理人を通すと書類授受のやり取りでかえって時間がかかってしまうか）等の事情から、個別に決めていくほかありません。

　重要なのは、どういった結論であれ、どこまで代理人が対応するのか、使用者側・依頼者（労働者側）に対して明示的に方針を伝えておくことです。そうしないと、代理人として対応してもらっているとの誤解から、手続きが止まってしまい困ることがあります。

8 合意退職等に されてしまった 場合

POINT

► 自主退職・合意退職なのか、それとも解雇なのかという峻別は重要。

► 「解雇」ではないと言い張る使用者に注意。

► 退職の意思表示が、①辞職（一方的解約）か、②合意解約が、③合意解約の申込に対する承諾かを特定する。

► 撤回ができない場合も、意思表示の無効・取消等が主張できる場合がある。

1──解雇なのに合意退職とされてしまうトラブル

1-1 峻別の困難さ

実態は解雇であるのに、合意退職・自主退職（いずれも、労働者側にも労働契約解消の意思がある場合）と扱われてしまうトラブルが多い。

法的には想定する場面は明確に異なるのに[*1]、解雇と合意退

---

*1 詳しくは、第1章「退職をめぐる紛争の基本概念の整理」を参照されたい。

職・自主退職は、現実のトラブルについて、事後的にその峻別をしようとすると困難を伴う場面も多い。というのは、使用者側が労働者に退職を働きかけること（退職勧奨：それ自体は直ちに違法ともいえない）を経て、最終的に労働者が退職する意思（労働契約解消の意思）を表明するにまで至れば、合意退職・自主退職に至ることもあり得るからである。

　具体的には、労使で激しい対立が起きたとき、その場の双方から「お前はクビだ」「こんな会社は辞めてやる」などの感情的な言葉が飛び交い、事後にその発言の有無や真意性などが問題になる場面もある。

1-2　トラブルの生じる背景

　使用者側が労働者を解雇しようと考えているが、事業主都合の退職者がでると助成金が得られなくなるので解雇を避けたいという思惑がある場合がある。具体的には、事業所における生産性向上の取組みを支援するための雇用関係助成金の制度などがその典型である。これら制度では、雇用する雇用保険被保険者（短期雇用特例被保険者および日雇労働被保険者を除く）を事業主都合によって解雇等（退職勧奨を含む）していないことが求められている場合が多い。

　こういった場合、自主退職・合意退職なのか、それとも解雇なのかという峻別が問題になってくるのである。

1-3　法的問題点

　場面としては、退職の意思表示があったと認定ができるのかが、問題となってくる。

　この退職の意思表示の認定手法は、一般的な民法の意思表示の認定とは異なる労働法的な特殊性が全面にでてくる場面でもあり、労働者側の代理人として経験がないと戸惑いや誤解をしがちだし、労働者側の代理人として腕の見せ所ともいえる場面

とも言えるであろう。

2——使用者が「解雇」していないとしたがる事案

2-1 動機の解明

　使用者は、解雇による事後の法的紛争が生じるリスクを回避しようと、合意退職を主張するケースがある。

　また、雇用維持確保などを目的とする公的給付金の制度によっては、事業主都合によって解雇等（退職勧奨を含む）していないことが求められている場合が多い。そのため、使用者が、こういった制度を使用者が受給している場合や受給を検討している場合に、解雇ではない（会社都合による離職でもない）ことにしようとすることがある。

　こういった使用者の動機が明らかになると、本来は解雇であった（＝解雇規制に服する場合であった）ことを立証するのに役立つことがある。

　特に、離職票の事業主記載欄において、事業主からの働きかけによる離職であるのに、会社都合退職ではなく、自己都合の離職として処理してきている場合には、このような使用者側の解雇にしたくない動機がうかがわれるといえよう。

2-2 助成金などの利用状況の確認方法

　当該労働者において、使用者がこういった助成金を得ているか確認をしたり（把握しているケースもある）、自身の雇用の経緯などから支給対象になっていないかを確認すると良い。

　とはいえ、当該労働者自身が把握していないことも多いので、こういった助成を受けていないか、期日内外で釈明などを通じて、明らかにさせることが必要だ。書面で回答を求めても、代理人を通じてのやり取りであれば、代理人が敢えて虚偽を書く可能性までは低いといえる（使用者から事実を正確に告げられ

ずに、誤った説明をする可能性は否定できないが）し、労働審判手続き等であれば審判委員会の面前で使用者側に質問をして回答を求めることで、明らかになることもある。

事業主によっては、いくつかの制度を併給している場合もある。また、これら国の制度とは別に、地方公共団体の補助金等の制度が使われている場合もある（いずれも、複数制度間で併給調整が行われている可能性はある）。

〔該当する国の助成金の一例：要件などは、それぞれ差異がある〕

◆再就職支援助成金（早期雇入れ支援コース）＊令和6年4月1日から従来の「労働移動支援助成金」（早期雇い入れ支援コース）から改称

◆中途採用等支援助成金（中途採用拡大コース、生涯現役起業支援コース）：。

◆地域雇用開発助成金（地域雇用開発コース）

◆産業雇用安定助成金制度

◆「雇用調整助成金」（労働者を出向させる形態による場合のみ）

◆特定求職者雇用助成金

◆トライアル雇用助成金制度

◆キャリアアップ助成金（正社員化コース、賃金規定等改定コース、賃金規定等共通化コース、諸手当制度等共通化コース、選択的適用拡大導入時処遇改善コース、短時間労働者労働時間延長コース）

3──退職の意思表示の認定

3-1 労働者の自由な意思に基づく同意が必要

退職の意思表示は、労働者にとって極めて大きな不利益が生

じる意思表示であり、形式的に労働者の意思が表明されていても、それが「自由な意思に基づくものと認めるに足りる合理的な理由が客観的に認められない」場合には当該意思表示の効力は生じない（山梨県民信用組合事件・最二小判平28.2.19民集70巻2号123頁（労判1136号6頁））という判例法理の射程が妥当する[2]。

3-2 山梨県民信用組合事件の判断枠組み

この山梨県民信用組合事件は、「使用者が提示した労働条件の変更が賃金や退職金に関するものである場合には、当該変更を受け入れる旨の労働者の行為があるとしても、労働者が使用者に使用されてその指揮命令に服すべき立場に置かれており、自らの意思決定の基礎となる情報を収集する能力にも限界があることに照らせば、当該行為をもって直ちに労働者の同意があったものとみるのは相当でなく、当該変更に対する労働者の同意の有無についての判断は慎重にされるべき」とされ、「労働者の同意の有無については、当該変更を受け入れる旨の労働者の行為の有無だけでなく、当該変更により労働者にもたらされる不利益の内容及び程度、労働者により当該行為がされるに至った経緯及びその態様、当該行為に先立つ労働者への情報提供又は説明の内容等に照らして、当該行為が労働者の自由な意思に基づいてされたものと認めるに足りる合理的な理由が客観的に存在するか否かという観点からも、判断されるべきものと解するのが相当である」とする。

この山梨県民信用組合事件判決は、労働者の退職の意思表示に関する判断ではないが（同判決が参照するシンガー・ソーイング・メシーン事件〔最二小判昭48.1.19民集27巻1号27頁（判時695号107頁）〕と日新製鋼事件判決〔最二小判平2.11.26民

＊2　このテーマの詳細については、本シリーズ第1巻の城塚健之『労働条件変更の法律実務』36頁以下で詳細に検討されているので、そちらを参照されたい。

集44巻8号1085頁（労判584号6頁）〕も同様である）、労働者にとって退職金請求以上に、労働契約自体を解消してしまい最も重大な影響がある退職の意思表示においても、裁判例ではかかる判決の判断枠組みが用いられる。

同判決を踏まえた主張立証に際しては、3つの点（①労働契約終了により労働者にもたらされる不利益の内容及び程度、②労働者により退職の意思を示すに至った経緯及びその態様、③労働者が退職意思を示すのに先立ち労働者への情報提供又は説明の内容）に照らし、当該行為が労働者の自由な意思に基づいてされたものと認めるに足りる合理的な理由が客観的に存在するか否かという観点での検討をすべきである。

3-3 裁判例の傾向

裁判例でも、その認定は慎重な傾向が窺われ、単に退職を示す発言の有無や書証の提出によってではなく、当該行為が労働者自らの意思（真意）によるものであるかどうかが重視される傾向にある[3]と評されている。

裁判例における判定方法としては、労働者にとって、労働契約を解消して退職するというのが極めて重要な意思決定であることに照らし、「単なる発言を、直ちに法律効果を生じさせる程度の確信的な意思表示であると評価するには、慎重な判断が必要である」[4]うえ、「何ら書面を作成することなく、口頭による退職の意思表示が確定的に行われたと評価できる状況は、かなり珍しい事案」[5]であると従来から指摘されていた。

なお、後掲の裁判例のとおり、地方公務員についても、退職は職を免ずる旨の発令（行政処分）の前提としての退職願について、同様に慎重に判断がなされる必要がある。

---

[3] 「合意退職の認定」労働事件50選」321頁（杉山文洋）。

[4] 渡辺弘『労働関係訴訟9』（青林書院、2010年）114頁。

[5] 渡辺・前掲注[4]。

（労働者自らの意思（真意）に基づく合意であることが否定されたもの）

①TRUST事件 　東京地立川支判平29.1.31労判1156号11頁

妊娠を告げた労働者に対する退職合意について、「退職は、一般に、労働者に不利な影響をもたらすところ、雇用機会均等法1条、2条、9条3項の趣旨に照らすと、女性労働者につき、妊娠中の退職の合意があったか否かについては、特に当該労働者につき自由な意思に基づいてこれを合意したものと認めるに足りる合理的な理由が客観的に存在するか慎重に判断する必要がある」として、合意の成立を否定した。

②医療法人社団充友会事件 　東京地判平29.12.22労判1188号56頁

産後休業に入った労働者が復帰予定と告げているのに、使用者が産前休業前から退職の意思表示があったと主張した事案である。判決は、退職の意思表示は、労働契約関係解消という法律効果を目指す効果意思たる「退職の意思を確定的に表明するものと認められるものであることを要し、将来の不確定な見込みの言及では足りない」とした。また、退職の意思表示の労働者にとっての収入源を絶たれる重大な効果をもたらす重要な意思表示であるとしたうえで、「取り分け口頭又はこれに準じる挙動による場合は、その性質上、その存在や内容、意味、趣旨が多義的な曖昧なものになりがちであるから、退職の意思を確定的に表明する意思表示があったと認めることには慎重を期する必要がある」とし、書面によらない退職の意思表示の認定は慎重を期す必要があるとし、「書面を提出されていない事実は、退職の意思表示を示す直接証拠が存在しないというだけではなく、具体的な事情によっては、退職の意思表示がなかったことを推測しうる事実というべき」として、退職合意を否定した。なお、理事長が退職扱いとした点の不法行為該当性も認めてる。

③グローバルマーケティングほか事件

東京地判令3.10.14労判1264号42頁

　弁護士等から防犯カメラの映像に暴行の場面が記録されており、これを前提に懲戒解雇や損害賠償請求が認められると言われ、在職を希望する言動から退職を前提とする退職条件の交渉に移行して退職合意書等に署名した事案で、自由な意思に基づいて退職の意思表示をしたとは認められないとして、退職合意の成立を否定した。

（労働者自らの意思（真意）に基づく合意であることが肯定されたもの）

④中倉陸運事件　京都地判令5.3.9労判1297号124頁

　被告が雇用する労働者である原告に対して、精神障害等級3級と認定をうけ通院し服薬治療を受けていることのみをもって、主治医・産業医など専門家の知見を得るなど医学的知見からの業務遂行に与える影響の検討を何ら加えることなく退職勧奨に及んだこと障害者である原告に対して適切な配慮を欠き原告の人格的利益を損なうものであるとして、不法行為による80万円の慰謝料請求を認めた。ただし、退職勧奨が原告の自由な意思決定を阻害したとまではいえず、退職合意が公序良俗に反しないとして退職合意の成立は認めている。

（労働者自らの意思（真意）に基づく合意であることが否定されたもの【公務員のケース】）

⑤栃木県・県知事（土木事務所職員）事件

宇都宮地判令5.3.29労判1293号23頁

　地方公務員において、退職は職を免ずる旨の発令（行政処分）をもって退職するものであるところ、地方公務員は法定の自由でなければ意に反して免職されることはないから（地公法27条2項）、退職願は職員の意に反したものではないことを確認する

第8章 ● 合意退職等にされてしまった場合　307

ための一手続きであるとし、退職願の作成の経緯について検討をしたうえで、退職願が自由な意思に基づくものとはいえないとして、職員の職を免ずる行政処分を無効とした。

⑥長崎市・長崎市選挙管理委員会事件
福岡高判令3.10.14労働判例ジャーナル119号32頁

　地方公共団体の職員である原告が、退職願を提出した時点において統合失調症によって意思能力を欠いていたとして、退職願は無効であるとして、無効な退職願を前提としてなされた依願退職処分を取り消した。

4── 退職の意思表示の撤回・無効など

4-1　トラブルが生じる場面

　労働者が、誤解や意に沿わず退職届を出してしまった場合などにトラブルが生じる場合がある。

　特に、労働者が退職強要などを経て、もともとは就労継続の意思をもっていたのに、労働者も就労継続は難しいと考えるに至った事案では、本意ではなく、退職の意思表示を示してしまっている場合があり問題となる。

　具体的には、退職の意思表示が、辞職の意思表示である場合、合意退職の申込みである場合、合意退職の承諾である場合に分けられる。

4-2　退職の意思表示が辞職の意思表示である場合

　辞職の法的性質であるが、労働者の一方的な意思表示によって効果が生じるとされている（形成権の行使）。したがって、使用者に対して辞職の意思表示が到達すると撤回ができないというのが通説とされるので、注意が必要である。

　学説上は、任意退職の意思表示も、原則として、2週間の経過

前であれば信義則に反しない限り撤回ができるという見解[6]や、合意解約の申し込みである場合（後述）とを峻別する理論上の問題を指摘して、退職など労働者の重大な不利益を与える意思表示について、一般的に撤回の可能性を認めるという法解釈もしくは立法的措置による解決を指摘する見解[7]もある。

4-3 退職の意思表示が合意退職の申込みである場合 ——撤回可能な時期

［1］使用者が承諾の意思表示をした場合

ア 使用者側の承諾の意思表示到達前に限られること

2017年民法改正（2020年4月1日施行）により、意思表示の効力発生時期は到達時と統一され（改正後の民法97条1項）、承諾の意思表示の効力発生時期も相手方である労働者に到達した時点となり（民法540条2項[8]）、使用者の承諾の意思表示が到達すると、もはや撤回ができなくなる。

イ 退職を承認する権限ある使用者側の者が行ったものであることが必要

ただし、その使用者側の意思表示は、使用者側において退職を承認する権限ある者[9]が退職の意思表示をするものでなければならない[10]。

---

*6　下井隆史「労働基準法（第5版）」有斐閣、2019年、223頁以下

*7　西谷448頁

*8　民法540条（解除権の行使）
1項　契約又は法律の規定により当事者の一方が解除権を有するときは、その解除は、相手方に対する意思表示によってする。
2項　前項の意思表示は、撤回することができない。

*9　ここで、使用者側において退職を承認する権限ある者が退職の意思表示をするまでは、労働者は退職の申し出を撤回できる根拠として、2017年民法改正により申し込みと承諾による契約の成立を明記した民法522条1項（契約が、契約の内容を示してその締結を申し入れる意思表示に対して相手方が承諾をしたときに成立する）を指摘する見解もある（川口（第7版）606頁）。

*10　水町1036頁。

第8章 ● 合意退職等にされてしまった場合　309

この使用者側の承諾の意思表示を承諾する権限のある者とは、単なる会社の関係者や部署の直属の上司であるだけでは足りず、最終決裁権者による受理など退職を承認する権限を有する者であることが必要となる。

使用者側において退職を承認する権限ある者が退職の意思表示をすれば、以後は、労働者は退職の申し出を撤回できなくなる。

［2］使用者が承諾の意思表示をする前

ア　民法改正時の懸念

上記民法改正において、承諾期間を定めず申込みをした場合も自由に意思表示を撤回できず、承諾の通知を受けるのに「相当な期間」を経過するまでは撤回できないとされた（525条1項[11]）。そのため、承諾の期間を定めない労働者からの合意退職の申込み（退職意思の表示）も、「相当な期間」は撤回ができなくなり、従前の退職意思の撤回の結論が維持できないのではとの懸念もあった。

イ　相当な期間を経ずに撤回可能

しかし、民法改正法案の審議過程では、労働契約の特殊性に着目して従前からの解釈論が維持されることが確認されてきたという経過がある[12]。

また、後述する大隅鐵工所事件最判も、契約の申込みに対して一定の拘束力を認めていた改正前民法521条以下の規定（改正後523条）は、新たな契約締結の申込みの場合を典型的に想

＊11　民法525条（承諾の期間の定めのない申込み）「承諾の期間を定めないでした申込みは、申込者が承諾の通知を受けるのに相当な期間を経過するまでは、撤回することができない。ただし、申込者が撤回をする権利を留保したときは、この限りでない。」
＊12　法務省民事局参事官室「民法（債権関係）の改正に関する中間試案の補足説明」第28の3。

定しており、合意解約の場面にそのまま適用できないという認識があったとの指摘もある*13。

　したがって、この民法改正後も、労働契約の特殊性から、「相当な期間」を経ずとも、少なくとも退職を承認する権限ある者が退職の意思表示をするまでは、労働者は退職の申し出を撤回できると解される。

（合意解約の効力が生じるとしたもの）
①大隅鐵工所事件　最三小判昭62.9.18労判504号6頁

　判決は、労働者による退職願に対して、退職承認の決定権がある者によって退職願が受理されたのであれば、これで労働者の解約の申し出に対する使用者の即時承諾の意思表示がなされたものと解するとした。また、人事部長が退職願を受理した事実を認定しながら労働者の退職の申込の撤回を認めた原審（名古屋高判昭56.11.30判時1045号30頁）の事実認定は経験則に反するとして原判決を破棄し原審に差し戻している。

　この判決の判断は、労働者が合意解約の申し込みをした場合、使用者が退職の意思表示（承諾）をするまでの間は撤回ができることを前提とする判断といえる*14。

　また、同判決は、人事部長の職にある者が退職願を受理しただけでは使用者の承諾の意思が形成されたとはいえないとした原審の判断について、原審が企業の新規採用の決定と退職願に対する承認とが企業の人事管理上同一の比重を持つものであることを前提にたつことについて疑念を呈して「上告人において原判決が認定するような採用制度をとっているのは、労働者の新規採用は、その者の経歴、学識、技能あるいは性格等につい

---

*13　水町1036頁・脚注150）。

*14　この大隅鐵工所事件最判については、慰留にかかわらず退職願が人事部長に直接提出されたという事案の特殊性を前提に、退職願の受理をもって即時承諾の意思表示がなされたものとしている点を指摘し、同判決が一般に退職決裁者が退職願を受け取るだけで合意解約が成立するとしたものではないとの指摘もある（井川志郎「21　意思表示の効力発生」野田進・鹿野菜穂子・吉永一行編『実務家のための労務相談　民法で読み解く』（有斐閣、2020年）109頁。

て会社に十分な知識がない状態において、会社に有用と思われる人物を選択するものであるから、人事部長に採用の決定権を与えることは必ずしも適当ではないとの配慮に基づくものであると解せられるのに対し、労働者の退職願に対する承認はこれと異なり、採用後の当該労働者の能力、人物、実績等について掌握し得る立場にある人事部長に退職承認についての利害得失を判断させ、単独でこれを決定する権限を与えることとすることも、経験則上何ら不合理なことではないからである。したがって、被上告人の採用の際の手続から推し量り、退職願の承認について人事部長の意思のみによって上告人の意思が形成されたと解することはできないとした原審の認定判断は、経験則に反するものというほかはない。」としている。

　なお、この場合に、使用者の承諾の意思表示が労働者に到達し労働契約終了の効果が生じるまでは、信義則に反すると認められる特段の事情が無い限り、撤回することが可能であるとする見解[*15]や、裁判例も存在する。

（合意解約の効力が生じるまで撤回ができるとしたもの）
②昭和自動車事件　福岡高判昭53.8.9労判318号61頁

　労働者の退職願は、使用者との間の雇傭契約を合意解約したい旨の使用者に対する申込みの意思表示と解することができるとし、それに基づく合意解約の効力はこの申込みに対する使用者の承認が労働者に到達したときに発生するものと解されるとした。そのうえで、この申込みはそれ自体で独立に法的意義を有する行為でないから、相手方たる使用者において申込者たる被用者に対し承認の意思表示をなすことによって右合意解約の効果が発生するまでは、それが信義に反すると認められるよう

＊15　西谷448頁以下。労働者の退職の意思表示は、使用者に承認されるまでであれば撤回可能性が広く認められる傾向にあり、民法改正後もこのことは変わらないとの指摘もある（井川・前掲注＊14・108頁以下）。

な特段の事情がない限り自由にこれを撤回することができると
解するのが相当であるとした。

③学校法人白頭学院事件　大阪地判平9.8.29労判725号40頁

　労働者による雇用契約の合意解約の申込について、使用者の
承諾の意思表示が労働者に到達して雇用契約終了の効果が発生
するまでは、使用者に不測の損害を与えるなど信義に反すると
認められるような特段の事情がない限り、労働者が撤回できる
とした。

4-4　退職の意思表示が合意解約の承諾である場合

　労働者の退職の意思表示が、使用者の申し出（退職勧奨など）
に対する承諾の意思表示であった場合は、この承諾の意思表示
が使用者に到達すると合意解約の効力が生じる（民法97条1
項、同522条1項）ので、労働者の退職の意思表示が使用者に
到達した時点で撤回ができなくなる。

4-5　退職の意思表示の欠缺・瑕疵など（民法95条、96条、90条）

　退職の意思表示が、上記で検討した一方的解約（辞職）の通
知、合意解約の申込、使用者による合意解約の申込に対する労
働者の承諾のいずれであるにせよ、その意思表示の欠缺・瑕疵
（心裡留保、通謀虚偽表示、錯誤、詐欺、強迫）があった場合は、
民法の意思表示に関する規定に従い、取消や無効とされる場合
がある。

　会社の不振を乗り切るために退職覚悟でやってもらうとの口
実で、退職するつもりのない労働者から退職願を預かっている
ようなケース（心裡留保）、懲戒解雇事由がないことを認識しな
がら、懲戒解雇になった場合の退職金不支給などの不利益を伝
達して退職願を提出させたようなケース（錯誤、詐欺）などで、
問題となり得る。

第8章 ● 合意退職等にされてしまった場合　313

なお、これら詐欺・錯誤などの事案は、前述の労働者の自由な意思に基づく同意の論点（本章3「退職の意思表示の認定」）が併存する事案がほとんどであり、この論点の射程が退職の場面に拡がることが定着した現在は、詐欺・錯誤など民法の規定で判断されているケースは少なくなるだろう。

　とはいえ、実務上は、これら民法の規定が正面から想定されるような事案もあること、労働者の同意を否定する事情として詐欺・錯誤的な背景があることを裁判所に理解してもらうことが有益であることから、同意の理論のみならず、詐欺・錯誤など意思表示の瑕疵・欠缺に関する主張していくことも多い。

（心裡留保：民法93条）

①昭和女子大学事件　東京地判平4.12.21労判623号36頁

　査問を受けていた大学教授が、真意は退職するつもりがないのに反省の意を強調するために、大学から要請されて退職願を提出した事案において、退職する意思がないことは明確に表明され続け、大学もそれを承知していたとして、心裡留保（民法93条）により退職意思を無効とした。

（錯誤：民法95条）

②テイケイ事件　東京地判令4.3.25労判1269号73頁

　原告の退職届などを作成した行為は、電子機器使用詐欺罪という執行猶予のつかない重大犯罪であるとの虚偽説明によって犯罪者として警察に突き出されることを避けるために退職するしかないとの誤信によって退職の意思表示をしたとして、退職の意思表示が錯誤（民法95条）により無効[16]とした。

＊16　民法改正により、現在、錯誤は取消事由である。

③慶應義塾（シックハウス）事件　東京高判平24.10.18労判1065号24頁

　仮設棟での勤務によってシックハウスを発症し、勤務を継続することができなかったのに、私傷病によるものと誤信して職員が退職の意思表示を行った事案において、仮設棟の化学物質で発症と推認したうえで、退職の意思表示が要素の錯誤にあたるとして無効とした。

④富士ゼロックス事件*[17]　東京地判平23.3.30労判1028号5頁

　出退勤時刻虚偽入力等を行った労働者が退職勧奨をうけ退職の意思表示をした事案。労働者は、人事担当者から懲戒解雇と自主退職とでは「天と地の差がある。重みも、傷も違う。世間の認め方も違う」などと言われたこと、労働者が再就職容易といえないことを考慮し、退職意思表示の動機は、懲戒解雇を避けるためであることを黙示的に表示したものとした。

（詐欺又は強迫：民法96条）
⑤ジョナサン他1社事件　大阪地判平18.10.26労判932号39頁

　店舗閉鎖を理由にパチンコ店全従業員が解雇された事案において、退職合意自体を否定しつつ（解雇であるとした）、仮に退職合意があったとしても、新店舗の開店計画を秘したまま、閉店を告げた結果なされた退職合意の意思表示は、詐欺による取り消しにより無効（民法96条）であるとした。

⑥ニシムラ事件　大阪地決昭61.10.17労判486号83頁

　事務所経費で会社の許可無くおやつ等を購入し飲食したことが横領行為に当たるとして、懲戒解雇事由等が存在しないのに、

＊17　解雇もしくは懲戒解雇事由が存在しないのに、解雇もしくは懲戒解雇になると誤信して行った退職の意思表示を錯誤に該当するとした裁判例として、学校法人徳心学園事件・横浜地決平7.11.8労判701号70頁、ヤマハリビングテック事件・大阪地決平11.5.26労判772号82頁、昭和電線電纜事件・横浜地川崎支判平16.5.28労判878号40頁、石長事件・京都地判平28.2.12労判1151号77頁など。

第8章 ◉ 合意退職等にされてしまった場合　315

退職届を出さなければ懲戒解雇や告訴も考えていると労働者に
告知をして退職届を提出させたことが強迫による意思表示に該
当するとして、退職の意思表示の効力を否定した（民法96条）。

⑦旭光学事件　東京地判昭42.12.20判時509号22頁

欠勤に関連して労働者が退職願を提出したが、長時間にわた
る執拗な強要に基づく辞職願の提出が強迫にあたるとされ（民
法96条）、退職の意思表示の取消が認められた。

⑧学校法人白頭学院事件　大阪地判平9.8.29労判725号40頁

生徒の母親と情交関係をもった教員が、その母親の前夫から
の強度かつ執拗な強迫によって、畏怖を抱き、その畏怖によっ
て、退職する旨の意思表示をしたとして、強迫により退職の意
思表示は取り消されたと認められた。

⑨小野田セメント大船渡工場仮処分事件
盛岡地一関支判昭43.4.10判時523号79頁

希望退職応募者が予定人員に達しなかった時は、「有夫の女
子」「30歳以上の女子」という基準に該当する者から指名解雇
を実施するとの発表を受け、自分がこの基準に該当し、指名解
雇者のリストに載っていることを知ったために、退職願を提出
した事案で、判決は、違法（憲法14条、労基法3条、4条に違
反）な指名解雇基準と密接不可分な関係に立って成立した合意
解約であるとして、公序良俗に反し無効とした（民法90条）。た
だし、控訴審（仙台高判昭46.11.22判タ274号110頁）は、合
意解約成立にあたり会社が違法な解雇を回避する意図を有して
いたものとはいえず公序良俗に反しないと合意解約の成立を認
めた。

資料

退職届（労働者自身が提出する退職届）

退職届[1]

○○株式会社
　代表取締役社長　　○○○○[2]　　様

2024年4月1日

営業推進部　第一課
△△　　△△

　　この度[3]、一身上の都合により[4]、2024年4月15日[5]をもって、退職します。[6][7]

以上

＊1　一方的な退職意思であることを強調するため、退職「願」ではなく、「退職届」としている。

＊2　確実に退職を承認する権限ある代表者を宛名にしている

＊3　「私事、」または「「私儀」を一行目にいれる（右寄せ）慣行があるが、法的意味はないので、本所式では入れていない。

＊4　法的には、退職理由を示す必要は無い。とはいえ、何も退職理由を書かないと突き返されるなど不毛なやり取りが生じるので、実害のない「一身上の都合」と記載した。

＊5　民法627条1項前段により、期間の定めのない労働契約であれば、2週間前の予告によりいつでも解約の申し入れができる。

＊6　合意退職の申込みと認定されないように、「退職します」「退職いたします」など、一方的な退職意思があることを示す表現にしている。

＊7　退職届けを出すのと同時に、年次有給休暇の消化行い、出社せず退職することもあり得る。しかし、退職届と同じ書類で年次有給休暇の申請をするのは労使対立を煽る可能性もあるので、別途、社内の年次有給休暇の手続きにより、別途申請をするのが基本であろう（既に精神的不調などから出社できない場合などは別）。

①申入書（退職妨害：労働契約終了、離職票、2週間を超える予告期間の効力）

2024年4月25日

通知書

○○県○○市○町○丁目○番地
株式会社グレーリバー
　　代表取締役　△△△△　殿

〒○○○－○○○　○○県○○市△△区○○丁目○番地○ビル○階
タイガー＆ウイングス法律事務所
TEL　○○（○○）○○○○
FAX　○○（○○）○○○○
Eメール　△△-○○@roudou.ne.jp
A　代理人弁護士　猪爪寅子

冠省　当職は、貴社に対して、A（以下、「通知人」という）から委任をうけたのでお知らせし、以下の通り通知をする。

1　労働契約が終了していること（離職票）
　通知人は、2022年10月1日付で貴社と期間の定めのない労働契約を締結して就労しているが、既に2024年4月1日付けで貴社代表取締役に対して提出した退職届により、同月15日をもって、労働契約は終了している。
　したがって、通知人は貴社に対して、労働契約の終了を前提に、速やかに離職手続き進めるよう求める。
　なお、使用者は退職した労働者に関して、離職した翌々日から10日以内にハローワークに離職証明書を届け出ねばならず（雇用保険法7条、同法施行規則7条）ハローワークから離職票の交付を受けねばならず、離職証明証の届出をしない場合は罰則がある（雇用保険法7条、83条1号）ので、ご留意されたい。

2　民法627条1項に反する就業規則の定めは無効であること

　貴社は通知人に対し、貴社就業規則42条1項が通知人からの退職の申し出に対する貴社の「承認」を要求していること、同規定で退職の10か月前の予告が必要とされていることを理由に、現在も本件労働契約は終了していないと主張している。

　しかし、民法627条1項により、期間の定めのない労働契約は2週間前の予告により解約でき、本件労働契約も予告から2週間が経過した同年4月15日には終了している。たとえ、貴社就業規則の定めがどのようなものであれ、上記民法627条1項は強行法規であり、これを制約する就業規則の定めには効力は生じない（エスエイピー・ジャパン事件・東京地判平14.9.3労判839号32頁、日本軽金属事件・東京地判昭47.11.17判時706号99頁、高野メリヤス事件・東京地判昭51.10.29判時841号102頁など）。

　したがって、やはり本件労働契約は終了している。

3　懲戒解雇理由や損害賠償支払義務がないこと

　このように、本件労働契約は既に終了しているので、通知人が貴社を無断欠勤しているとはいえず、無断欠勤を理由に通知人を懲戒解雇するとか、就労義務を果たさないことで貴社に生じた損害賠償支払いの義務が生じる等のような貴社の主張は、いずれも理由がない。

4　結語

　以上の通り、本件労働契約は既に終了しているので、離職票の交付など速やかに貴社において退職手続きを進めることを求める。

　本件については、当職が通知人を代理しているので、今後本件については通知人への連絡はお控えいただき、何かあれば当職宛てにご連絡されたい。

　万が一、貴社から通知人らへの威迫などがなされる場合には、通知人としても、貴社の対応について何らかの法的措置を検討することになるので、くれぐれもご留意されたい。

以上

②申入書（退職妨害：即時解除・賃金控除・社宅退去）

2024年1月21日

通知書

○○県○○市○町○丁目○番地△ビル4階
株式会社グレー
　　代表取締役　　○○○○　殿

　　　　　〒○○○－○○○　　○○市△△区○○丁目○番地○○ビル3階
　　　　　　　　　　　　　　ライトハウス法律事務所
　　　　　　　　　　　　TEL　　○○（○○）○○○○
　　　　　　　　　　　　FAX　　○○（○○）○○○○
　　　　　　　　　　　　Eメール　　△△-○○@roudou.ne.jp
　　　　　　　　　　　　A　代理人弁護士　山田よね

冠省　当職は、貴社に対して、A（以下、「通知人」といいます）から
委任をうけたのでお知らせし、以下の通り通知いたします[*1]。

1　即時解除[*2]

　通知人は、2023年10月1日付で貴社で正社員として採用され、期間
の定めのない労働契約を締結して就労しておりましたが、労働契約締結
時に示された労働条件（賃金・労働時間・休日など）が事実と相違し
ております。したがって、労働基準法15条2項により、本書面をもって、即
時に労働契約を解除します。

　なお、通知人については、既に貴社に対して退職の意思を表示してお

[*1]　物腰が柔らかな印象の「ですます体」を選択するのか、強い印象を与える「である体」を
選択するのかは、相手方の予測される対応などを踏まえて選択するようにしている。代理人の好
みの問題もあろうが、必ずしも、相手方に強い態度を示さねばならない場合であっても、強めの
文体が常に良い結果を導くわけではなかろうと考えている。

[*2]　回答漏れを避けるため、項目を明示していく。とくに、相手方が代理人弁護士をつけずに
対応することが予想される場合には、分かりやすく示した方がよいと考えて、通知書などでも項目
を示していくことにしている。

資料　申入書②　｜　321

りますが、貴社から、入社祝い金や家具購入などの費用全額（50万程度）を返金しなければ退職ができない等の説明をうけ、退職を妨害されております。

そもそも、上記金員は貴社からの贈与であり、通知人らが上記返還義務を負うことはありません。仮に通知人らに何らかの返還義務が生じていたとしても、退職の条件として返還義務を課すことは、退職の自由を制約することになり許されません。

通知人らは、貴社に入社以来、1日12時間を超える長時間労働に従事しておりますが、貴社からは長時間労働に即した正確な時間外・休日賃金が支払われておりません。通知人らの上記労働実態は、貴社において出退勤がタイムカードで記録されておりますので、当職宛に速やかに開示するよう求めます。その開示結果を踏まえて、未払いの時間外休日賃金の請求をさせていただく予定です[3]。

2　賃金控除と未払い賃金

また、貴社からの通知人らに支払われている給与について、給与明細上、不明な控除項目（「貸付金取立」「家賃」の項目）があります。

この点について、通知人は控除の同意をしたこともなく、賃金の全額支払いの原則（労基法24条1項）に反する取り扱いがなされていた可能性がありますので、この控除についても、まずはご説明を求めます（なお、違法である場合、遡って未払い賃金としてお支払いをいただくことになると理解しております）。

3　会社契約の社宅からの退去

さらに通知人は、現在貴社が契約するアパートに居住しております。このアパートについては、通知人が管理会社を通じて、退去時期などを調整します。退去時までに、仮に通知人の負担すべき家賃相当分の損害金などが発生した場合には、通知人らにおいて生じている未払いの残業代等と相殺をさせていただきます[4]。

4　離職票の交付

通知人は本書面によって貴社を退職しておりますので、速やかに通知

---

*3　就労期間が長い場合、消滅時効を止めるための催告として、「本書面により、通知人において発生していた全ての時間外賃金の支払いを求める。」など付記しておくことが考えられる。

*4　社宅については第5章8「社宅などの明け渡し」を参照されたい。

人の離職票を交付するよう求めます。

　なお、使用者は退職した労働者に対して離職票を交付する義務があり、交付を怠ると雇用保険法第83条4項により違法（罰則あり）となるので、ご留意ください。

5　さいごの
　以上について、速やかにご対応などをお願いいたします。
　本件については、当職が通知人を代理しておりますので、今後本件については、通知人へのご連絡は差し控えていただき、必ず当職にご連絡下さい。
　万が一、貴社から通知人らへの威迫などがなされる場合には、通知人としても、何らかの法的措置を検討することになりますので、ご留意ください。

③申入書（機密情報漏洩への回答・未払賞与）

2024年9月12日

〇〇県〇〇市△△区〇町〇丁目〇番地
株式会社ド・レイ
　代表取締役　　〇〇〇〇　殿

〒〇〇〇−〇〇〇　〇〇市△△区〇〇丁目〇番地〇〇ビル3階
タイガー＆ウイングス法律事務所
TEL　〇〇（〇〇）〇〇〇〇
FAX　〇〇（〇〇）〇〇〇〇
Eメール　△△ - 〇〇@roudou.ne.jp
A　代理人弁護士　猪爪寅子

回答書

　当職は、Aの代理人として、貴社から通知人に対して出された警告書に対して、以下の通り回答させていただきます。

1　機密情報の漏洩がないこと
　Aは、在職中に知り得た貴社の顧客に対する機密情報を不正に取得・漏洩したという事実はありませんし、そのような機密情報の抹消を拒否したという事実もありません[*1]。また、Aは、貴社から機密情報の取得について、「繰り返し注意指導された」という事実もありません。
　とはいえ、今後も、Aがこのような機密情報を不正に取得などしないことは、本書面をもって改めて確約いたします[*2]。
　なお、Aは、2024年6月5日に退職を申し出た際に、パソコンごと貴社に秘密情報を貴社総務課ご担当者に引き渡しており、さらに返還が必要な情報はありません。

＊1　元使用者から、退職後に会社の機密情報漏洩を指摘された事に対する回答である。

＊2　身に覚えのない事実は否定しつつ、さらなる紛争の拡大を防ぐため、積極的に機密情報の不正使用などしないことを約束している。これは、事後に「誓約書」など提出を求められる迂遠なやり取りをできれば避ける意図もある。

2　引継業務の拒否について

　Aは、同年6月末の退職日までに貴社のB営業本部長からの指示に従い（「引き継ぎ指示書」による）、指定された引き継ぎ等を全て退職日までに行っており、引き継ぎ業務を拒否したという事実もありません。

3　未払い賞与

　貴社と締結した雇用契約書において、金額と支給時期が明示され、労働契約において支払いが確約された業績賞与（6月15日支払日・40万）が支払われておりませんので、速やかにお支払いください。支払先は、Aの退職前の給与支払口座で構いません。

　この点、貴社において、Aの退職を理由に支払いを拒否されているようですが、在籍時にも支給日がすでに到来しているうえ、貴社との労働契約において在籍日支給要件のような定めはなく、支払いを拒否する法的根拠はありません。

4　最後に

　本件については、当職がAを代理しておりますので、今後は本件についてA本人へのご連絡は差し控える様お願い致します。

以上

④申入書（合意退職・退職妨害（有期契約・契約期間途中）・私物所有権放棄）

2024年7月7日

東京都△△区○町○丁目○番地
株式会社　利潤と競争
　代表取締役　○○○○　殿

〒○○○－○○○　東京都△△区○○丁目○番地○○ビル5階
労働弁護法律事務所
TEL　○○（○○）○○○○
FAX　○○（○○）○○○○
Eメール　△△-○○@roudou.ne.jp
A　代理人弁護士　雲野六郎

通知書

冠省　当職は、労働者A（「通知人」といいます。）から、貴社からの退職妨害など労使紛争の一切について委任を受けましたのでお知らせし、貴社に対して、以下の通り通知します。

1　はじめに

　通知人は、2024年3月1日から貴社において期間の定めのある労働契約（期間6ヶ月）により就労しておりましたが、本年6月15日付けで既に合意退職により労働契約は終了しております[*1]。

　また、仮に合意退職が成立していなくても、通知人の退職の意思表示により辞職が成立しており、本件労働契約はいずれにせよ終了しております。

2　合意退職の成立

　貴社代表者は通知人に対して、同年6月14日17時30分頃に、「帰れ」「明日から来なくていい」「会社都合にしてやるし、給料も満額払う。二度と顔をみせるな」と伝え、労働契約終了させたいとの意思表示を行っ

[*1]　合意退職の主張、仮に合意がなくても「やむを得ない」（民法628条）があるとする主張を2段階で行っている

ています。そして、翌15日、通知人が架電で、「一晩考えさせていただいたのですが、退職をさせていただきます。会社都合でお願いいたします。」と回答した。

これに対して、貴社代表者が「わかった。それでいいから荷物をまとめてさっさと帰れ」と応答されております。

かかる貴社の応答によって、貴社と通知人との間で、退職合意（会社都合）が成立し、同年6月15日付けで労働契約は終了しております。

3　辞職が認められること

仮に上記合意退職が成立しなかったとしても、通知人は、同年15日付けで貴社代表者に宛てて退職届を直接提出し受領されて、辞職が成立しております。

この点、本件労働契約は有期労働契約ではありますが、通知人は労働契約を終了させる「やむを得ない事由」（民法628条）が認められます。

具体的には、貴社代表者は以前から通知人に対して、繰り返し、「やる気がないなら帰れ」「こんなんじゃ、どこに行っても使い物にならない」「誰が給料を払っているのか、理解しているのか」といった暴言を繰り返し吐き、通知人が業務に関して貴社代表者に対して質問をしても「そんなことも分からなくて、30年も何考えて生きてきたのか」と述べたり、「こんなんだから、いつまでも結婚できないんだよ、分かってるわけ?」等と、繰り返し通知人の尊厳を傷つけるハラスメントを行っております（なお、メールでのやり取りについては、当職も確認しております）。

このような就労環境では、通知人は安心して労務提供することはできず、通知人には労働契約を終了させる「やむを得ない事由」（民法628条）が認められるので、一方的に労働契約を解除でき、通知人からの退職意思の表明により同年6月15日で本件労働契約は終了しております。

4　会社へご対応を依頼する事項・ご伝達事項

つきましては、円満に貴社と通知人とで退職手続きを進めるべきと思慮いたしますが、そのために、貴社には以下の点についてご対応ください。

なお、通知人が保管している貴社の鍵と保険証については、通知人から直接貴社に郵送致します[2]。

＊2　会社所有物など、積極的に労働者側から返却の提案をすることで、円満な紛争解決を模索している。

1　速やかな会社都合による離職票の交付
　　＊当職宛てにご送付ください
2　賃金支払い（6月末支給分給与【4月26日から5月25日就労分】、
7月末支給分給与【5月26日〜6月15日分までの日割り計算分】)*3
3　私物の所有権放棄（貴社において破棄処分をお願いいたします）*4
　　＊くれぐれも通知人の自宅へのご郵送はお控えください

5　さいごに
　本件については、当職が通知人を代理しておりますので、今後本件については、通知人へのご連絡は差し控えていただき、必ず当職にご連絡下さい。
　万が一、貴社から上記の義務を履行していただけないとか、通知人自身への威迫などがなされる場合には、通知人としても、貴社からうけたハラスメントを理由に何らかの法的措置を検討することになりますので、ご留意ください。

　　　　　　　　　　　　　　　　　　　　　　　　　　　　草々

＊3　退職後に支払期限のくる賃金支払いがなされないケースが多いので、明示的に記載している。

＊4　私物（不要な物）の扱いは、方針を伝えないと使用者側も困ってしまうことがあるので、問い合わせがあることが多い。不要であれば放棄して欲しいという意向も、積極的に伝えている。

⑤申入書（退職扱いされた事案・賃金請求）

2024年8月22日

通知書

〇〇県〇〇市△△区〇町〇丁目〇番地
株式会社ドリーム＆バカンス
　　代表取締役　　〇〇〇〇　　殿

　　　　〒〇〇〇－〇〇〇　　〇〇県〇〇市〇〇丁目〇番地〇ビル2階
　　　　　　　　　　　　　　　崔＆汐見法律事務所
　　　　　　　　　　　TEL　　〇〇（〇〇）〇〇〇〇
　　　　　　　　　　　FAX　　〇〇（〇〇）〇〇〇〇
　　　　　　　　Eメール　　△△-〇〇@roudou.ne.jp
　　　　　　　　A　代理人弁護士　　崔　香淑

冠省　当職は、A（以下、「通知人」と言います。）から、貴社において
なされた退職扱いの処理等に関する一切について委任を受けましたので
お知らせし、貴社に対して、以下の通り通知致します。

1　退職扱いの処理について（労働契約が終了していないこと）
　通知人は、貴社から、2024年7月31日付けで「退職証明書」を送
付され受領しました。
　しかしながら、通知人は、貴社を退職する意向はありません。通知人
は、貴社の申し出に応じて、退職をするかのような意向を示したことはあ
りますが、労働者は退職勧奨を拒否できること等の正確な法的知識を有
さず、貴社での今後の就労継続が不可能であると誤解していたことにより
ます。
　したがって、仮に通知人が貴社を退職する意思を示していたとしても、
確定的な退職意思の表示たり得ず、通知人と貴社との労働契約は現在も
継続しております。

2　就労の意向と未払い賃金
　通知人は、すでに休職事由となった適応障害から、就労可能な程度

資料　申入書⑤　329

にまで健康状態は回復しており、主治医からも就労可能との意向を示されております。

　通知人は、すでに貴社での就労が可能状態にありますので、貴社に対して速やかに通知人を就労させることを求めるのと同時に、通知人が貴社に対して就労を求めた2024年8月2日以降（2023年8月2日付け通知人送付のメールをご参照）の賃金の支払いを求めます。

　なお、本件については、通知人から当職が一切の委任を受けておりますので、本件に関する通知は当職宛にしていただき、通知人本人への接触はお控えいただくよう、申し添えます。

草々

⑥申入書（会社からの損害賠償請求・身元保証人への通知）

2024年4月3日

〇〇県〇〇市△△区〇町〇丁目〇番地
株式会社ドリーム
　代表取締役　〇〇〇〇　殿

　　　〒〇〇〇－〇〇〇　〇〇市△△区〇〇丁目〇番地〇〇ビル3階
　　　　　　　　　　　　ライトハウス法律事務所
　　　　　　　　　TEL　〇〇（〇〇）〇〇〇〇
　　　　　　　　　FAX　〇〇（〇〇）〇〇〇〇
　　　　　　Eメール　△△-〇〇@roudou.ne.jp
　　　A及びB　両名代理人弁護士　山田よね

通知書

冠省　当職は、貴社で就労していたA（「通知人A」といいます。）及び、身元保証人とされるAの父B（「通知人B」といいます）[1]から委任を受けましたのでお知らせし、貴社に対して、以下の通り通知します。

1　退職後の労働者に対する損害賠償請求について
　通知人Aは、貴殿に雇用されて約1年間勤務を続けておりましたが（期間の定めのない労働契約）、本年3月1日付けで貴社を退職したところ、貴社から、慰謝料など損害賠償のご請求をうけております。
　しかしながら、通知人らは、既に法的は問題なく労働契約は終了しており、貴社のご請求には法的根拠はありませんので、かかるご要求には応じることはできません。
　貴社の請求は、債務不履行または不法行為に基づく損害賠償請求を想定したものと思われますが、通知人は何ら債務不履行や不法行為の重過失はありません。仮に何らかの重過失などが認められるとしても、ご主張の損害（代替人員の確保のための人件費、貴社へ与えた精神的苦痛の慰謝料）とは相当因果関係もありません。貴社のご主張は、権利又

＊1　身元保証人に対する請求に対処するのであれば、身元保証人との間でも委任契約を締結しておかないと、介入したこと自体が問題となり得るので注意が必要である。

は法律関係が事実的、法律的根拠を欠くものであるうえ、また、少なくとも貴社はそのことを容易に知り得たといえる状態といえます。

なお、上記のとおり、貴社のご請求は法的には成り立ち得ないものであり、万が一でも貴社が通知人らに対して損害賠償請求などの訴えを提起するのであれば、そのような訴えの提起自体が裁判制度の趣旨目的に照らして著しく相当性を欠くと認められ、不法行為となり得ることに、ご留意ください。

2　身元保証人に対する請求について

貴社は、通知人Bに対して、身元保証人として[2]、通知人が退職した事実を伝え、身元保証人として上記の損害賠償を支払うように求める書面を送付されています[3]。

しかしながら、貴法人が通知人Bと締結したとする契約は、責任を負う金額の上限の定め（極度額）がなく、無効となります（改正後の民法465条の2[4]）。

また、上記の通り、そもそも通知人A自体に損害賠償の支払い義務が生じないので、通知人Bの身元保証契約が有効であるとしても、通知人Bに責任が生じることはありません。

3　社宅の関係について

通知人Aは、貴社が家主と契約している借り上げ社宅（マンション）に居住しておりましたが、既に社宅から退去をし、不動産管理会社を通じて退去時の引き渡しも終えております。貴社が指摘するような社宅の残置物や、未精算の家賃などは存在しないはずですので、再度ご確認ください[5]。

4　最後に

本件については、当職が通知人らを代理しておりますので、今後本件については、通知人らではなく、必ず当職にご連絡下さい。

なお、通知人Aは、貴法人で時間外割増賃金を支払われず時間外労

---

[2]　身元保証人に関する問題は、第3章6「身元保証制度」の箇所を参照されたい。

[3]　威嚇的な意図なのか、身元保証人に通知などをするケースは意外と珍しくない。

[4]　2020年4月民法改正により、個人根保証契約で債権極度額の定めが必要とされ、極度額を定めない身元保証契約は無効となる（民法465条の2）。

[5]　退職時の社宅関係の問題は、第5章8「社宅などの明け渡し」箇所を参照されたい。

働に従事させております。貴法人は、固定残業代制度を導入されている
ようですが、貴殿の労働契約書では年間360時間の残業代が含まれてい
ると規定するだけです。それが基本給に相当する金額・固定残業代部分
を控除後の基本給額も特定できず、固定時間分を超過した場合の差額
賃金支払いが示されておらず、労基法37条に関する最高裁判例が要求
する判別可能性要件などを充足せず、固定残業代制度は無効となり、残
業代未払いの状態となっています。

　通知人Aは、現時点では、貴社との残業代不払いの問題だけを争点
化するつもりはありませんが、貴法人が本書面を無視して通知人らに請求
を続ける場合には、通知人Aとしても、残業代未払いの問題を含め法的
措置をとる意向があるので、ご留意ください[6]。

草々

---

[6] 「円満退職」できればそれでよいという意向（残業代請求までしたくない）の労働者、請求
したいが立証の問題・請求額が少ないので請求を躊躇う事案なども珍しくないので、そのようなケー
スを想定した記載である。

回答書（競業避止義務違反の損害賠償請求）

2024年8月22日

回答書

○○県○○市△△区○町○丁目○番地
トラ・ブルー株式会社
　代表取締役　○○○○　殿

　　　〒○○○－○○○　○○市△△区○○丁目○番地○○ビル3階
　　　　　　　　　　　　タイガー＆ウイングス法律事務所
　　　　　　　　　　　　TEL　○○（○○）○○○○
　　　　　　　　　　　　FAX　○○（○○）○○○○
　　　　　　　　　Eメール　△△-○○@roudou.ne.jp
　　　　　　　A　代理人弁護士　猪爪　寅子

冠省　当職は、貴社を2023年12月末日付で退職したA（以下、「通知人」と言います。）から、貴社から通知人に対して行われている競業避止義務違反[1]を理由とする損害賠償請求に関する一切について委任を受けましたのでお知らせし、貴社に対して、以下の通り通知します。

　貴社は通知人に対して、通知人が退職して2ヶ月後に、通知人が競合するB社に転職したことについて、貴社が通知人との間で締結した入社時の誓約書の定める競業避止義務違反を理由に損害賠償請求をしています。
　かかる就業規則の競業避止義務を定める誓約書は、退職後の労働者、他の使用者と労働契約を締結して就労する職業選択の自由（憲法22条1項）を侵害するものであり公序良俗に反し無効です。
　具体的には、通知人の担当していた業務は、格段貴社の営業機密などに触れるような業務でもなく（社内の役職は「主任」に過ぎません）、貴社がこれを禁止する必要性は乏しいといえます。また、他方で、競業が禁止される期間は3年と長期で、禁止地域も貴社で通知に担当していた

---

[1]　競業避止義務に関する詳細は、第5章1「競業避止義務」を参照されたい。

勤務地・〇〇県内のみならず、何ら勤務中は接点もなかった隣接する都道府県をも対象とされております。さらに、このような広範な競業避止義務を退職後にも及ぼすような待遇は貴社では保障されておらず、何ら代償措置もとられておりません。

　なお、通知人は、上記誓約書締結時、競業避止義務の内容（とりわけ、退職後にまで及ぶ不利益）を説明されておらず、労働者の自由な意思に基づく同意（山梨県民信用組合事件・最二小判平28.2.19民集70巻2号123頁（労判1136号6頁））が認められず、誓約書の合意の効力は生じておりません。

　以上より、通知人は貴社の損害賠償請求に応じる義務はありません。

　今後、本件については、当職が通知人を代理しておりますので、何かありましたら、当職宛てにご連絡下さい。

以上

合意書（労災民事賠償・謝罪、解雇撤回・合意退職、解決金支払）

合意書

　「労働者Ａ」を甲、「株式会社ビジネス」として、本日、甲と乙は下記の通り合意した。
記
1　乙は、甲に対し、労働者災害補償法、厚生年金法及び国民年金法に基づく過去分及び将来分の給付及び乙の甲に対する仮払金とは別に、本件労災事故等の解決金として○○○○万円の支払義務があることを認める[*1]。
2　乙は甲に対し、前項の金員を2024年5月末日限り、以下の口座へ振込み送金の方法により支払う。但し、振込手数料は乙の負担とする。

記
　　　○○銀行○○支店（支店番号○○）
　　　普通預金　口座番号　　○○○○○○○○
　　　　　　　　アズカリグチ　ベンゴシ　イノツメトラコ
　　　口座名義　　「預り口　弁護士　猪爪寅子」

3　甲と乙は、本合意が、甲の過去及び将来にわたる労働者災害補償法、厚生年金法及び国民年金法に基づく支給には何ら影響を与えないことを確認する。
4　甲と乙は、乙が甲に対して行った2023年6月25日付解雇の意思表示を撤回し、同日付で甲が乙を会社都合で合意退職したことを確認する[*2]。
5　乙は甲に対して、乙が立て替え払いしている甲の社会保険料の労働

＊1　1項及び3項により、労災支給に影響を与えないようにする。この記載は労働者側の実務対応としては極めて重要である。

＊2　解雇撤回を入れることで解雇の不当性を明確にしつつ、事後処理の煩雑化を防ぐため解雇日付けの会社都合・合意退職としている。失業保険給付の関係で、いわゆる会社都合であることを明示することが多い（このケースは、労災の休業補償給付が継続している事案でも、念のため入れている）。

者負担分について、その支払いを免除する[*3]。

6　甲は、乙に対するその余の請求を放棄する。

7　乙は甲に対して、本件労災事故の主たる要因が乙の労務管理上の問題にあったことを認め甲に対して謝罪し、今後は労働関係法令を遵守し再発防止に努めることを約束する。

8　甲と乙は、甲と乙の間に、本件に関して、本和解条項に定めるほか何らの債権債務がないことを相互に確認する。

2024年4月25日

（甲）〇〇県△△市〇×△－〇
　　　労働者A

　　　〇〇市△△区〇〇丁目〇番地〇〇ビル3階
　　　タイガー＆ウイング法律事務所
　　　甲代理人弁護士　猪爪寅子

（乙）〇〇県△△市〇×〇－〇－〇
　　　株式会社ビジネス

　　　〇〇都△△区〇丁目△番地〇〇ビル
　　　乙代理人弁護士
　　　上記代理人弁護士　　〇〇△△

[*3]　この点も和解交渉時に協議し、支払免除で対応することが多い。

答弁書（使用者から労働者に対する損害賠償請求）

令和6年（ワ）第○○○○号　損害賠償請求事件
　原告　株式会社アウトロー
　被告　労働者A

答弁書

令和6（2024）年2月1日
○○地方裁判所　第○民事部　△係　　御中

〒○○○－○○○　○○市△△区○○丁目○番地○○ビル3階
TEL　○○（○○）○○○○
FAX　○○（○○）○○○○
Eメール　△△-○○@roudou.ne.jp[*1]
被告A　訴訟代理人弁護士　山　田　よ　ね
同　　轟　　太　一

第1　請求の趣旨に対する答弁

〜略〜

第2　請求の原因に対する認否

〜略〜

第3　被告の主張
1　原告の主張
　原告は、被告が原告がトラック運転手として被告での勤務中に起こした
という交通事故（以下、本件事故という）により、不法行為に基づいて、

＊1　メールアドレスは必要的記載事項ではないが、Web審理などの関係もあり、何かと便利である。

車両の修理代（450万）のみならず、取引機会の喪失にともなう損害（550万）をも請求する。

　しかし、本件事故について、被告は原告に対して何ら故意重過失は認められないし[*2]、仮にこれが認められたとしても、上記損害はいずれも因果関係のある損害とはいえない。

2　軽過失が免責されること

　使用者の労働者に対する損害賠償請求の場面では、民法の一般原則が修正され、労働者が軽過失にとどまる場合は免責される（故意または重過失のある場合しか責任を問われない）というのは、裁判実務において確立している（大隅鐵工所事件・名古屋地判昭62.7.27労判505号66頁、つばさ証券事件・東京高判平14.5.23労判834号56頁等）。

　これは、一般市民法とは異なる、労働契約の特質から導かれる。

　具体的には、労働者は労働契約上使用者の労務指揮（業務命令権）のもとで労働義務（労務提供義務）の履行として会社の業務を遂行するので、その過程でミスはつきもので、使用者は折り込み済みといえる。

　そのため、労働者の業務の遂行過程における軽過失は、使用者としては労働義務に通常随伴するものと考えなければならず、使用者はその損失の補填は保険制度や価格設定によってその穴埋めを図ろうとするし、それが可能であるからである。

3　重過失が主張立証されていないこと

　このように、労働者である本件原告が賠償義務を負う余地があるのは、少なくとも重過失（著しい注意義務違反）が認められる場面に限られる。

　しかし、本件で原告は、単に本件事故の発生を主張するだけで、どのような被告の行為が、（事故の相手方や車両所有者ではなく）原告に対する著しい注意義務違反を構成するのか具体的な主張立証を欠く。

4　損害及び損害との因果関係

　仮に被告の重過失が認められるとしても、上記損害は相当因果関係が認められない。重過失の内容が特定されていない以上、その重過失と損害との相当因果関係についても、原告は主張立証していない。

[*2]　詳細は、「第4章　仕事上のミスを理由とする使用者から労働者に対する損害賠償請求」を参照されたい。

5 信義則上の制限

　万が一、何らかの重過失と相当因果関係ある損害が原告に求められるとしても、使用者から労働者に対する損害賠償請求は信義則上の制限があり、原告の被告に対する請求は認められない。

　近時の裁判例では、本件同様、使用者から労働者に対して不法行為に基づく損害賠償請求がなされたエーディーディー事件（京都地判平23.10.31労判1041号49頁）では、求償権の制限に関する茨城石炭商事事件最高裁判決（最一小判昭51.7.8民集30巻7号689頁）を参照しつつ、「労働者が労働契約上の義務違反によって使用者に損害を与えた場合、労働者は当然に債務不履行による損害賠償責任を負うものではない。すなわち、労働者のミスはもともと企業経営の運営自体に付随、内在化するものであるといえる（報償責任）し、業務命令内容は使用者が決定するものであり、その業務命令の履行に際し発生するであろうミスは、業務命令自体に内在するものとして使用者がリスクを負うべきものであると考えられる（危険責任）ことなどからすると、使用者は、その事業の性格、規模、施設の状況、労働者の業務の内容、労働条件、勤務態度、加害行為の態様、加害行為の予防若しくは損害の分散についての使用者の配慮の程度その他諸般の事情に照らし、損害の公平な分担という見地から信義則上相当と認められる限度において、労働者に対し損害の賠償をすることができると解される」としている。

　本件においても、事故が発生した当時の、原告が上場を目指すような大企業であること、原告の労務管理が杜撰で被告は長時間過密労働であったこと、被告の賃金額（年収450万円程度）の2倍以上の額が請求されていること、原告が敢えて保険に未加入であったこと等から、使用者である原告から被告に対する損害賠償請求は信義則上制限され、原告の被告に対する請求は認められない。

第4　結語

　以上より、原告の請求には理由はなく、速やかに棄却されねばならない。

〜以下、略〜

重 要 判 例

【留学費用の返還と労基法 16 条①】

長谷エコーポレーション事件
東京地判平 9.5.26 労判 717 号 14 頁   343

【留学費用の返還と労基法 16 条②】

新日本証券事件
東京地判平 10.9.25 労判 746 号 7 頁   345

【使用者の労働者に対する求償の制限法理】

茨城石炭商事事件
最一小判昭 51.7.8 民集 30 巻 7 号 689 頁   347

【使用者の労働者に対する損害賠償請求】

エーディーディー事件
京都地判平 23.10.31 労判 1041 号 49 頁   348

【使用者の労働者に対する訴訟提起の不法行為該当性】

プロシード元従業員事件
横浜地判平 29.3.30 労判 1159 号 5 頁   349

【特約等がない場合の退職後の競業避止義務】

サクセスほか（三佳テック）事件
最一小判平 22.3.25 労判 1005 号 5 頁   352

【同業他社に就職した退職社員に支給する退職金の減額】

三晃社事件
最二小判昭 52.8.9 労経速 958 号 25 頁   353

【労働者の自由な意思①】

シンガー・ソーイング・メシーン事件
最二小判昭 48.1.19 民集 27 巻 1 号 27 頁（判時 695 号 107 頁）　　　354

【労働者の自由な意思②】

日新製鋼事件
最二小判平 2.11.26 民集 44 巻 8 号 1085 頁（労判 584 号 6 頁）　　　355

【労働者の自由な意思③】

山梨県民信用組合事件
最二小判平 28.2.19 民集 70 巻 2 号 123 頁（労判 1136 号 6 頁）　　　356

留学費用の返還と労基法16条①

長谷工コーポレーション事件

東京地判平 9.5.26 労判 717 号 14 頁

（事案）

　建築工事請負等を業とするX社の従業員Yが、社員留学制度でアメリカの大学院に留学し経営学博士号を取得し、帰国後2年5か月後に退職したところ、帰国後一定期間を経ず退職する場合の返還合意に基づき、X社が学費として約467万の返還を求めた事案において、返還合意が労基法16条に反しないか争われた。

（判旨）

〔消費貸借契約の成否について〕

　「本件留学制度はXの人材育成施策の一つではあるが、その目的は前記認定のとおり、大所高所から人材を育成しようというものであって、留学生への応募は社員の自由意思によるもので業務命令に基づくものではなく、留学先大学院や学部の選択も本人の自由意思に任せられており、留学経験や留学先大学院での学位取得は、留学社員の担当業務に直接役立つというわけではない一方、Yら留学社員にとってはXで勤務を継続するか否かにかかわらず、有益な経験、資格となる。従って、本件留学制度による留学を業務と見ることはできず、その留学費用をXが負担するかYが負担するかについては、労働契約とは別に、当事者間の契約によって定めることができるものというべきである。そして、前記認定のとおり、Yは留学に先立って、誓約書に署名捺印してXに提出し、『帰国後、一定期間を経ず特別な理由なく被告が原告を退職することとなった場合、原告が海外大学院留学に際し支払った一切の費用を返却すること』を約束し、Xから、別紙『甲野太郎（第一一期海外大学院留学生）・貸与金明細』のとおり、Y指定の口座に振り込む方法で本件留学費用の交付を受けたことが認められるから、XとYとの間で、少なくとも本件でXが請求している学費については、Yが一定期間Xに勤務した場合には返還債務を免除する旨の特約付きの金銭消費貸借契約が成立していると解するのが相当である。」

　「前記認定事実によれば、Yは、誓約書作成時には誓約書記載事項を履行する意思をもって、これに署名・捺印して原告に提出したものと認められる。これを否定するY本人の供述は、誓約書作成時には原告を早期退職するつもりはなかったため、右特約により留学費用の返還を免除されるであろうと期待していたことを窺わせるにす

ぎず、X・Y間に金銭消費貸借契約を成立させるべき効果意思がなかったと認める
に足りるものではない。」

　「Yは本件消費貸借契約は、借入額や返還債務免除の基準が不特定であると主
張する。しかし、借入額については『留学に際し支払った一切の費用』との一応の
限定がなされており、少なくとも本件で請求されている学費がこれにあたることは明か
であり、学費について消費貸借契約が成立していることは疑いがない。返還債務免
除の基準は曖昧な点はあるが、そもそもこれはあくまでも債務免除の特約であるから、
その基準が曖昧であることから消費貸借契約自体が成立していないということはでき
ないし、前記のとおり本件留学制度がXの人事施策の一つでもあることからすれば、
返還債務が免除される勤続年数等の基準については社会常識に照らしある程度の
特定はできうるものである。」

　〔労基法16条違反の有無〕

　「YはXに対し、労働契約とは別に留学費用返還債務を負っており、ただ、一定期
間原告に勤務すれば右債務を免除されるが特別な理由なく早期退職する場合には
留学費用を返還しなければならないという特約が付いているにすぎないから、留学費
用返還債務は労働契約の不履行によって生じるものではなく、労基法16条が禁止す
る違約金の定め、損害賠償額の予定には該当せず、同条に違反しないというべきで
ある。」

　〔信義則違反の主張について〕

　留学費用の返還義務が肯定されるとしても、返還義務の範囲は信義則によって制
限されるべきである旨主張するが、「確かに、本件留学制度は原告の人事施策の一
つであること、通常、留学社員は留学時には、一定期間以上Xに勤務して留学費用
の返還債務を免除してもらうつもりであり、学費等の借入額に無頓着な場合がありうる
が、米国の大学院学費が高額なこともあり、留学費用が相当高額になりうること、返
還を免除される一定期間の勤務や会社への貢献度について、Xと留学社員との間
で認識の違いが生じうること等からすると、信義則によって、返還義務の範囲を限定
すべき事例はあるであろう。しかし、本件においては、Xは学費しか請求しておらず、
また、Yは留学から帰国後2年5ヵ月しかXに勤務していないうえ、本件請求を減額
しなければ信義則に反すると認めるに足りる具体的な事情について主張立証はなく、
本件請求を全額認容することが信義則に反するということはできない。」

留学費用の返還と労基法16条②

新日本証券事件

東京地判平 10.9.25 労判 746 号 7 頁

（事案）

アメリカの大学院に留学してMBAを取得した労働者Yが、帰国後3年10か月で退職した事案で、会社XがYに対して、留学費用約543万円の返還を請求したところ、労基法16条違反が問題となった事案である。

（判旨）

〔留学費用返還に関する留学規程と労基法16条〕

「 前記認定事実に、《証拠略》を併せて考えれば、Xの就業規則77条は、『会社は、従業員の能力開発を援助するため、別に定めるところにより研修を行う』旨定め、従業員研修要綱は、この規定に基づき、研修体系を定めており、本件留学規程は、従業員研修要綱の定める職場外研修のうち派遣研修について定めるものであること、本件留学規程は、従業員を大学、大学院及び学術研究機関等に派遣して、証券業務に関する専門的知識の吸収、諸資格の取得及び国際的視野の拡大に努めさせ、もって会社の発展に寄与することを目的とするものであり（1条1項）、人事部長が指名して留学を命ずる場合のほか、留学を希望する者が応募した場合であっても、選考により留学が決定されると、Yが当該従業員に対し、海外に留学派遣を命ずるのであり（1条2項、2条2項）、留学派遣先の専攻学科はXの業務に関連のある学科を専攻するものとし（6条）、留学に要する費用は原則としてその全額を原告が負担するものとし（15条）、留学生は、修了後遅滞なく、留学に要した費用を、領収書等の証憑を添付してXが指定する方法で精算しなければならないとし（17条）、留学期間中の給与等について特則を規定している（21条、22条）ほか、就業規則、海外勤務規程等を適用することとしている（3条）のであって、これらの諸条項とともに『この規程を受けて留学した者が、次の各号の一に該当した場合は、原則として留学に要した費用を全額返還させる。(1)《略》、(2)留学終了後五年以内に自己都合により退職し、又は懲戒解雇されたとき』と規定している（18条）こと、以上のとおり認められる。

そうすると、Xは、海外留学を職場外研修の一つに位置付けており、留学の応募自体は従業員の自発的な意思にゆだねているものの、いったん留学が決定されれば、

資料　重要判例 | 345

海外に留学派遣を命じ、専攻学科も原告の業務に関連のある学科を専攻するよう定め、留学期間中の待遇についても勤務している場合に準じて定めているのであるから、Xは、従業員に対し、業務命令として海外に留学派遣を命じるものであって、海外留学後の原告への勤務を確保するため、留学終了後五年以内に自己都合により退職したときは原則として留学に要した費用を全額返還させる旨の規定を本件留学規程において定めたものと解するのが相当である。留学した従業員は、留学により一定の資格、知識を取得し、これによって利益を受けることになるが、そのことによって本件留学規程に基づく留学の業務性を否定できるわけではなく、右判断を左右するに足りない。

　これをYの留学についてみれば、《証拠略》によれば、Yは、留学先のボストン大学のビジネススクールにおいて、デリバティブ（金融派生商品）の専門知識の修得を最優先課題とし、金融・経済学、財務諸表分析（会計学）等の金融・証券業務に必須の金融、経済科目を履修したこと、Yは、留学期間中、本件留学規程に基づいて現地滞在費等の支給を受けたこと、被告は、帰国後、原告の株式先物・オプション部に配属され、サスケハンナ社とXの合弁事業にチームを組んで参加し、Xの命により、サスケハンナ社の金融、特にデリバティブに関するノウハウ、知識を習得するよう努め、合弁事業解消後も前記チームでデリバティブ取引による自己売買業務に従事したことが認められ、Yは、業務命令として海外に留学派遣を命じられ、Xの業務に関連のある学科を専攻し、勤務している場合に準じた待遇を受けていたものというべきである。Xは、Yに右の留学費用の返還条項を内容とする念書その他の合意書を作成させることなく、本件留学規程が就業規則であるとして就業規則の効力に基づき、留学費用の返還を請求しているが、このこともYの留学の業務性を裏付けるものといえる。

　右に基づいて考えると、本件留学規程のうち、留学終了後五年以内に自己都合により退職したときは原則として留学に要した費用を全額返還させる旨の規定は、海外留学後の原告への勤務を確保することを目的とし、留学終了後五年以内に自己都合により退職する者に対する制裁の実質を有するから、労働基準法16条に違反し、無効であると解するのが相当である。」

使用者の労働者に対する求償の制限法理

茨城石炭商事事件

最一小判昭 51.7.8 民集 30 巻 7 号 689 頁

（事案）

Y社（上告人）に運転手として雇用された従業員X（被上告人）が、入社半年後に重油を満載したタンクローリーの運転を臨時的に命じられ、急停止した先行車両に追突した。このため、Y社は損害賠償金約40万円を相手方に支払う一方、Xにその全額を賠償するよう提訴した。

なお、Y社はタンクローリーは対人賠償責任保険にのみ加入し、対物賠償責任保険・車両保険には加入していなかった。Xの給料は、4万5000円で、勤務成績は普通以上であった。

（判旨）

「使用者が、その事業の執行につきなされた被用者の加害行為により、直接損害を被り又は使用者としての損害賠償責任を負担したことに基づき損害を被つた場合には、使用者は、その事業の性格、規模、施設の状況、被用者の業務の内容、労働条件、勤務態度、加害行為の態様、加害行為の予防若しくは損失の分散についての使用者の配慮の程度その他諸般の事情に照らし、損害の公平な分担という見地から信義則上相当と認められる限度において、被用者に対し右損害の賠償又は求償の請求をすることができるものと解すべきである。

原審の適法に確定したところによると、（1）上告人は、石炭、石油、プロパンガス等の輸送及び販売を業とする資本金800万円の株式会社であつて、従業員約50名を擁し、タンクローリー、小型貨物自動車等の業務用車両を20台近く保有していたが、経費節減のため、右車両につき対人賠償責任保険にのみ加入し、対物賠償責任保険及び車両保険には加入していなかつた、（2）被上告人Bは、主として小型貨物自動車の運転業務に従事し、タンクローリーには特命により臨時的に乗務するにすぎず、本件事故当時、同被上告人は、重油をほぼ満載したタンクローリーを運転して交通の渋滞しはじめた国道上を進行中、車間距離不保持及び前方注視不十分等の過失により、急停車した先行車に追突したものである、（3）本件事故当時、被上告人Bは月額約4万5000円の給与を支給され、その勤務成績は普通以上であつた、というのであり、右事実関係のもとにおいては、上告人がその直接被つた損害及び被

害者に対する損害賠償義務の履行により被つた損害のうち被上告人Bに対して賠償
及び求償を請求しうる範囲は、信義則上右損害額の4分の1を限度とすべきであり、
したがつてその他の被上告人らについてもこれと同額である旨の原審の判断は、正
当として是認することができ、その過程に所論の違法はない。論旨は、右と異なる見
解を主張して原判決を論難するものにすぎず、採用することができない。」

使用者の労働者に対する損害賠償請求

エーディーディー事件

京都地判平 23.10.31 労判 1041 号 49 頁

（事案）

　コンピュータ会社YにSEとして裁量労働制で勤務していたXは、ミスによる不具合が
多く発生するなどした後「うつ病」と診断され退職した。すると、YはXが業務を適切
に実施せず、取引先とのルールを守らなかったため損害を被ったとして約2000万円の
賠償を求めて提訴したところ、Xが未払時間外手当等の支払いを求めて反訴した事
案である。

（判旨）

〔被告YのXに対する損害賠償責任について〕

　「労働者が労働契約上の義務違反によって使用者に損害を与えた場合、労働者
は当然に債務不履行による損害賠償責任を負うものではない。すなわち、労働者の
ミスはもともと企業経営の運営自体に付随、内在化するものであるといえる（報償責任）
し、業務命令内容は使用者が決定するものであり、その業務命令の履行に際し発生
するであろうミスは、業務命令自体に内在するものとして使用者がリスクを負うべきもの
であると考えられる（危険責任）ことなどからすると、使用者は、その事業の性格、規
模、施設の状況、労働者の業務の内容、労働条件、勤務態度、加害行為の態様、
加害行為の予防若しくは損害の分散についての使用者の配慮の程度その他諸般の
事情に照らし、損害の公平な分担という見地から信義則上相当と認められる限度に
おいて、労働者に対し損害の賠償をすることができると解される（最判昭和51年7月
8日民集30巻7号689頁（注　茨城石炭商事事件）参照）。

　しかるに、本件においては、XあるいはCチームの従業員のミスもあり、C社からの

不良改善要求に応えることができず、受注が減ったという経過は前記認定のとおりであるが、Xにおいてそれについて故意又は重過失があったとは証拠上認められないこと、Yが損害であると主張する売上減少、ノルマ未達などは、ある程度予想できるところであり、報償責任・危険責任の観点から本来的に使用者が負担すべきリスクであると考えられること、Yの主張する損害額は2000万円を超えるものであり、Xの受領してきた賃金額に比しあまりにも高額であり、労働者が負担すべきものとは考えがたいことなどからすると、原告が主張するような損害は、結局は取引関係にある企業同士で通常に有り得るトラブルなのであって、それを労働者個人に負担させることは相当ではなく、Yの損害賠償請求は認められないというべきである。」

使用者の労働者に対する訴訟提起の不法行為該当性

プロシード元従業員事件

横浜地判平 29.3.30 労判 1159 号 5 頁

（事案）

　コンピュータのソフト・ハードウェアの設計・製造・販売等を目的とする会社X（原告）が、Xの元従業員Y（被告）が躁うつ病という虚偽の事実をねつ造して退職し、就業規則に違反して業務の引継ぎをしなかったことが不法行為に当たるなどと主張して、Yに対し、不法行為に基づき、約1300万円の損害賠償の支払を求めた。他方、反訴として、YがXによる本訴訴訟提起等が不法行為等にあたるとして330万円の損害賠償の支払いを求めた事案である。

（判旨）

〔元従業員Yの行為の不法行為該当性〕

「　Xは、Yが躁うつ病という虚偽の事実をねつ造して退職し、就業規則に定める業務の引継ぎも行わなかったと主張する。

　しかし、前記～略～に認定したとおり、被告は、X代表者らと退職の話をし始めてから2週間余りを経た平成27年1月7日に不安抑うつ状態と診断されているだけでなく、同年6月20日には希死念慮を訴えてストレス障害により医療保護入院し、平成28年5月2日には双極性感情障害（双極性感情障害は一般的にいう「躁うつ病」のことである。）と診断され、間もなく自殺を図っているのであり、このような事実に照らすと、

Yは、X代表者らと退職の話をし始めた時点で既に不安抑うつ状態にあったものと窺われるところ、不安抑うつ状態にあった者が躁うつ病である旨を述べたとしても、それが虚偽のものであるとはいい難い。

　なお、Xが提出したJ作成名義の陳述書（甲20）には、平成26年12月末に、同人が被告から、『ごめん、僕会社辞めるんだ。だって今の会社の給料じゃとてもやっていけないもん。もう次の会社も決まってるよ。少しでも早く辞めるために、会社にはうつ病って言ってあるんだ。』などと聞いたとする記載があるが、Jは、証人尋問の呼出しを受けながら、正当な理由なく尋問期日に出頭しなかったものであって、上記陳述書の信用性はないといわざるを得ないし、仮に被告が上記陳述書記載のようなことを述べたとしても、それは、『躁うつ病』ないし『うつ病』に加えてそのほかにも退職の理由があることを述べたものにすぎないとも、自らが不安抑うつ状態にあることを同僚に知られたくないなどの理由から述べたものにすぎないとも解し得るところであって、上記陳述書記載によって被告が虚偽の事実をねつ造して退職したとの原告主張の事実を認めることはできず、他にこれを認めるに足りる証拠は存在しない。

　仮に、Yが不安抑うつ状態でもないのに躁うつ病である旨を述べたために、Xにおいて、民法627条2項所定の期間の経過前の退職を認めるとともに、就業規則に定める業務の引継ぎをさせる機会を逸することになったとしても、それによってXが主張するような損害は生じ得ないというべきである。

　すなわち、Xが前記第2の3（1）の（原告の主張）ウにおいて主張する原告の損害のうち略〜において主張する原告の損害のうち、（ア）のYの欠勤によりマイテクノ社からの支払が減額されたことの損害20万円は、そもそも原告主張の被告の不法行為とは無関係であるし、被告の欠勤（略）が不法行為を構成するものであることを窺わせる証拠はおよそ存在しない。

　（イ）のZ社から増員が取り消されたことの損害1080万円は、Yが退職したことによる損害をいうものと解されるが、前提事実（7）アに認定した退職手続に関するXの就業規則の定めが基本給の引下げをする代わりに即時の退職を容認する趣旨とも考えられることはさて措くとして、民法627条2項所定の期間の経過後においては、Yが躁うつ病である旨を述べたかどうかにかかわりなく、雇用の解約申し入れの効力が生ずることになるのであるから、X主張の（イ）の損害と被告の行為との間には何らの因果関係も認められない。

　（ウ）ないし（キ）の損害合計170万5144円も、Xの主張によれば、いずれもYが退職したことによる損害であるというのであるから、（イ）について述べたのと同様の理由で、X主張の（ウ）ないし（キ）の損害とYの行為との間には因果関係が認められ

ない。就業規則に定める業務の引継ぎをする間もない急な被告の退職によってX主張の（ウ）ないし（キ）の損害が生じたこと、言い換えれば、Yの退職が急でなければ（ウ）ないし（キ）の損害が生じなかったことを認めるに足りる主張立証もない。

　（3）　以上のとおり、X主張の被告の不法行為及びそれによるXの損害は、いずれも認めることができず、Xの本訴請求には理由がない。」

〔Y社訴え提起の不法行為該当性〕
「　訴えの提起は、提訴者が当該訴訟において主張した権利又は法律関係が事実的、法律的根拠を欠くものである上、同人がそのことを知りながら又は通常人であれば容易にそのことを知り得たのにあえて提起したなど、裁判制度の趣旨目的に照らして著しく相当性を欠く場合に限り、相手方に対する違法な行為となる（最高裁昭和63年1月26日第三小法廷判決・民集42巻1号1頁）。

　本訴は、Yが虚偽の事実をねつ造して退職し、就業規則に違反して業務の引継ぎをしなかったというX主張の被告の不法行為によって原告に生じた1270万5144円の損害賠償を求めるものであるところ、前記1（2）ないし（6）に認定したYのX退職に至る経緯並びに前記1（7）及び（8）に認定したX退職後の就労状況に照らすと、Xにおいて、X主張の被告の不法行為があるものと認識したことについては全く根拠がないとまでは断じ得ないとしても、前記2（2）に説示したとおり、X主張の被告の不法行為によってX主張の損害は生じ得ない。

　そうすると、X主張のYの不法行為に基づく損害賠償請求権は、事実的、法律的根拠を欠くものというべきであるし、X主張のYの不法行為によってX主張の損害が生じ得ないことは、通常人であれば容易にそのことを知り得たと認めるのが相当である。

　それにもかかわらず、Yに対し、XにおけるYの月収（額面約20万円。乙6の1から11まで）の5年分以上に相当する1270万5144円もの大金の賠償を請求することは、裁判制度の趣旨目的に照らして著しく相当性を欠くというべきである。

　したがって、Xによる本訴の提起は、Yに対する違法な行為となる。」

特約等がない場合の退職後の競業避止義務

サクセスほか（三佳テック）事件

最一小判平 22.3.25 労判 1005 号 5 頁

（事案）

　金属工作機械部品の製造などを生業とする会社Xが、競業避止義務の特約等を締結しないでX社（被上告人）を退職した従業員Yら（上告人）に対して、Yらが退職後に別会社を立ち上げ、X社の取引先から仕事を受注した行為について、不法行為又は信義則上の競業避止義務違反を理由に損害賠償請求した事案である。

　一審はX社の請求を棄却したが、控訴審は、競業行為についてXらの不法行為責任を一部認容したので、Yらが上告した。

（判旨）

　「前記事実関係等によれば、上告人Y1は、退職のあいさつの際などに本件取引先の一部に対して独立後の受注希望を伝える程度のことはしているものの、本件取引先の営業担当であったことに基づく人的関係等を利用することを超えて、被上告人の営業秘密に係る情報を用いたり、被上告人の信用をおとしめたりするなどの不当な方法で営業活動を行ったことは認められない。また、本件取引先のうち3社との取引は退職から5か月ほど経過した後に始まったものであるし、退職直後から取引が始まったAについては、前記のとおり被上告人が営業に消極的な面もあったものであり、被上告人と本件取引先との自由な取引が本件競業行為によって阻害されたという事情はうかがわれず、上告人らにおいて、上告人Y1らの退職直後に被上告人の営業が弱体化した状況を殊更利用したともいい難い。さらに、代表取締役就任等の登記手続の時期が遅くなったことをもって、隠ぺい工作ということは困難であるばかりでなく、退職者は競業行為を行うことについて元の勤務先に開示する義務を当然に負うものではないから、上告人Y1らが本件競業行為を被上告人側に告げなかったからといって、本件競業行為を違法と評価すべき事由ということはできない。上告人らが、他に不正な手段を講じたとまで評価し得るような事情があるともうかがわれない。

　以上の諸事情を総合すれば、本件競業行為は、社会通念上自由競争の範囲を逸脱した違法なものということはできず、被上告人に対する不法行為に当たらないというべきである。なお、前記事実関係等の下では、上告人らに信義則上の競業避止義務違反があるともいえない。」

同業他社に就職した退職社員に支給する退職金の減額

三晃社事件

最二小判昭 52.8.9 労経速 958 号 25 頁

（事案）

　広告会社であるX（被上告会社）は、営業社員Y（上告人）の退職後に退職金全額を支給した。しかし、その後Xの同業他社への就職が判明し、Xはその場合に退職金を半額しか支給しないとする退職金減額規定に基づいてYに対し退職金半額の返金請求をして、退職金規定の有効性が問題となった事案である。

（判旨）

　「原審の確定した事実関係のもとにおいては、X社が営業担当社員に対し退職後の同業他社への就職をある程度の期間制限することをもって直ちに社員の職業の自由等を不当に拘束するものとは認められず、したがって、X社がその退職金規則において、右制限に反して同業他社に就職した退職社員に支給すべき退職金につき、その点を考慮して、支給額を一般の自己都合による退職の場合の半額と定めることも、本件退職金が功労報償的な性格を併せ有することにかんがみれば、合理性のない措置であるとすることはできない。すなわち、この場合の退職金の定めは、制限違反の就職をしたことにより勤務中の功労に対する評価が減殺されて、退職金の権利そのものが一般の自己都合による退職の場合の半額の限度においてしか発生しないこととする趣旨であると解すべきであるから、右の定めは、その退職金が労働基準法上の賃金にあたるとしても、所論の同法3条、16条、24条及び民法90条等の規定にはなんら違反するものではない。以上と同旨の原審の判断は正当であって、原判決に所論の違法はなく、右違法のあることを前提とする所論違憲の主張は失当である。」

労働者の自由な意思①

シンガー・ソーイング・メシーン事件

最二小判昭 48.1.19 民集 27 巻 1 号 27 頁（判時 695 号 107 頁）

（事案）

労働者（X）が退職に際し、会社（Y）に対し、「いかなる性質の請求権をも有しないことを確認する。」旨の記載のある書面に署名して会社に差入れたことが、賃金の全額払い原則に違反するとして、労働者が会社に対し、その支払いを求めたところ、一審はこれを認容したが、二審が一審判決を取り消して請求を棄却したので、Xが上告。

（判旨）

上告棄却。

「本件退職金は、就業規則においてその支給条件が予め明確に規定され、被上告会社が当然にその支払義務を負うものというべきであるから、労働基準法11条の『労働の対償』としての賃金に該当し、したがつて、その支払については、同法24条1項本文の定めるいわゆる全額払の原則が適用されるものと解するのが相当である。しかし、右全額払の原則の趣旨とするところは、使用者が一方的に賃金を控除することを禁止し、もつて労働者に賃金の全額を確実に受領させ、労働者の経済生活をおびやかすことのないようにしてその保護をはかろうとするものというべきであるから、本件のように、労働者たる上告人が退職に際しみずから賃金に該当する本件退職金債権を放棄する旨の意思表示をした場合に、右全額払の原則が右意思表示の効力を否定する趣旨のものであるとまで解することはできない。もつとも、右全額払の原則の趣旨とするところなどに鑑みれば、右意思表示の効力を肯定するには、それが上告人の自由な意思に基づくものであることが明確でなければならないものと解すべきであるが、原審の確定するところによれば、上告人は、退職前被上告会社の西日本における総責任者の地位にあつたものであり、しかも、被上告会社には、上告人が退職後直ちに被上告会社の一部門と競争関係にある他の会社に就職することが判明しており、さらに、被上告会社は、上告人の在職中における上告人およびその部下の旅費等経費の使用につき書面上つじつまの合わない点から幾多の疑惑をいだいていたので、右疑惑にかかる損害の一部を填補する趣旨で、被上告会社が上告人に対し原判示の書面に署名を求めたところ、これに応じて、上告人が右書面に署名した、とい

うのであり、右認定は、原判決挙示の証拠関係に照らし首肯しうるところ、右事実関係に表われた諸事情に照らすと、右意思表示が上告人の自由な意思に基づくものであると認めるに足る合理的な理由が客観的に存在していたものということができるから、右意思表示の効力は、これを肯定して差支えないというべきである。」

労働者の自由な意思②

日新製鋼事件

最二小判平 2.11.26 民集 44 巻 8 号 1085 頁（労判 584 号 6 頁）

（事案）

労働者が、会社の住宅財形融資規定に基づき、抵当権の設定なく、低利かつ長期返済の毎月の給与等からの天引きで返済する約定で、銀行、労働金庫から融資を受けていた。融資条件には、退職するときには、退職金その他より融資残金の全額を直ちに返済するとの約定が付されていた。その後、労働者が多重債務状態となり、労働者からの申し出に基づき会社が退職金から融資残金を相殺したところ、破産管財人が、この相殺が労基法24条1項（賃金の全額払い原則）に違反するとして、会社に対し、相殺額を支払うよう求めた。一審、二審が本件相殺は合意によるもので労基法24条1項本文の賃金全額払いの原則に違反しないとして請求を棄却したので、破産管財人が上告。

（判旨）

上告棄却。

「労働基準法（昭和62年法律第99号による改正前のもの。以下同じ。）24条1項本文の定めるいわゆる賃金全額払の原則の趣旨とするところは、使用者が一方的に賃金を控除することを禁止し、もって労働者に賃金の全額を確実に受領させ、労働者の経済生活を脅かすことのないようにしてその保護を図ろうとするものというべきであるから、使用者が労働者に対して有する債権をもって労働者の賃金債権と相殺することを禁止する趣旨をも包含するものであるが、労働者がその自由な意思に基づき右相殺に同意した場合においては、右同意が労働者の自由な意思に基づいてされたものであると認めるに足りる合理的な理由が客観的に存在するときは、右同意を得てした相殺は右規定に違反するものとはいえないものと解するのが相当である（最高裁昭

資料　重要判例　355

和44年（オ）第1073号同48年1月19日第二小法廷判決・民集27巻1号27頁（注　シンガー・ソーイング・メシーン事件）参照）。もっとも、右全額払の原則の趣旨にかんがみると、右同意が労働者の自由な意思に基づくものであるとの認定判断は、厳格かつ慎重に行われなければならないことはいうまでもないところである。」

　「右事実関係によれば、被上告人B1は、被上告会社の担当者に対し右各借入金の残債務を退職金等で返済する手続を執ってくれるように自発的に依頼しており、本件委任状の作成、提出の過程においても強要にわたるような事情は全くうかがえず、右各清算処理手続が終了した後においても被上告会社の担当者の求めに異議なく応じ、退職金計算書、給与等の領収書に署名押印をしているのであり、また、本件各借入金は、いずれも、借入れの際には抵当権の設定はされず、低利かつ相当長期の分割弁済の約定のもとに被上告人B1が住宅資金として借り入れたものであり、特に、被上告会社借入金及びE借入金については、従業員の福利厚生の観点から利子の一部を被上告会社が負担する等の措置が執られるなど、被上告人B1の利益になっており、同人においても、右各借入金の性質及び退職するときには退職金等によりその残債務を一括返済する旨の前記各約定を十分認識していたことがうかがえるのであって、右の諸点に照らすと、本件相殺における被上告人B1の同意は、同人の自由な意思に基づいてされたものであると認めるに足りる合理的な理由が客観的に存在していたものというべきである。

　してみると、右事実関係の下において、本件相殺が労働基準法24条1項本文に違反するものではないとした原審の判断は、正当として是認することができ」る。

労働者の自由な意思③

山梨県民信用組合事件

最二小判平 28.2.19 民集 70 巻 2 号 123 頁（労判 1136 号 6 頁）

（事案）

　経営破綻が懸念されたC信用組合がD信用組合に合併され（本件合併）、さらに4信組合併により山梨県民信用組合となった。

　本件合併に先立ち、C信用組合の職員の退職金規程が変更され、退職金総額を従前の2分の1以下とするとともに、厚生年金給付額、企業年金還付額を控除するものとされた（本件基準変更）。管理職（X）らはその同意書に署名捺印した。また、Xらが加入する労働組合は、同内容の労働協約を締結した。

その後、4信組合併に先だち、退職金規程が変更され、合併前の在職期間にかかる退職金は自己都合退職の係数を用いるものなどとされた（平成16年基準変更）。Xらはこの同意書にも署名した。本件基準変更、平成16年基準変更により退職金支給金額が0円となったXらは、同意は無効であり、労働協約の効力も及ばないとして変更前の退職金の支払を請求したが、一審、二審とも請求を棄却したので、Xが上告受理申立。

（判旨）

破棄差戻し。

「(1)　本件基準変更及び平成16年基準変更に係る合意について

ア　労働契約の内容である労働条件は、労働者と使用者との個別の合意によって変更することができるものであり、このことは、就業規則に定められている労働条件を労働者の不利益に変更する場合であっても、その合意に際して就業規則の変更が必要とされることを除き、異なるものではないと解される（労働契約法8条、9条本文参照）。もっとも、使用者が提示した労働条件の変更が賃金や退職金に関するものである場合には、当該変更を受け入れる旨の労働者の行為があるとしても、労働者が使用者に使用されてその指揮命令に服すべき立場に置かれており、自らの意思決定の基礎となる情報を収集する能力にも限界があることに照らせば、当該行為をもって直ちに労働者の同意があったものとみるのは相当でなく、当該変更に対する労働者の同意の有無についての判断は慎重にされるべきである。そうすると、就業規則に定められた賃金や退職金に関する労働条件の変更に対する労働者の同意の有無については、当該変更を受け入れる旨の労働者の行為の有無だけでなく、当該変更により労働者にもたらされる不利益の内容及び程度、労働者により当該行為がされるに至った経緯及びその態様、当該行為に先立つ労働者への情報提供又は説明の内容等に照らして、当該行為が労働者の自由な意思に基づいてされたものと認めるに足りる合理的な理由が客観的に存在するか否かという観点からも、判断されるべきものと解するのが相当である（最高裁昭和44年（オ）第1073号同48年1月19日第二小法廷判決・民集27巻1号27頁（注　シンガー・ソーイング・メシーン事件）、最高裁昭和63年（オ）第4号平成2年11月26日第二小法廷判決・民集44巻8号1085頁（注　日新製鋼事件）等参照）。

イ（ア）　これを本件基準変更に対する管理職上告人らの同意の有無についてみると、本件基準変更は、A信用組合の経営破綻を回避するために行われた本件合併に際し、その職員に係る退職金の支給基準につき、旧規程の支給基準の一部を

資料　重要判例　｜　357

変更するものであり、管理職上告人らは、本件基準変更への同意が本件合併の実現のために必要である旨の説明を受けて、本件基準変更に同意する旨の記載のある本件同意書に署名押印をしたものである。そして、この署名押印に先立ち開催された職員説明会で各職員に配付された前記2（2）の同意書案には、被上告人の従前からの職員に係る支給基準と同一水準の退職金額を保障する旨が記載されていたのである。ところが、本件基準変更後の新規程の支給基準の内容は、退職金総額を従前の2分の1以下とする一方で、内枠方式については従前のとおりとして退職金総額から厚生年金給付額を控除し、更に企業年金還付額も控除するというものであって、前記2（8）のとおり、上告人らの退職時において平成16年合併前の在職期間に係る退職金として支給される退職金額が、その計算に自己都合退職の係数が用いられた結果、いずれも0円となったことに鑑みると、退職金額の計算に自己都合退職の係数が用いられる場合には支給される退職金額が0円となる可能性が高いものであったということができ、また、内枠方式を採用していなかった被上告人の従前からの職員に係る支給基準との関係でも、上記の同意書案の記載と異なり、著しく均衡を欠くものであったということができる。

　上記のような本件基準変更による不利益の内容等及び本件同意書への署名押印に至った経緯等を踏まえると、管理職上告人らが本件基準変更への同意をするか否かについて自ら検討し判断するために必要十分な情報を与えられていたというためには、同人らに対し、旧規程の支給基準を変更する必要性等についての情報提供や説明がされるだけでは足りず、自己都合退職の場合には支給される退職金額が0円となる可能性が高くなることや、被上告人の従前からの職員に係る支給基準との関係でも上記の同意書案の記載と異なり著しく均衡を欠く結果となることなど、本件基準変更により管理職上告人らに対する退職金の支給につき生ずる具体的な不利益の内容や程度についても、情報提供や説明がされる必要があったというべきである。

　（イ）しかしながら、原審は、管理職上告人らが本件退職金一覧表の提示により本件合併後の当面の退職金額とその計算方法を知り、本件同意書の内容を理解した上でこれに署名押印をしたことをもって、本件基準変更に対する同人らの同意があったとしており、その判断に当たり、上記（ア）のような本件基準変更による不利益の内容等及び本件同意書への署名押印に至った経緯等について十分に考慮せず、その結果、その署名押印に先立つ同人らへの情報提供等に関しても、職員説明会で本件基準変更後の退職金額の計算方法の説明がされたことや、普通退職であることを前提として退職金の引当金額を記載した本件退職金一覧表の提示があったことなどを認定したにとどまり、上記（ア）のような点に関する情報提供や説明がされたか否

かについての十分な認定、考慮をしていない。

（ウ）したがって、本件基準変更に対する管理職上告人らの同意の有無につき、上記（ア）のような事情に照らして、本件同意書への同人らの署名押印がその自由な意思に基づいてされたものと認めるに足りる合理的な理由が客観的に存在するか否かという観点から審理を尽くすことなく、同人らが本件退職金一覧表の提示を受けていたことなどから直ちに、上記署名押印をもって同人らの同意があるものとした原審の判断には、審理不尽の結果、法令の適用を誤った違法がある。

ウ　また、平成16年基準変更に対する上告人らの同意の有無については、上告人らが本件報告書に署名をしたことにつき、上告人らに新規程が適用されることを前提として更にその退職金額の計算に自己都合退職の係数を用いることなどを内容とする平成16年基準変更に同意したものか否かが問題とされているところ、原審は、上記イと同様に、前記アのような観点から審理を尽くすことなく、直ちに上記署名をもって上告人らの同意があるものとしたのであるから、その判断には、審理不尽の結果、法令の適用を誤った違法がある（なお、平成16年基準変更に際して就業規則の変更がされていないのであれば、平成16年基準変更に対する上告人らの同意の有無につき審理判断するまでもなく、平成19年法律第128号による改正前の労働基準法93条により、就業規則で定める基準に達しない労働条件を定める合意として無効となるものと解される。）。」

判 例 等 索 引

最高裁判所

大審院判大 2.4.26 民録 19 轟 281 頁 32　　144、150

大審院判昭 5.9.19 法律新聞 3191 号 7 頁　　144

大審院判昭 9.6.22 刑集 13 巻 864 頁　　151

大審院判昭 11.5.12 刑集 617 頁　　151

最三小判昭 29.11.16 民集 8 巻 11 号 2047 頁　　212

日本通信社事件・最三小決昭 29.9.28 集刑 98 号 847 頁　　232

最三小判昭 30.4.19 民集 9 巻 5 号 534 頁　　160

最二小判昭 30.5.13 民集 9 巻 6 号 711 頁　　213

関西精機事件・最二小判昭 31.11.2 民集 10 巻 11 号 1413 頁　　240

最二小判昭 31.11.16 民集 10 巻 11 号 1453 頁　　213

関西精機事件・最二小判昭 31.11.2 民集 10 巻 11 号 1413 頁　　152

最二小判昭 31.7.20 民集 10 巻 8 号 1059 頁　　190

最三小判昭 32.3.5 民集 11 巻 3 号 395 頁　　144、146

最三小判昭 32.7.9 民集 11 巻 7 号 1203 頁　　149

最二小判昭 34.6.26 判時 191 号 5 頁　　50

細谷服装事件・最二小判昭 35.3.11 民集 14 巻 3 号 403 頁　　232

東大病院輸血梅毒事件・最一小判昭 36.2.16 民集 15 巻 2 号 244 頁　　148

日本勧業経済会事件・最大判昭 36.5.31 民集 15 巻 5　　153

中野精麦事件・最三小判昭 37.12.25 判時 325 号 6 頁　　105

最二小判昭 37.7.13 判時 310 号 25 頁　　50

秋北バス事件・最大判昭 43.12.25 民集 22 巻 13 号 3459 頁　　48

最三小判昭 44.4.15 民集 95 号 105 頁（判時 558 号 55 頁）　　213

シンガー・ソーイング・メシーン事件・最二小判昭 48.1.19 民集 27 巻 1 号 27 頁（判時 695 号 107 頁）　　240、304、354、356、357

白石営林署事件・最二小判昭 48.3.2 民集 27 巻 2 号 191 頁　　248

最二小判昭 49.7.19 民集 28 巻 5 号 897 頁　　49

最一小判昭 51.3.25 民集 30 巻 2 号 160 頁　　140

茨城石炭商事事件・最一小判昭 51.7.8 民集 30 巻 7 号 689 頁　　127、153、155、340、347、348

最一小判昭 52.3.31 集民 120 号 341 頁　　130

三晃社事件・最二小判昭 52.8.9 労経速 958 号 25 頁　　185、353

日本貿易振興会事件・最一小判昭 55.11.27 民集 34 巻 6 号 815 頁　　253

大和銀行事件・最一小判昭 57.10.7 労判 409 号 15 頁　　237

電電公社此花電報電話局事件・最一小判昭 57.3.18 民集 36 巻 3 号 366 頁　　249

最一小判昭 58.4.7 民集 37 巻 3 号 219 頁　　139

京都新聞社事件・最一小判昭 60.11.28 労判 469 号 6 頁　　236

大隅鐵工所事件・最三小判昭 62.9.18 労判 504 号 6 頁　　310、311

最三小判昭 63.1.26 民集 42 巻 1 号 1 頁　　168

日新製鋼事件・最二小判平 2.11.26 民集 44 巻 8 号 1085 頁（労判 584 号 6 頁）　　153、241、304、355、357

日本コンベンションサービス（退職金請求）事件・最二小判平 12.6.16 労判 784 号 16 頁　　222

最二小判平 15.1.24 判タ 1110 号 134 頁　　146

最二小判平 18.3.13 判タ 1208 号 85 頁　　148

サクセスほか（三佳テック）事件・最一小判平 22.3.25 労判 1005 号 5 頁　　175、352

最三小判平 22.4.13 民集 64 巻 3 号 758 頁　　191

学校法人専修大学事件・最二小判平 27.6.8 労判 1118 号 18 頁　　292、293

山梨県民信用組合事件・最二小判平 28.2.19 民集 70 巻 2 号 123 頁（労判 1136 号 6 頁）　　175、304、335、356

損害賠償請求（求償権）事件・最二小判平 29.9.15 集民 256 号 77 頁　　162

長澤運輸事件・最二小判平 30.6.1 労判 1179 号 34 頁　　236

福山通運事件・最二小判令 2.2.28 民集 74 巻 2 号 106 頁　　154、155

あんしん財団事件・最一小判令 6.7.4 裁判所ウェブサイト掲載判例　　294

高等裁判所

高松高判昭 35.3.31 行政裁判例集 11 巻 3 号 796 頁　　50

東京高決昭 38.1.24 下級裁判所民事裁判例集 14 巻 1 号 58 頁　　234

小野田セメント大船渡工場仮処分事件・仙台高判昭 46.11.22 判タ 274 号 110 頁　　316

青梅建設事件・東京高判昭 47.6.29 判タ 285 号 311 頁　　232

四国電気工事事件・高松高判昭 49.3.5 労判 198 号 51 頁　　232

三共暖房事件・大阪高判昭 53.3.30 判時 908 号 54 頁　　128

昭和自動車事件・福岡高判昭 53.8.9 労判 318 号 61 頁　　312

大隅鐵工所事件・名古屋高判昭 56.11.30 判時 1045 号 30 頁　　311

東京高判昭 60.3.20 判決時報 36 巻 3 号 40 頁　　227

中山恒三郎商店破産管財人事件・東京高判昭 62.10.27 労民集 38 巻 5・6 号 571 頁　　108

中部日本広告社事件・名古屋高判平 2.8.31 労判 569 号 37 頁　　184

日本共産党幹部宅盗聴損害賠償請求事件・東京高判平 9.6.26 判タ 954 号 102 頁　　160

パールシステムズ事件・大阪高決平 10.4.30 判タ 998 号 259 頁　　235

日本コンベンションサービス（退職金請求）事件・大阪高判平 10.5.29 労判 745 号 42 頁　　222

つばさ証券事件・東京高判平 14.5.23 労判 834 号 56 頁　　126、339

小田急電鉄（退職金請求）事件・東京高判平 15.12.11 労判 867 号 5 頁　　221

A特許事務所（就業禁止仮処分）事件・大阪高判平 18.10.5 労判 927 号 190 頁　　178

西日本鉄道（懲戒解雇）事件・福岡高判平 20.3.12 判例秘書 L06320121　　232

ライドウェーブコンサルティングほか事件・東京高判平 21.10.21 労判 995 号 39 頁　　250

東亜交通事件・大阪高判平 22.4.22 労判 1008 号 15 頁　　96

三田エンジニアリング事件・東京高判平 22.4.27 労判 1005 号 21 頁　　184

プラスパアパレル協同組合ほか事件・福岡高判平 22.9.13 労判 1013 号 6 頁　　99、257

アメリカン・ライフ・インシュアランス・カンパニー事件・東京高判平 24.6.13 労働判例ジャーナル 8 号 9 頁　　182

新宿ホームレス生活保護訴訟・東京高判平 24.7.18 賃金と社会保障 1570 号 422 頁　　283

エーディーディー事件・大阪高判平 24.7.27 労判 1062 号 63 頁　　123

慶應義塾（シックハウス）事件・東京高判平 24.10.18 労判 1065 号 24 頁　　315

日本インシュアランスサービス事件・福岡高判平 25.2.28 判時 2214 号 111 頁　　271

福岡高判平 29.10.2 判例地方自治 436 号 60 頁　　161

広告代理店A社元従業員事件・福岡高判平 28.10.14 労判 1155 号 37 頁　　62、158

医療法人K会事件・広島高判平 29.9.6 労判 1202 号 163 頁　　95

JR 東日本〔退職年度期末手当〕事件・東京高判平 29.12.13 労判 1200 号 86 頁　　237

連合ユニオン東京V社ユニオンほか事件・東京高判平 30.10.4 判例集未掲載　　197

レジェンド元従業員事件・福岡高判令 2.11.11 労判 1241 号 71 頁　　179

みずほ銀行事件・東京高判令 3.2.24 判時 2508 号 115 頁　　214

長崎市・長崎市選挙管理委員会事件・福岡高判令 3.10.14 労働判例ジャーナル 119 号 32 頁　　308

大成建設事件・東京高判令 4.4.20 判例集未掲載　　92

プレカリアートユニオンほか（粟野興産）事件・東京高判令 4.5.17 労判 1295 号 53 頁　　194

あんしん財団事件・東京高判令 4.11.29 労判 1285 号 30 頁　　294

全日本建設運輸連帯労働組合関西地区生コン支部（和歌山）刑事事件・大阪高判令 5.3.6 労判 1296 号 74 頁　　195

よこはまシティユニオン（ユーコーコミュニティー）事件・東京高判令 5.11.15 労判 1308 号 44 頁　　169

日本産業パートナーズ事件・東京高判令 5.11.30 労判 1312 号 5 頁　　185

地方裁判所

三友印刷社内預金返還請求事件・東京地判昭 42.10.28 労民集 18 巻 5 号 1067 頁　　99

旭光学事件・東京地判昭 42.12.20 判時 509 号 22 頁　　316

小野田セメント大船渡工場仮処分事件・盛岡地一関支判昭 43.4.10 判時 523 号 79 頁　　316

栗山精麦事件・岡山地玉島支判昭 44.9.26 判時 592 号 93 頁　　220、222

日本軽金属事件・東京地判昭 47.11.17 判時 706 号 99 頁　　61、320

高野メリヤス事件・東京地判昭 51.10.29 判時 841 号 102 頁　　61、320

日本段ボール研究所事件・東京地判昭 51.12.22 判時 846 号 109 頁　　217

河合楽器製作所事件・静岡地判昭 52.12.23 労判 295 号 60 頁　　94

平和運送事件・大阪地判昭 58.11.22 労経速 1183 号 3 頁　　254

サロン・ド・リリー事件・浦和地判昭 61.5.30 労判 489 号 85 頁　　79、95

損害賠償請求事件・神戸地判昭 61.9.29 判時 1217 号 109 頁　　105

ニシムラ事件・大阪地決昭 61.10.17 労判 486 号 83 頁　　315

鳥取県教員事件・鳥取地判昭 61.12.4 労判 486 号 53 頁　　42

大隅鐵工所事件・名古屋地判昭 62.7.27 労判 505 号 66 頁　　113、114、126、133、339

小料理屋「尾婆伴」事件・大阪地決平元.10.25 労判 551 号 22 頁　　48

小川重株式会社事件・大阪地判平 3.1.22 労判 584 号 69 頁　　133、134

光和商事事件・大阪地判平 3.10.15 労判 598 号 62 頁　　114

ワールド証券事件・東京地判平 4.3.23 労判 618 号 42 頁　　105、126

損害賠償請求事件・東京地判平 4.5.28 判時 1455 号 112 頁　　135

ケイズインターナショナル事件・東京地判平 4.9.30 労判 616 号 10 頁　　158

昭和女子大学事件・東京地判平 4.12.21 労判 623 号 36 頁　　314

医療法人北錦会事件・大阪地判平 6.4.18 労判 646 号 40 頁　　254、255

アイ・ケイ・ビー事件・東京地判平 6.6.21 労判 660 号 55 頁　　221

日本共産党幹部宅盗聴損害賠償請求事件・東京地判平 6.9.6 判タ 855 号 125 頁　　160

丸山宝飾事件・東京地判平 6.9.7 判時 1541 号 104 頁　　128、141

吉野事件・東京地判平 7.6.12 労判 676 号 15 頁　　218

阪神観光事件・大阪地決平 7.9.12 労判 688 号 53 頁　　232

東京リーガルマインド事件・東京地決平 7.10.16 労判 690 号 75 頁　　181

学校法人徳心学園事件・横浜地決平 7.11.8 労判 701 号 70 頁　　315

関西フェルトファブリック事件・大阪地判平 8.3.15 労判 692 号 30 頁　　229

ベネッセコーポレーション事件・東京地判平 8.6.28 労判 696 号 17 頁　　237

カツデン事件・東京地判平 8.10.29 労経速 1639 号 3 頁　　237

損害賠償請求事件・東京地判平 9.3.13 判例地方自治 168 号 46 頁　　165

長谷工コーポレーション事件・東京地判平 9.5.26 労判 717 号 14 頁　　93、343

ペンション経営研究所事件・東京地判平 9.8.26 労判 734 号 75 頁　　227

学校法人白頭学院事件・大阪地判平 9.8.29 労判 725 号 40 頁　　313、316

学校法人石川学園事件・横浜地判平 9.11.14 労判 728 号 44 頁　　218

富士重工業事件・東京地判平 10.3.17 労判 734 号 15 頁　　92

新日本証券事件・東京地判平 10.9.25 労判 746 号 7 頁　　92、345

大器事件・大阪地判平 11.1.29 労判 760 号 61 頁　　223

新協運送事件・大阪地判平 11.2.17 労判 754 号 17 頁　　256

東北ツアーズ協同組合事件・東京地判平 11.2.23 労判 763 号 46 頁　　224

ヤマハリビングテック事件・大阪地決平 11.5.26 労判 772 号 82 頁　　315

仁成会（串田病院）事件・大阪地判平 11.9.8 労判 775 号 43 頁　　136

JR東海（懲戒解雇）事件・大阪地判平 12.3.29 労判 790 号 66 頁　　215

ジャクパコーポレーションほか 1 社事件・大阪地判平 12.9.22 労判 794 号 37 頁　　176

アイビ・プロテック事件・東京地判平 12.12.18 労判 803 号 74 頁　　224

東京貨物社（退職金）事件・東京地判平 12.12.18 労判 807 号 32 頁　　180

野村證券事件・東京地判平 14.4.16 労判 827 号 40 頁　　93

ダイオーズサービシーズ事件・東京地判平 14.8.30 労判 838 号 32 頁　　180、188

エスエイピー・ジャパン事件・東京地判平 14.9.3 労判 839 号 32 頁　　61、223、320

日本経済新聞社事件・東京地判平 14.9.24 労判 844 号 87 頁　　190

アール企画事件・東京地判平 15.3.28 労判 850 号 48 頁　　85

日本ポラロイド（サイニングボーナス）事件・東京地判平 15.3.31 労判 849 号 75 頁　　83

メリルリンチ・インベストメント・マネージャーズ事件・東京地判平 15.9.17 労判 858 号 57 頁　　187

トヨタ車体事件・名古屋地判平 15.9.30 労判 871 号 168 頁　　220

明治生命保険（留学費用返還請求）事件・東京地判平 16.1.26 労判 872 号 46 頁　　91、94

昭和電線電纜事件・横浜地川崎支判平 16.5.28 労判 878 号 40 頁　　315

グラバス事件・東京地判平 16.12.17 労判 889 号 52 頁　　233

アートネイチャー事件・東京地判平 17.2.23 労判 902 号 106 頁　　179

大真実実業事件・大阪地判平 18.1.26 労判 912 号 51 頁　　270

引越社関西事件・大阪地判平 18.3.10 労判 915 号 183 頁　　99

X社事件・宇都宮地判平 18.8.28 労経速 1947 号 19 頁　　215

ジョナサン他 1 社事件・大阪地判平 18.10.26 労判 932 号 39 頁　　315

グローバルアイ事件・東京地判平 18.11.1 労判 926 号 93 頁　　270

武富士（降格・減給等）事件・東京地判平 19.2.26 労判 943 号 63 頁　　135

日産センチュリー証券事件・東京地判平 19.3.9 労判 938 号 14 頁　　187

ヤマダ電機（競業避止条項違反）事件・東京地判平 19.4.24 労判 942 号 39 頁　　181

ゴムノイナキ（損害賠償）事件・大阪地判平 19.6.15 労判 957 号 78 頁　　226

ヤマト運輸（懲戒解雇）事件・東京地判平 19.8.27 労経速 1985 号 3 頁　　221

アサヒプリテック事件・福岡地判平 19.10.5 労判 956 号 91 頁　　178

コンドル馬込交通事件・東京地判平 20.6.4 労判 973 号 67 頁　　96

旭運輸事件・大阪地判平 20.8.28 労判 975 号 21 頁　　233

ライドウェーブコンサルティングほか事件・東京地判平 21.1.19 判時 2049 号 135 頁　　250

府中おともだち幼稚園事件・東京地判平 21.11.24 労判 1001 号 30 頁　　49

プラスパアパレル協同組合ほか事件・熊本地判平 22.1.29 労判 1002 号 34 頁　　99、257

ヤマガタ事件・東京地判平 22.3.9 労経速 2073 号 15 頁　　184

芝電化事件・東京地判平 22.6.25 労判 1016 号 46 頁　　226

アフラック事件・東京地決平 22.9.30 労判 1024 号 86 頁　　183

パワフルヴォイス事件・東京地判平 22.10.27 判時 2105 号 136 頁　　180、182

モリクロ（懲戒解雇等）事件・大阪地判平 23.3.4 労判 1030 号 46 頁　　184

開成交通事件・東京地判平 23.3.30 労経速 2109 号 26 頁　　199、214

富士ゼロックス事件・東京地判平 23.3.30 労判 1028 号 5 頁　　315

ソフトウエア興業（蒲田ソフトウエア）事件・東京地判平 23.5.12 労判 1032 号 5 頁　　185

エーディーディー事件・京都地判平 23.10.31 労判 1041 号 49 頁　　123、127、340、348

アメリカン・ライフ・インシュアランス・カンパニー事件・東京地判平 24.1.13 労判 1041 号 82 頁　　182

東栄衣料・県南繊維協同組合事件・福島地判白河支判平 24.2.14 労判 1049 号 37 頁　　258

ヒタチ事件・東京地判平 25.3.6 労経速 2186 号 11 頁　　210、214

北日本電子ほか（外国人研修生）事件・金沢地小松支判平 26.3.7 労判 1094 号 32 頁　　258

ガイア事件・東京地判平 25.10.8 労判 1088 号 82 頁　　270

BGC ショウケンカイシャリミテッド事件・東京地判平 26.8.14 判時 2252 号 66 頁　　83

甲商事事件・東京地判平 27.2.18 労経速 2245 号 3 頁　　251

石長事件・京都地判平 28.2.12 労判 1151 号 77 頁　　315

野村證券元従業員事件・東京地判平 28.3.31 労判 1144 号 37 頁　　186

リンクスタッフ元従業員事件・大阪地判平 28.7.14 労判 1157 号 85 頁　　182

大分地判平 28.12.22 判例地方自治 436 号 66 頁　　161

TRUST 事件・東京地立川支判平 29.1.31 労判 1156 号 11 頁　　306

プロシード元従業員事件・横浜地判平 29.3.30 労判 1159 号 5 頁　　137、139、152、168、169、349

グレースウィット事件・東京地判平 29.8.25 労判 1210 号 77 頁　　79、84

資料　判例等索引　｜　365

医療法人社団充友会事件・東京地判平 29.12.22 労判 1188 号 56 頁　　306

連合ユニオン東京 V 社ユニオンほか事件・東京地判平 30.3.29 労判 1183 号 5 頁　　197

トモエタクシー事件・大阪地判令元 .9.2 労働判例ジャーナル 94 号 82 頁　　127

みずほ銀行事件・東京地判令 2.1.29 判時 2483 号 99 頁　　210、214

首都圏青年ユニオン執行委員長ほか事件・東京地判令 2.11.13 労判 1246 号 64 頁　　196

グローバルマーケティングほか事件・東京地判令 3.10.14 労判 1264 号 42 頁　　307

バークレイズ証券事件・東京地判令 3.12.13 労判 1290 号 91 頁　　210、213

全日本建設運輸連帯労働組合関西地区生コン支部（和歌山）刑事事件・和歌山地判令
　　4.3.10 労判 1296 号 89 頁　　195

テイケイ事件・東京地判令 4.3.25 労判 1269 号 73 頁　　314

京阪バス会（京阪バス）事件・京都地判令 4.3.30 労判 1273 号 25 頁　　197

大成建設事件・東京地判令 4.4.20 労判 1295 号 73 頁　　92

コード事件・京都地判令 4.9.21 労判 1289 号 38 頁　　196

医療法人佐藤循環器内科事件・松山地判令 4.11.2 労判 1294 号 53 頁　　238

JMITU 愛知支部ほか（オハラ樹脂工業・仮処分）事件・名古屋地決令 4.11.10 労判 1277
　　号 37 頁　　197

中倉陸運事件・京都地判令 5.3.9 労判 1297 号 124 頁　　307

栃木県・県知事（土木事務所職員）事件・宇都宮地判令 5.3.29 労判 1293 号 23 頁　　307

パスポート不返還損害賠償請求事件・横浜地判令 6.4.25 労旬 2063 号 47 頁　　257

簡易裁判所

医療法人北錦会事件・大阪簡判平 7.3.16 労判 677 号 51 頁　　100

※以下、厚生労働省・都道府県労働局・公共職業安定所（ハローワーク）「特定受給資格者及び特定理由離職者の範囲の判断基準」より

事業主及び被保険者・離職者の皆さまへ

特定受給資格者及び特定理由離職者の範囲と判断基準

1　特定受給資格者及び特定理由離職者とは

　　特定受給資格者とは、倒産・解雇等の理由により再就職の準備をする時間的余裕なく離職を余儀なくされた者（具体的には以下の「特定受給資格者の範囲」に該当する方）であり、一方、特定理由離職者とは、特定受給資格者以外の者であって期間の定めのある労働契約が更新されなかったことその他やむを得ない理由により離職した者（具体的には以下の「特定理由離職者の範囲」に該当する方）であり、これに該当した場合、

① 被保険者期間が6か月（離職以前1年間）以上あれば、失業等給付（基本手当）の受給資格を得ることができます（特定受給資格者及び特定理由離職者以外は、被保険者期間が12か月以上（離職以前2年間）必要です。）。

② 失業等給付（基本手当）の所定給付日数が手厚くなる場合があります（注）。

（注）　以下の「特定理由離職者の範囲」のⅡに該当する場合を除きます。

　　　受給資格に係る離職理由、年齢、被保険者であった期間（加入期間）に基づき基本手当の所定給付日数が決定されます。被保険者であった期間（加入期間）が短い場合など、特定受給資格者及び特定理由離職者以外の通常の離職者と所定給付日数が変わらないこともあります。

─　特定受給資格者の範囲（詳細は3ページ以降をご覧下さい）

Ⅰ　「倒産」等により離職した者

① 倒産（破産、民事再生、会社更生等の各倒産手続の申立て又は手形取引の停止等）に伴い離職した者

② 事業所において大量雇用変動の場合（1か月に30人以上の離職を予定）の届出がされたため離職した者及び当該事業主に雇用される被保険者の3分の1を超える者が離職したため離職した者

③ 事業所の廃止（事業活動停止後再開の見込みのない場合を含む。）に伴い離職した者

④ 事業所の移転により、通勤することが困難となったため離職した者

Ⅱ　「解雇」等により離職した者

① 解雇（自己の責めに帰すべき重大な理由による解雇を除く。）により離職した者

② 労働契約の締結に際し明示された労働条件が事実と著しく相違したことにより離職した者

③ 賃金（退職手当を除く。）の額の3分の1を超える額が支払期日までに支払われなかったことにより離職した者

④ 賃金が、当該労働者に支払われていた賃金に比べて85％未満に低下した（又は低下することとなった）ため離職した者（当該労働者が低下の事実について予見し得なかった場合に限る。）

⑤ 離職の日の属する月の前6か月間のうちに3月連続した45時間、1月で100時間又は2〜6月平均で月80時間を超える時間外労働が行われたため、又は事業主が危険若しくは健康障害の生ずるおそれがある旨を行政機関から指摘されたにもかかわらず、事業所において当該危険若しくは健康障害を防止するために必要な措置を講じなかったため離職した者

⑥ 事業主が法令に違反し、妊娠中若しくは出産後の労働者又は子の養育若しくは家族の介護を行う労働者を就業させ、若しくはそれらの者の雇用の継続等を図るための制度の利用を不当に制限したこと又は妊娠したこと、出産したこと若しくはそれらの制度の利用の申出をし、若しくは利用をしたこと等を理由として不利益な取扱いをしたため離職した者

⑦ 事業主が労働者の職種転換等に際して、当該労働者の職業生活の継続のために必要な配慮を行っていないため離職した者

⑧ 期間の定めのある労働契約の更新により3年以上引き続き雇用されるに至った場合において当該労働契約が更新されないこととなったことにより離職した者

⑨ 期間の定めのある労働契約の締結に際し当該労働契約が更新されることが明示された場合において当

該労働契約が更新されないこととなったことにより離職した者（上記⑧に該当する者を除く。）

⑩　事業主又は当該事業主に雇用される労働者から就業環境が著しく害されるような言動を受けたことによって離職した者

⑪　事業主から直接若しくは間接に退職するよう勧奨を受けたことにより離職した者（従来から恒常的に設けられている「早期退職優遇制度」等に応募して離職した場合は、これに該当しない。）

⑫　事業所において使用者の責めに帰すべき事由により行われた休業が引き続き３か月以上となったことにより離職した者

⑬　事業所の業務が法令に違反したため離職した者

特定理由離職者の範囲 （詳細は６ページ以降をご覧下さい）

Ⅰ　期間の定めのある労働契約の期間が満了し、かつ、当該労働契約の更新がないことにより離職した者（その者が当該更新を希望したにもかかわらず、当該更新についての合意が成立するに至らなかった場合に限る。）（上記「特定受給資格者の範囲」のⅡの⑧又は⑨に該当する場合を除く。）（※）

（※）労働契約において、契約更新条項が「契約を更新する場合がある」とされている場合など、契約の更新について明示はあるが契約更新の確約まではない場合がこの基準に該当します。

Ⅱ　以下の正当な理由のある自己都合により離職した者（※）

①　体力の不足、心身の障害、疾病、負傷、視力の減退、聴力の減退、触覚の減退等により離職した者

②　妊娠、出産、育児等により離職し、雇用保険法第20条第１項の受給期間延長措置を受けた者

③　父若しくは母の死亡、疾病、負傷等のため、父若しくは母を扶養するために離職を余儀なくされた場合又は常時本人の看護を必要とする親族の疾病、負傷等のために離職を余儀なくされた場合のように、家庭の事情が急変したことにより離職した者

④　配偶者又は扶養すべき親族と別居生活を続けることが困難となったことにより離職した者

⑤　次の理由により、通勤不可能又は困難となったことにより離職した者

　　ⅰ）結婚に伴う住所の変更

　　ⅱ）育児に伴う保育所その他これに準ずる施設の利用又は親族等への保育の依頼

　　ⅲ）事業所の通勤困難な地への移転

　　ⅳ）自己の意思に反しての住所又は居所の移転を余儀なくされたこと

　　ⅴ）鉄道、軌道、バスその他運輸機関の廃止又は運行時間の変更等

　　ⅵ）事業主の命による転勤又は出向に伴う別居の回避

　　ⅶ）配偶者の事業主の命による転勤若しくは出向又は配偶者の再就職に伴う別居の回避

⑥　その他、上記「特定受給資格者の範囲」のⅡの⑪に該当しない企業整備による人員整理等で希望退職者の募集に応じて離職した者等

（※）給付制限を行う場合の「正当な理由」に係る認定基準と同様に判断されます。

　　失業等給付（基本手当）の所定給付日数は、特定受給資格者及びⅠ以外の通常の離職者と同じです。

2　特定受給資格者又は特定理由離職者に該当するかどうかの判断

　特定受給資格者又は特定理由離職者に該当するかどうかの判断は、受給資格に係る離職理由により、住所又は居所を管轄する公共職業安定所又は地方運輸局（※）（以下「安定所等」という。）が行います。

　離職理由の判定は、①事業主が主張する離職理由を離職証明書の離職理由欄（⑦欄）により把握した後、離職者が主張する離職理由を離職票－２の離職理由欄（⑦欄）により把握することによって、両者の主張を把握するのみならず、②その際にはそれぞれの主張を確認できる資料による事実確認を行った上で、最終的に安定所等において慎重に行います。

　したがって、事業主又は離職者の主張のみで判定するものではありませんので、離職理由を確認できる資料の持参をお願いしております。

　下記以降の【持参いただく資料】には、離職理由を確認できる資料として事業主又は離職者に持参いただ

368

くものを掲げていますが、この他に安定所等に既に提出されている資料等により確認する場合があります。

なお、この他、離職理由の判定に当たっては、必要に応じ、安定所等から事情を伺わせていただいたり、確認資料の提示をお願いする場合があります。

※　船員であった方が離職後引き続き船員の求職を希望される場合は、住所又は居所を管轄する地方運輸局で失業等給付（基本手当）の受給手続を行っていただくこととなります。

★　離職理由の記載方法等については、
事業主は「雇用保険被保険者離職証明書についての注意」を
離職者は離職票－２の裏面及びリーフレット「離職票－２の離職理由欄等（⑦欄及び⑰欄）の記載方法について」をご覧下さい。

特定受給資格者の判断基準

Ⅰ　「倒産」等により離職した者

(1)　倒産（破産、民事再生、会社更生等の各倒産手続の申立て又は手形取引の停止等）に伴い離職した者

①　破産手続開始、再生手続開始、更生手続開始（更生特例法に基づく更生手続開始を含む。）、整理開始若しくは特別清算開始の申立て等がなされたこと又は不渡手形の発生（1回を含む。）の事実が生じたことを理由として離職した場合が該当します。ただし、再建型の倒産手続の場合は、民事再生計画や会社更生計画が決定されるまでの間に離職を事業主に申し出た場合が該当します。

【持参いただく資料】裁判所において倒産手続の申立てを受理したことを証明する書類など

②　業務停止命令（業務停止命令時において業務停止期間について定めのないもの又は1か月以上のものに限る。）により当該営業業務が全て停止されたことにより、事業所の倒産がほぼ確実となったため離職した場合（業務が再開されるまでの間に離職を事業主に申し出た場合に限る。）が該当します。

【持参いただく資料】業務停止命令の事実が分かる資料など

(2)　事業所において大量雇用変動の場合（1か月に30人以上の離職を予定）の届出がされたため離職した者及び当該事業主に雇用される被保険者の3分の1を超える者が離職したため離職した者

①　事業規模若しくは事業活動の縮小又は事業の転換等に伴い、雇用対策法第27条第1項の規定による離職に係る大量の雇用変動の場合（1か月に30人以上の離職を予定）の届出が事業所の所在地を管轄する公共職業安定所にされ（されるべき場合を含む。）大量の人員整理が行われることが確実となったために離職した場合（※）が該当します。

※　事業所において、30人以上の離職者が生じることが予定されている場合は、再就職援助計画の作成義務があり、再就職援助計画の申請をした場合も、当該基準に該当します。

また、事業所で30人以上の離職者がいないため、再就職援助計画の作成義務がない場合でも、事業所が事業規模の縮小等に伴い離職を余儀なくされる者に関し、再就職援助計画を作成・提出し、公共職業安定所長の認定を受けた場合、大量雇用変動の届出がされたこととなるため、当該基準に該当します。

②　事業規模若しくは事業活動の縮小又は事業の転換等に伴い、当該事業主に雇用される雇用保険被保険者のうちの相当数の人員整理（事業主都合による解雇や勧奨退職、希望退職応募等により離職した者が、当該離職者の離職日の1年前の日（1年前より後に人員整理が開始された場合は当該人員整理開始日）と比較し、適用事業所の3分の1を超えることとなる場合）が既に行われたために離職した場合が該当します。

(3)　事業所の廃止に伴い離職した者

①　事業所が廃止されたため、当該事業所を離職した場合が該当します。

②　事業所が廃止されたのでもなく、裁判上の倒産手続が執られているのでもないが、事実上当該事業所に係る事業活動が停止し、再開される見込みがないときにおいて、当該事業所を離職した場合が該当します。

③　会社法等の商事関係法令に基づく解散の議決が行われたため、離職した場合が該当します。

【持参いただく資料】解散の議決が行われた議事録（写）など

(4)　事業所の移転により、通勤することが困難となったため離職した者

通勤困難（通常の方法により通勤するための往復所要時間が概ね4時間以上であるとき等）な適用事業所の移転について事業主より通知され（事業所移転の1年前以降の通知に限る。）、事業所移転直後（概ね3か月以内）までに離職した場合がこの基準に該当します。

【持参いただく資料】事業所移転の通知、事業所の移転先が分かる資料及び離職者の通勤経路に係る時刻表など

資料　特定受給資格者及び特定理由離職者の範囲と判断基準　│　369

Ⅱ 「解雇」等により離職した者

(1) 解雇（自己の責めに帰すべき重大な理由による解雇を除く。）により離職した者

　　自己の責めに帰すべき重大な理由により解雇された場合を除き、事業主から解雇され離職した場合が該当します。
　　【持参いただく資料】解雇予告通知書、退職証明書、就業規則など

(2) 労働契約の締結に際し明示された労働条件が事実と著しく相違したことにより離職した者

　　被保険者が労働契約の締結に際し、事業主から明示された労働条件（以下この項目において「採用条件」という。）が就職後の実際の労働条件と著しく相違したこと又は事業主が労働条件を変更したことにより採用条件と実際の労働条件が著しく異なることとなったことを理由に、当該事由発生後1年を経過するまでの間に離職した場合が該当します。この場合の「労働条件」とは労働基準法第15条及び労働基準法施行規則第5条において労働条件の明示が義務づけられているもの（賃金、労働時間、就業場所、業務等）です。ただし、事業主が、正当な手続を経て変更したことにより、採用条件と実際の労働条件が異なることとなった場合には、この基準には該当しません。（他の特定受給資格者に該当する場合（賃金や時間外労働の時間等）は、各々の判断基準で判断します。）
　　【持参いただく資料】採用条件及び労働条件が分かる労働契約書や就業規則など
　　　　　　　　　　　　労働協約による変更は労使が合意した書面、就業規則による変更は労働組合等の意見を聴取した事実が分かる資料など

(3) 賃金（退職手当を除く。）の額の3分の1を超える額が支払期日までに支払われなかったことにより離職した者

　　下記の①又は②のいずれかに該当し、これらのあった月から起算して1年以内に離職した場合（この事実があった後、通常の賃金支払の事実が3か月以上継続した場合を除く。）が該当します。
　① 現実にその月（賃金月）中に支払われた額（何月分であるかを問わない。）がその者が本来その月（賃金月）中に支払を受けるべき額の3分の2に満たない月（支払われた休業手当等の額が、その者に支払われるべき賃金月額の3分の2に満たない月も該当）が1か月以上あった場合
　② 毎月決まって支払われるべき賃金の全額が所定の賃金支払日より遅れて支払われたという事実が1回以上あった場合
　　【持参いただく資料】労働契約書、就業規則、賃金規定、賃金台帳、給与明細書、口座振込日が分かる預金通帳など

(4) 賃金が、当該労働者に支払われていた賃金に比べて85%未満に低下した（又は低下することとなった）ため離職した者（当該労働者が低下の事実について予見し得なかった場合に限る。）

　　下記の①又は②のいずれかに該当したため離職した場合が該当します。
　① 離職の日の属する月以後の6か月のうちいずれかの月に支払われる賃金と当該月より前6か月のうちいずれかの月に支払われる賃金とを比較し、85%未満に低下することとなった場合
　② 離職の日の属する月より前の6か月間及び離職の日の属する月のいずれかの月の賃金と当該月より前6か月間のうちいずれかの月に支払われる賃金とを比較し、85%未満に低下した場合
　　ただし、低下する又は低下した時点から遡って1年より前の時点でその内容が予見できる場合及び出来高払制のように業績によって、各月の賃金が変動するような労働契約の場合にはこの基準に該当しません。また、懲戒や疾病による欠勤がある場合や60歳以上の定年退職に伴い賃金が低下し、同一の適用事業主に再雇用される場合も該当しません。
　　なお、この場合の「月」とは、賃金締切日の翌日から次の賃金締切日までの期間をいい、「賃金」とは、毎月決まって定期的に支給される賃金（残業手当など業務の繁閑により支給額が変動するもの等を除いたもの）をいいます。
　　【持参いただく資料】労働契約書、就業規則、賃金規定、賃金低下に関する通知書など

(5) 離職の日の属する月の前6か月間のうちに3月連続した45時間、1月で100時間又は2～6月平均で月80時間を超える時間外労働及び休日労働が行われたため、又は事業主が危険若しくは健康障害の生ずるおそれがある旨を行政機関から指摘されたにもかかわらず、事業所において当該危険若しくは健康障害を防止するために必要な措置を講じなかったため離職した者

　① 離職の日の属する月の前6か月間（賃金締切日を起算日とする各月）の間に45時間を超える時間外労働及び休日労働が3月連続してあったため離職した場合、100時間を超える時間外労働及び休日労働が1月あったため離職した場合、又は2～6月平均で月80時間を超える時間外労働及び休日労働があったため離職した場合等が該当します（ただし、労働時間については、有給休暇や体調不良等のやむを得ない理由により時間外労働が行われていない月がある場合には、これを除いて算定します。）。
　　【持参いただく資料】タイムカード、賃金台帳、給与明細書など
　② 労働基準法、労働安全衛生法等の労働者保護法令や保安関係法令（いずれも一定のものに限る。）において、職業生活を継続する上で危険又は健康障害の発生するおそれのある旨の法令違反について、所管の行政機関により改善に係る指摘がなされた事実があり、改善に係る指摘後、一定期間（概ね1か月程度）経過後においても当該法令違反に係る改善が行われ

資料　特定有期雇用基準及び特定有期就業を運用し機構の範囲と判断基準

（９）　事業主が労働契約に違反して、労働者を配置転換することにより、派遣労働者としての雇用を継続させ、あるいは有期労働契約を更新しない場合

事業主が労働者の募集及び採用に当たって（当該事業主が行う労働者の募集を委託された者を含む。）は、性別を理由とする差別的取扱いを行ってはならないこととし、その具体的な内容を図るための措置に関して、事業主が適切に対処するために必要な指針を定めることとし、当該指針は、労働政策審議会の意見を聴いて定めるものとする。

下記①〜③の場合のように、労働者を募集したこと、又は労働者が募集に応じて求職したことを理由として、又は有期雇用労働者であることを理由として、解雇その他不利益な取扱いをしている場合

（７）　事業主が労働者の職業生活の充実に資するため、派遣労働者の職業の能力の開発及び向上に必要な配慮をすることのできていない派遣労働者を雇用した場合

①　採用に当たって労働者の募集を委託された者が明示した労働条件について、正当な理由なく変更する場合（職業安定法第五条の三）、労働契約の締結に際し事業主が明示した労働条件、就業場所、従事すべき業務、労働時間、休憩時間、休日、賃金等の主要な労働条件が、実際の条件と相違していた場合

②　採用内定者が確定したにもかかわらず、正当な理由なく当該採用内定を取り消した場合、又は採用内定後の就労開始までの間に、労働契約の内容の変更等を行う場合

③　労働者の募集に当たって（一定の者のみを対象とし、又は除外して）の労働者の募集を行う場合、又は募集に応じた労働者が提供する情報（個人情報）に関する取扱いの適正を欠く場合

（６）　事業主が雇用を継続して、派遣労働者としての雇用を継続させ、あるいは期間の定めのある労働契約が更新されない場合

（８）　期間の定めのある労働契約の更新により３年以上引き続き雇用されている労働者について当該派遣労働契約が更新されない場合

期間の定めのある労働契約を反復して３年以上継続して雇用されている労働者を、当該労働契約の期間満了によって離職させた場合で、下記①〜③のいずれかに該当する場合

なお、当該派遣労働契約が反復して更新されている場合であって、平成３０年５月から平成３１年５月までに、雇用されたから３年以上引き続き雇用されている労働者について、下記①〜③のいずれかに該当するときは、この場合に該当

①　派遣労働契約が３年以上の有期労働契約を反復更新されていた場合で、最初の有期労働契約締結時に更新しない旨の明示がない場合

②　派遣労働契約が３年以上の有期労働契約を反復更新されていた場合で、最初の労働契約締結時の有期労働契約の更新上限が３年以上の場合

③　雇用期間（※）が通算して３年以上５年以下であって、一定の４年６か月以上の有期労働契約を更新し、又はその更新を期待させる旨が明示されていた場合
（※）　雇用期間は通算して４年６か月以上５年以下の有期労働契約を更新し、又はその更新を期待させることとなる（例：１回の有期労働契約の期間を１年とした場合、４年６か月以上の労働契約）

なお、当該派遣労働者の再雇用に当たって派遣労働者であることを理由として、再雇用を行わなかった場合も当該の対象となる。

【添付いただく〈資料〉】労働契約書、離職証明書の写し等

上記③について「派遣労働者」とは、当該事業主が派遣元事業主として行う労働者派遣に係る派遣労働者をいいます。

また、若年者の雇用機会を確保しつつ労働意欲に応じた雇用を図る観点から、年齢（６０歳以上の定年退職者の再雇用により雇用した場合を除く。）に係る雇用機会の確保、若年者の就業機会の確保等を図る観点を踏まえたものとなります。

（９）　期間の定めのある労働契約の締結に際して派遣労働契約が更新されないことがあらかじめ明示された労働契約において当該派遣労働契約が更新されない場合（上記（８）に該当するものを除く。）

【添付いただく〈資料〉】労働契約書、雇入通知書、就業規則等の写し　タイムカード等

（※）期間の定めのある労働契約の更新がないことにより離職した者のうち、当該契約が更新されることが明示されている場合
あって、当該契約が更新されなかったことにより離職した者（※10）労働契約において契約を更新する旨が明示されてい
るが、労働契約の締結において、契約を更新する場合がある旨（契約更新の期待）があると認められる場合、契約の更新によ
って雇用契約を更新することが明示されていないので、この判断が求められます。

（10）事業主は有期雇用契約に基づいて雇用される労働者から申込まれた労働することを受けて離職した者

【参考いたって＜資料＞】　労働契約書、雇入通知書、就業規則など

例えば、期間満了に係る通知文について、雇入通知書、就業規則に明示されていれば、雇用する労働者に明示した場合とみなします。

② 事業主は有期雇用契約に基づいて雇用される労働者に対して離職することを受けて動いているとされている者

この場合の労働契約における契約は、直前の（又は当初）の雇用契約に係るもので離職した場合に限られることに留意します。

この場合は、有期労働契約の（又は雇入れ時）の直前の雇用通知書により、（又は労働契約時）の労働契約によりに離職した場合に限られます。

なお、一度雇用した後、継続（特に1か月）、雇用期間の末日の直前に雇用契約を図るなどしての労働者が離職する場合を離職と判断する場合があります。

その他、事業主が直接に雇用するものであって離職した労働者から申込まれたパートタイム労働者、臨時雇いなどの労働者

ただし、派遣労働者（いわゆるメートル等と称するものは、具体的な雇用関係にて雇用関係に該当するものとして判断とならないこと）

③ 事業主が雇用する、派遣労働者第25条、その取扱雇用保険適用第11条の2に規定する派遣労働者における労働者、用務者、労務者、介護をされていることから、同日以下して、この判断を示します。（以下、「ハラスメント」といいます。）

この離職は、当該労働者が事業主に対して上の必要な雇用に関して行うハラスメントを受けていることにより離職した者が含まれます。

（11）事業主がみずから直接または間接に指導する労働を受けることになり離職した者（従来から継続的に指導に受けている旨

期間雇用通知制度に、等の労働として離職した者は、これに該当しないこと。

① 従業雇用者における人員整理等による退職勧奨等が事業主に（又は人事管理者等）より行われたために離職した場合が該当し
ます。

② 希望退職者（希望退職制度等の名称を問わず、人員整理を目的とし、措置期間が定められた上での期間限定の退職者）1名以上あり
ます。、希望退職者の募集期間等が3か月以内であること。）への応募において雇用した場合が該当します。

（12）事業主に係る事由を事由に解雇事由に準じる事由により離職した者（又は事業主の都合により離職した者）

【参考いたって＜資料＞】　休職命令通知書、辞令、離職票の記載事項を明示する資料など

採用条件等との相違その他の者に対して事業主が行う解雇事由に準じた事由に基づいて、一時的に自ら廃業し、認定により自ら廃業
手段等の末日が3か月以上に早く離職した場合が該当します。ただし、休業手当の支給がある等、通常の賃金との乖離があるような
に行っていない離職は、この判断が該当しません。

（13）事業主の事業所における就業環境により離職した者

【参考いたって＜資料＞】　辞令、休職命令、給与明細書など

事業所が所在地等の移転により、その通勤が困難となったため離職した場合が該当し、又は、その通勤時間が、
あるいは通勤者が移転の先行により事業所が変更されたため、3か月以内に自ら判断した離職者が該当します。事業
所の移転が著しく遠隔地となり、従来より通勤者の通勤状況が困難となり、通勤が困難になった場合が該当します。ただし、事業
主が通勤通知を明確に受知できるように、3か月以内に離職した場合に限り、事業主がその判断がこの離職に該当しません。

特定理由離職者の判断基準

I　期間の定めのある労働契約の期間が満了して、かつ、当該労働契約の更新がない
ことにより離職した者（その者が当該更新を希望したにもかかわらず、当該
更新についての合意が成立するに至らなかった場合に限る。）

資料　労災認定基準及び休業補償給付の範囲と制度概要

II　以下のいずれかの正当な理由のある自己都合により離職した者

(1) 体力の不足、心身の障害、疾病、負傷、視力の減退、聴力の減退、触覚等の減退等により離職した者

【参考とした基準】　図Ⅲの離職事由

下記の①又は②のいずれかに該当し、離職した者をいう（①に該当する場合は、この離職前に医師の診断書等がある場合）。

① 事業所において就業を継続することが、その身体の状況等から不可能又は困難（医師等の診断等）になった場合

② 上記①に該当しないが、その身体の状況等から転職の必要があるため、事業主の都合によるものでなく、事業主に申し出たうえで退職を余儀なくされたと認められる場合（健康障害への配慮の程度等）

(2) 妊娠、出産、育児等により離職し、雇用保険法第20条第1項の受給期間延長措置を受けた者

【参考とした基準】　図Ⅲの離職事由

離職後は雇用保険法第20条第1項の受給期間延長措置を受け、かつ、離職の日の翌日から起算して30日以上継続して職業に就くことができなかったこととして、当該事業所において受給資格の決定を受けた者が離職した場合をいう。

(3) 父若しくは母の死亡、疾病、負傷等のため、父若しくは母を扶養するために離職を余儀なくされた場合又は常時本人の看護を必要とする親族の疾病、負傷等のために離職を余儀なくされた場合のように、家庭の事情が急変したことにより離職した者

【参考とした基準】　図Ⅲの離職事由

次に掲げる者のように、急迫した家庭の事情の変化等（父若しくは母等の死亡、疾病、負傷等）により離職した場合をいう。

イ 父若しくは母等の死亡、疾病、負傷等のため、その扶養や看護を要する者をそのために離職したことが明らかな例（被扶養者を扶養すべき者が他にいないなど。）

ロ 常時本人の看護を必要とする親族の疾病、負傷等のため、看護を必要とする者を有する者が、（ほかに同居家族等がいない等の看護等のために離職したように）その看護状況が継続していることが確認できる者である。

また、親族（配偶者の親族を含む）の看護、疾病若しくは入院の事情（別居）、老親又は要介護入院（等）、子等の看病等のために離職した者であっても、その離職状況が認められる者。

(4) 配偶者又は扶養すべき親族と別居生活を続けることが困難となったことにより離職した者

【参考とした基準】　旧特定受給資格者 194 条に該当する／特定受給資格の申請、確認徴収調査等

配偶者又は扶養すべき親族と別居を続けることが、その者の家庭的事情からみても、扶養事情からみても困難となったことにより離職した者

(5) 次の理由により、通勤不可能又は困難となったことにより離職した者

【参考とした基準】　旧特定受給資格者（通勤の方法による通勤する往復所要時間が概ね4時間以上である等）

次の理由により、離職理由が（通勤不可能又は困難）となったことにより離職した者

離職した場合の次のとおりとする。

イ 結婚に伴う住所の変更

結婚に伴う住所の移転のため通勤が不可能又は困難となったことにより離職した場合（事業主の命ずる転勤・出向に伴い、離職から再就職までの期間が概ね3か月程度を超えること等を要します。）

直近労働者・特定受託事業者・公共職業安定所（ハローワーク）

以上のような配慮をなすべき安全配慮義務の範囲と判断基準の確定です。このハローワークより重く課題になるかどうか、場合は、従前の労働者災害補償保険の〈との関係案定区（のハローワーク）〉は相互の連携面における問い合わせ下さい。

★ 添付にお問い合わせ下さい。

注意

☆ 備考の方や特定受託事業者・特定受託事業者の範囲と判断基準については、上記ご回答同様〈一部名略〉に詳しくは
のいずれかには、適用開始時点でも又は続きれない場合があります。
・事業所の担当係員の一定日分以上の特定受託事業者を〈一部のものを除く。〉を探索させたり探させる事業者
☆ 1以上の担当係員を事業主により配置（動き運搬、備置かせるなど。）させる事業者
して相互に応じられる場合があります。

☆ 事業主や、職務、職種運用について配慮の配慮をそれぞれ正しく正確なものとして、その方ら場合の職種
があります。職種、職種運用について配慮の内容をそれぞれ正しく正確にありなりますのでご注意下さい。

☆ 偽りその他不正の方法で受給資格を受けたり、又は受給けようとしたときには、以後これらからの未受給資格を受けることが
できなくなるばかりでなく、不正に受給した全額の返還・納付〈3倍返し〉を命ぜられ、また、詐欺罪等で告発される。

★ 添付にお問い合わせ下さい。

ご退職した参考

(6)　その他、上記、上記受託事業者の範囲「のⅡの〔11〕に該当しない受託事業者本人又は職業の遂事に基づく
【参加いている＜登録】　作成書の写しなど

後の住所地内への通勤が不可能又は困難となることにより離職した場合にその後に離転される。
ことなかった場合において、被保険者が次の賃配置転換が同一理由を続けする又はなたが、その後に、転居
被保険者を介護の配慮をなした事業主より通勤が不可能又は困難な〈動き勤、又は再雇用のために、遠い又は困難なため、
【参加いている＜登録】　被保険者証明書又は、職種配置転換事由を証明した19 4 に記の2通に以下等〈付属書

(vii)　配慮者の事業主の命により退職又は〈又は配置転換事由の更新職種には5須別の回避
被保険者を介護の配慮をなした事業主より通勤が不可能又は困難な〈動き勤、又は再雇用のために、
【参加いている＜登録】

(vi)　事業者の命の他による転勤又は出向に付き5須別の移動
例えば、住居の頭痛又は返送、又は契約更新された、職場が不可能又は困難となるなどに該当します。
【参加いている＜登録】

(v)　疾病、負傷、パスその他の運動構造の程以上又は運行時時間の変動
と同様に、他地的な要因による更運動困難な運動困難な程に合該当に該当します。
【参加いている＜登録】

(iv)　自己の裁量に応じた自由としての住居又は居所の持続又を安定な（くらすこと）
事業所の移動への通勤が、被保険者によって不可能又は困難となる客観的な事情がある場合に該当します。
【参加いている＜登録】　被保険者証明書の写しなど

(iii)　事業所の運動困難な他への待遇
被保険者又はその他又はこれに準ずる額の報酬又は職額賃金への従業員の待遇
例えば又は被保険者によしくは、〈の近親の又は運動職に付き5須別の近居し支給又は職額賃金のための職種
施設等又は親族等の近居又は〈動き勤として又のある、上記したの他から職種等又は親族の利用障害者の者
相違などに該当する。〈又は運動又は職額賃金のための職種等又は職種等のものなど。〉
【参加いている＜登録】　作成書の写しなど

(ii)　事業所には5請求者又はその他これに準ずる額の報酬又は職額賃金への従業員の待遇
【参加いている＜登録】　作成書の写しなど

◎著者プロフィール

嶋﨑　薫（しまさき・ちから）

中央大学法学部卒業。2007年弁護士登録（第60期）。現在、日本労働弁護団常任幹事、ブラック企業被害対策弁護団事務局長、ブラック企業被害対策弁護団東京支部事務局次長などを務める。神奈川過労死弁護団事務局長。著書に『続・労働事件でもめないための就業規則』（旬報ブックレット、2018年）、『5年でこんなに違う!?』（旬報社、2018年）他。

◎編者プロフィール

折原俊之　東京大学法学部卒業。1987年弁護士登録（第39期）。

佐々木亮　東京都立大学法学部卒業。2003年弁護士登録（第56期）。

眞貝克也　京都大学法学部卒業。2006年弁護士登録（第59期）。

嶋﨑　薫　中央大学法学部卒業。2007年弁護士登録（第60期）。

最新テーマ別［実践］労働法実務 4
労働者が介護退職するための法律実務

2024年10月25日　初版第1刷発行

著者　嶋﨑　薫

編者　折原俊之・佐々木亮・眞貝克也・嶋﨑　薫

ブックデザイン　神田　彩

編集担当　名賀一志

発行者　木内洋育

発行所　株式会社　旬報社
〒162-0041　東京都新宿区早稲田鶴巻町 544 中川ビル 4 階
Tel03-5579-8973　Fax03-5579-8975
ホームページ　https://www.junposha.com/

印刷製本　中央精版印刷株式会社

© Chikara Shimasaki 2024, Printed in Japan
ISBN978-4-8451-1909-7 C3032

最新 実践 労働法実務 全13巻

地位確認之・休ケ木冠・懲戒解雇他・順働尊・他

相談・申入・係争までこの1冊でわかる
いま、相談件数が最も多いテーマを
第一線の弁護士がわかりやすく解説!
徹底的に実用的!
＊判例実務で使用する書式ひな型も収録。

1	労働条件変更	8	名誉・信用毀損
地位確認之	のり弁護士執筆	各首か	のり弁護士執筆
24年7月刊行		25年8月刊行	
2	退止めあ・無期転換権	9	福利厚生費
休ケ木冠	のり弁護士執筆	各前業務	のり弁護士執筆
24年8月刊行		25年9月刊行	
3	賃金	10	派遣
懲戒解雇他	のり弁護士執筆	竹村知也	のり弁護士執筆
24年9月刊行		25年10月刊行	
4	労働者が内部通報するため	11	外国人労働者
順働 善	のり弁護士執筆	吉良明一・中村優介ほか	のり弁護士執筆
24年10月刊行		25年11月刊行	
5	賃業仕	12	育児介護休業
渡辺雅人	のり弁護士執筆	小幡山春・長谷川麻美・上田慕子	のり弁護士執筆
24年11月刊行		25年12月刊行	
6	パワハラ	13	突然におけるメンタル疾患
梅田和尚	のり弁護士執筆	安富裕佑良・山岡遥本	のり弁護士執筆
25年6月刊行		26年1月刊行	
7	セクハラ		
新村篝子	のり弁護士執筆		
25年7月刊行			

A5判 並製 各巻予価（本体4000円＋税）

〒162-0041 東京都新宿区早稲田鶴巻町544
TEL：03-5579-8973　FAX：03-5579-8975

旬報社